Diogenes Taschenbuch 23394

de
te
be

D1927251

Urs Widmer

Das Geld, die Arbeit, die Angst, das Glück.

Diogenes

Die Erstausgabe
erschien 2002 im Diogenes Verlag
Bibliographischer Nachweis
am Ende des Bandes
Umschlagfoto von Philipp Keel

Veröffentlicht als Diogenes Taschenbuch, 2004

www.diogenes.ch
80/04/44/1
ISBN 3 257 23394 9

Inhalt

Vorbemerkung

Dieses Buch versammelt Essays, die ich in den letzten zehn oder auch dreizehn Jahren geschrieben habe, und Kolumnen, die zwischen Januar 2001 und April 2002 fürs *Magazin* des *Tages-Anzeiger* in Zürich entstanden sind. – Jene Leserinnen und Leser, die meine Grazer Poetikvorlesungen gehört oder gelesen haben, mögen im Teil III dieses Buchs auf den einen oder andern vertrauten Gedanken stoßen. Ich habe damals, in meiner Not, einige Sätze aus meinen Arbeiten zu Vladimir Nabokov und Gottfried Keller herausgeplündert. Hier also die ausführliche Version. – Im übrigen habe ich da und dort einzelne Passagen behutsam überarbeitet; sehr behutsam; sozusagen fast gar nicht.

U. W.

I

Das Geld, die Arbeit, die Angst, das Glück

Im Anfang war nicht das Geld. Im Gegenteil, es gab an manchen verborgenen Orten bis in unsere Jahre hinein Gesellschaften, deren Mitglieder sich alles, was sie benötigten, durch Tauschhandel beschafften. Ganz konkret, Topf gegen Huhn, Jacke für Hose, wie seit den Urzeiten. Ihre Welt war so konkret, daß sogar ihre Sprache keine Abstrakta enthielt, keine Begriffe, und jede Abstraktion – die Arbeit, die Angst, das Glück – durch eine Erzählung erläutert werden mußte, so routiniert dann bald, daß diese Mini-Erzählung so etwas wie ein Begriff wurde, wiedererkennbar auf Anhieb.

Man schreibt den frühen Bewohnern Mesopotamiens, den Sumerern, zu, im 4. Jahrtausend die Schrift und das Rechnen erfunden zu haben. Sie machten das Tauschgeschäft, das bis dahin ein immer neues Feilschen gewesen war, zu einer mathematischen Aufgabe. Sie schufen Normen, nach denen der Wert einer Kuh oder einer Sandale benannt werden konnte. Und sie bezogen als erste diese Norm auf ein Metall, auf Kupfer und, vor allem und immer mehr, auf Gold und Silber. Deren sakrale Aura – bei den Sumerern verwalteten die Priester die heiligen Metalle – ist uns bis heute erhalten geblieben, denn bis heute haben der Wert des Goldes und des Silbers nichts mit einem sozusagen natürlichen Wert zu tun, der aus ihrer realen

Verwendbarkeit definiert wäre. Münzen allerdings, eigentliches Geld, hatten die Sumerer noch nicht. Viele Kulturen an vielen Orten erfanden viele, zuweilen bizarre Tauschsymbole, Geld eben: Muscheln oder besondere Steine oder sogar Vogelfedern. Es waren dann die Lyder, die die eigentlichen Münzen erfanden, und bald dann auch, so ums Jahr 700 herum, die Griechen. (Homer, hundert Jahre älter, rechnete noch mit Ochsen. Ein Mann galt bei ihm hundert Rinder, eine Frau an einer Stelle zwanzig, an einer andern sogar nur vier. Es war schon wie heute.)

Und natürlich berührten und überlappten sich bald die verschiedenen Münzsysteme, je deutlicher sich die alte Welt globalisierte. Geldwechsler in einem Hafen der Antike zu sein, das war ein Traumjob. Währungen wie Sand am Meer, saftige Courtagen. Und damals begann bereits zu gelten, was die pragmatischen Engländer dann mit einer berühmten Definition des Geldes beschrieben, die just durch ihre tautologische Formulierung besticht: »Money is accepted because it is accepted.«

Alles in allem ist die Geschichte des Geldes eine Illustration der zunehmenden Abstraktionsfähigkeit von uns Menschen. Irgendwann mußten wir die Kuh nicht mehr mit eigenen Augen sehen, wir glaubten, daß wir für die Münze, die wir statt ihrer erhielten, dann schon eine kriegen würden. Noch später reichte, statt der Goldmünze, ein Stück Papier, das uns versicherte, daß das Gold, das es repräsentierte, vorhanden und sicher aufbewahrt sei. Dann existierte auch das Gold nicht mehr, jedenfalls nicht mehr so viel, wie Papierzettel im Umlauf waren. Heute genügen uns grüne Ziffern auf Bildschirmen und hie und da ein

Bankauszug. Der letzte Schritt ist noch nicht getan: Daß wir auch auf diese Hilfen verzichten können und in einem Zustand perfekter Abstraktion jeder jederzeit über eines jeden Besitz unterrichtet ist. Wie einst am ersten Tag der Menschheit, als so wenige Menschen lebten, daß ein jeder alles vom andern wußte. Das Abstrakte hätte mit dem Konkreten gleichgezogen.

Ich hätte gern, zu Beginn meiner Überlegungen, mit einigen knallharten Fakten aufgewartet. Mit handfesten, unwiderruflich recherchierten Zahlen. Ich hätte zum Beispiel gern herausgefunden, wieviel Geld es auf der Welt eigentlich gibt. Alles Geld, alles – die Summe muß, da sie gewiß endlich ist, bezifferbar sein. Aber niemand weiß das, niemand auch nur annähernd. Keine Statistik, kein Ökonom, kein Mensch. Niemand auf dieser Welt hat – vollständig und genau – ein konkretes Wissen, was wie wo abläuft, gar warum. Das Geld bestimmt unsere Existenz wie nichts sonst auf Erden, aber keiner kann sagen, wie der Geldaustausch vor sich geht und was er bewirkt. Es ist wie ein Flug im Nebel, und die Instrumente sind ausgefallen. Die Piloten halten die Maschine in der Luft, mindestens solange der Sprit reicht, aber wie sie sie auf die Erde zurückbringen wollen, wissen sie nicht.

Deshalb, und wohl auch noch aus anderen Gründen, macht einen das Nachdenken über das Geld seltsam hilflos. Man geht den Spuren des Geldes nach, die bis ins hinterletzte Bergtal führen und noch den fernsten Sandstrand verwüsten, man schnüffelt seinem Geruch nach, der die Atemluft bis in alle Winkel füllt, und man wird immer ratloser. Dümmer. Über das Geld nachdenkend, wird man leer, gelähmt oder jäh aggressiv, weil das alles so entsetzlich undurchschaubar ist. Das Geld macht jeden klein, es macht sogar die Größten der Großen klein, weil da immer ein noch größeres Geld bleibt, über das der größte Große nicht verfügt und dessen Wirkung er nicht versteht. Das Geld, das doch wie das Objektive selber aussieht, bewirkt in uns nur allzuoft irrationales Verhalten. Jene Ökonomen, deren Verhalten und Sprache uns signalisieren, daß sie alles im Griff haben, glauben vielleicht selber, daß sie den Markt steuern, weil sie seine Logik verstehen und das Kommende prognostizieren können. Das ist aber nicht so. Es genügt, die Prognosen des vergangenen Jahrs mit den Wirklichkeiten von heute zu vergleichen. Der einzelne Ökonom mag sich und vielleicht sogar uns vernünftig vorkommen. Der Markt denkt nicht daran, sich vernünftig zu verhalten. Er reguliert sich nicht selber, schon gar nicht nach den Gesetzen irgendeiner ökonomischen Vernunft, und das aus einem ganz simplen Grund. Der simple Grund sind wir. Wir ökonomisch Handelnden, mit unserer Gier, unserer Machtlust, unserer Hoffnung, einen größeren Happen von der Beute als die andern zu kriegen. Immer, auch wenn längst alle Alarmglocken schrillen, findet sich noch einer, der sich, aufheulend vor Gier, doch noch ins Getümmel wirft. Und dadurch auch den letzten Rest von Rationalität im Markt über den Haufen rennt. Der Markt verhält sich irrational, weil die Menschen, die in ihm handeln, sich irrational verhalten. Sie können gar nicht anders handeln. Es gibt keine Objektivität im Umgang mit Geld.

Nämlich, es gibt im Umgang mit Geld längst keine sinnliche Vorstellung mehr für das, was unser Handeln mit Geld bewirkt. In dem Maße, in dem der Tauschprozeß abstrakter wurde, haben wir den Bezug zu den Dingen verloren, die das Geld eigentlich repräsentieren sollte. Das System hat sich verselbständigt und ist für unsere sinnliche Vernunft undurchschaubar geworden. Logisch eigentlich, daß wir, wenn wir mit Geld umgehen, in Verhaltensweisen jenseits der Vernunft zurückfallen. In alte magische Muster. Wir verhalten uns wie Gläubige, einige natürlich auch wie Ungläubige, wie die trunkenen oder aber skeptischen Teilnehmer eines Kults. Wir sind alle, freiwillig-unfreiwillig, Mitglieder einer weltumspannenden Religion, und wir sind gezwungen, zu glauben oder wenigstens hinzunehmen, was uns die Priester verkünden, weil uns die rationale Erkenntnis verwehrt bleibt. Gewiß haben unsere Priester und Päpste in Fragen der Ökonomie einen größern Durchblick als wir Glaubensfußvolk, aber auch Herr Greenspan oder meinetwegen Herr Ospel haben ein Wissen von ihrem Gott, dem Geld, das auf der Auslegung ihrer Bücher – der Bilanzen – und auf dem Deuten von Zeichen gründet. Der wirkliche Papst, jener in Rom, weiß ja von seinem Gott auch nichts sonderlich Genaues und kennt das, was Gott bewirkt, auch nur vom Hörensagen. Er ist, wie die Großen der Finanzwelt, ein Vorbild des Glaubens, nicht des Wissens. Das Abstrakte gleicht dem Göttlichen in seiner Unverstehbarkeit durch unsere Sinne. Unser Geldsystem hat heute eine Abstraktionshöhe erreicht, in dem die Deuter und Propheten wieder die größte Macht haben. Wie, bizarrerweise, bei den Sumerern schon einmal, gleich bei den ersten zögernden Abstraktionsschritten, die man außerhalb der Tempel nicht zu tun wagte. Die Analysten von heute tragen immer noch Kultgewänder, keine Tücher und Turbane mehr, aber doch jene grauen Maßanzüge, ohne die das Zelebrieren des Kults des Gelds noch nicht möglich scheint. Den Vogelflug deuten sie nicht mehr, aber die Kurven, die der Dow Jones und der Dax und der Swiss-Market-Index und der Nasdaq fliegen, gleichen der Flugbahn von Bussarden und Geiern.

Es ist das Einfachste von der Welt, die Katastrophe zu prophezeien. Kassandra ist eine Rolle geworden, die jede und jeder spielen kann. Es liegt auf der Hand, daß das alles nicht gutgehen kann, die Erhitzung der Weltwirtschaft, die ungleiche Verteilung des Besitzes, der kriminelle Umgang mit unserer Natur, die zukunftsblinde Ausbeutung der Rohstoffe, das schier ungebremste Wachstum der Weltbevölkerung. Wer unsern Untergang voraussagt, hat beinah sicher recht.

Wann, wie und warum, da mag man noch ein bißchen drum rechten. Aber hier natürlich fangen die Fragen an, und es gibt beinah so viele Antworten wie Fragende. Es ist schwieriger, die diffuse Gegenwart auszuhalten und halbwegs rational zu betrachten, als auf die apokalyptischen Reiter zu deuten, die den Horizont entlanggaloppieren. Das nämlich tun wir sogar mit einer gewissen Lust. Die Apokalypse ist nicht nur schrecklich, sie ist auch großartig, allein schon, weil das eigene individuelle Sterben im allgemeinen Sterben ertragbarer wird. Es trifft alle, nicht nur mich.

Ist es ein Zufall, daß mir beim Nachdenken über das Geld das Weltende einfällt? Das Geld, selber so neutral, daß es Gutes wie Böses bewirken kann, scheint doch mehr Unheil zu stiften, als daß es Glück schafft. Es macht – Ausnahmen bestätigen die Regel – egoistisch, es vereinzelt die Menschen und hindert sie daran, sich als Mitglieder einer Gemeinschaft zu verstehen, in der keiner ohne den andern leben und überleben kann. Wir denken längst, wir können das allein, unser Leben leben, besser sogar als mit den andern; wir müssen dafür allenfalls noch irgendeinen Jackpot leerräumen. Geld ist, was es wirkt. Es schafft die Unterschiede. Die Unterschiede schaffen den Neid, der Neid schafft die Wut, die Wut schafft die Gewalt, die Gewalt heißt dann oft Mord, Massenmord, Krieg. Geld schafft den Tod.

In jedem und jeder von uns lebt deshalb der Traum, vom Geld unabhängig zu sein. Nicht viel zu haben, nein, gar nicht darauf angewiesen zu sein. Ein Leben ohne Geld zu leben. Mit andern Kriterien: Mit sich selber identisch eine Arbeit zu tun, die genau deshalb gar nicht mehr als Arbeit empfunden würde, mit Beziehungen zu Menschen, die nicht von Interessen geprägt wären. Manche, sogenannte Aussteiger, steigen auf einer einsamen Insel aus und winken dem davonfahrenden Boot nach und leben von Kokosnüssen und Krabbengetier. Es klappt, in der Regel, gerade bis zur ersten Magenkolik. Ein gebrochener Zeh reicht, und man gräbt nach seiner Versicherungspolice. Wenn ich mich in den letzten hundert Jahren umsehe, erkenne ich eigentlich nur einen, der die terroristische Macht des Geldes aufgehoben hat, indem er sich eine eigene Währung schuf: Pablo Picasso. Er lernte, sein eigenes Geld zu zeichnen.

Wenn er in einem Restaurant aß, überließ er dem Wirt das Papiertischtuch, auf das er eine Taube oder einen liegenden Akt gezeichnet hatte, und der Wirt war überglücklich. Picasso war vom Geld so unabhängig, daß er in Schlotterhose und Matrosenleibchen lebte, von Käse und Brot, völlig anspruchslos, falls zur Anspruchslosigkeit ein Haus mit achtzehn Zimmern, ein Auto mit einem Chauffeur und ein parkgroßer Garten gehören.

Aber sogar Picasso umlauerte die Angst, ihn wohl noch mehr als uns. Eine Angst, einem Picasso angemessen. Archaisch, gewaltig. Unsere Ängste hingegen haben oft und nicht ohne Gründe mit den sozialen Bedingungen zu tun, in denen das Schicksal uns zu leben zwingt. Mit Geld eben. Die Geldgesellschaft ist, unausweichlich, eine Terrorgesellschaft. Die einen üben den Terror aus, zu ihrem Gewinn, die andern erleiden ihn. Wo Geld ist, ist auch Macht, und wo Macht ist, wird sie auch ausgeübt. Heute muß man keinen mehr ausschicken, das Fürchten zu lernen, wie im Märchen. Glitschig nasse Fische, die schlimmstmögliche Angst von damals, beeindrucken uns nicht mehr. Heute werden wir Tag für Tag mit Informationen überschüttet, die uns das Fürchten so sehr lehren könnten, daß es im Gegenteil ein Wunder ist, daß wir das, was wir wissen, in der Regel relativ unbeschadet aushalten. Daß uns die Erkenntnis der Menge des Entsetzens auf dieser Erde nicht längst zerfetzt hat. Denn nähmen wir an all dem Schrecken wirklich und angemessen teil, wir überlebten ihn keinen Tag. Die Gemetzelten, die Erschlagenen, die Verhungernden, die Verblutenden. Millionen und Abermillionen Ermordete.

Ich habe, so wie ich die Menge des existierenden Geldes hochzurechnen versuchte, auch versucht, die Zahl der Opfer der Genozide dieser Erde auszurechnen. Nicht aller Toten auf Erden, natürlich nicht, unser aller Tod ist immer noch zu hundert Prozent sicher, nicht einmal die Zahl der Opfer der vielen Kriege, nein, »nur« derer, die in systematischen Völkermorden gewaltsam umgekommen sind, weil es ihren Mördern um Macht und Geld ging. Die fünfzehn Millionen Sklaven, die ihren Bestimmungsort nie erreichten. Die Abermillionen Ureinwohner Südamerikas. Die vier Millionen Indianer auf dem Gebiet der heutigen USA. Die Tasmanier. Die Hottentotten. Die Guanchen. Die Armenier, eine Million auch sie. Die Juden, die Zigeuner. Ruanda, der Kongo, zu Zeiten Leopolds II., und jetzt. Auch hier sind genaue Zahlen kaum zu erfahren, die Angaben klaffen, je nach Quelle, um mehrere Millionen auseinander: Wo doch schon ein Mensch mehr oder weniger einen ungeheuren Unterschied macht, jedenfalls für diesen einzelnen Menschen. Sind es neunzig Millionen? Hundert? Oder doch zweihundert Millionen? Tote jedenfalls, Hekatomben.

Es ist wiederum kein Zufall, daß wir mal jene Zahl hören, mal diese. So genau wollen wir es nämlich gar nicht wissen. Nur weil wir den Schrecken, den wir eigentlich empfinden müßten, abwehren können, halten wir das Leben aus. Können wir es ohne allzu verschlingende Ängste verbringen. Ein Hoch auf die Abwehr, ein Hurra auf unsere Fähigkeit, einzeln und kollektiv das Entsetzen von uns fernzuhalten. Man kann nicht zuviel von uns verlangen, überleben zu wollen, ist etwas Egoistisches. Wir tun denn auch buchstäblich alles, was unsere Ängste von uns fernhalten könnte. Alles Erklären (auch dieses hier) dient (wenn auch nicht ausschließlich) dazu, das Chaos, das uns zu überschwemmen droht, zu strukturieren und aushaltbar zu machen. Ob die Erklärung auch stimmt, ist nur halb so wichtig. Wenn nur ihre Form und Struktur so kraftvoll ist, daß sie die Angst zu binden vermag.

Afrika zum Beispiel: jener Kontinent, der am vernichtendsten hat erfahren müssen, daß der Kolonialismus die hemmungslose Variante des Kapitalismus ist und daß dieser, wenn man ihn keiner Kontrolle unterwirft, zum Massenmord fähig ist. Ungezählte Tote auch heute noch, wo die Einheimischen das, was ihnen angetan worden ist, inzwischen selber tun. Wir sind entsetzt.

Sind wir entsetzt? Vielleicht ist nämlich alles noch viel schlimmer. Wir sind gar nicht entsetzt, wir sind einverstanden. Wir sind damit einverstanden, daß die Menschen in Afrika sterben; und nicht bei uns. Denn wir wissen, daß die Götter pro Jahr so und so viele Opfer haben wollen, ein paar Millionen per annum, denn die Götter sind gnadenlos und verschlängen auch uns ohne ein Wimpernzucken, kämen wir je in ihr Gesichtsfeld. Also tun wir alles, um sie von uns abzulenken. Damit nicht wir die Opfer werden.

Wie gut, daß es die Dritte Welt gibt. Afrika insbesondere. Die Afrikaner mögen magisch denken, wir tun es allemal. Die Opfer von Ruanda oder des Kongo verstören uns nur an unserer politisch korrekten Oberfläche, in unsern paar zivilisierten Hirnzellen. In unsern Tiefen beruhigen uns die Toten anderswo. Die menschenverschlingenden Ungeheuer sind anderswo beschäftigt, nicht bei uns. Man kann sich fragen, wie bewußt Politik und Wirtschaft diesen magischen Vorgang mitbetreiben. Ihn fördern selbst da, wo von Hilfe und Kooperation die Rede ist. Aids, jenes Gegengewicht der uns bedrohenden Bevölkerungsexplosion: Vielleicht sind wir klammheimlich auch mit Aids einverstanden, solange es die Afrikaner wegrafft und nicht uns. Was geschähe, wenn dieses Afrika zu Kräften käme? Was geschähe mit uns? Kämen sie alle, die Schwarzen, und schlügen uns tot?

Man sagt, wir lebten in einer Spaß-Gesellschaft, man sagt es oft kritisch. Ich lebe lieber in einer Spaß- als in einer Mord-Gesellschaft. Dennoch, es kann schon sein, daß ein Zusammenhang zwischen unserer Sucht nach Entertainment und unsern kollektiven Ängsten besteht. Das zwanzigste Jahrhundert hat jedenfalls keine und keiner überstanden, ohne eine Ahnung mitgenommen zu haben, daß hienieden die Katastrophen die Regel sind und die Zeiten friedlichen Glücks die Ausnahme. Dabei, wir, die wir erst mittelalterlich oder gar noch jünger sind, was haben wir für ein Massel gehabt. Kein Krieg in unserer Gegend seit 1945. Tiefer Friede seit mehr als fünfzig Jahren. Trotzdem leiden wir, und vielleicht sogar zunehmend, an Ängsten. Ängste sind eine Art Volkskrankheit geworden. Vernichtungsängste, Versagensängste. Die Weltgesundheitsorganisation hat kürzlich erst berechnet, daß in Europa siebenunddreißig Millionen Menschen leben, die, wie sie das formuliert, »an beschäftigungsbedingten Depressionen« leiden. Siebenunddreißig Millionen Menschen in Europa, denen die Art ihrer Arbeit so zusetzt, daß sie gelähmt die Waffen strecken. Manche retten sich, um das Schlimmste zu verhindern – und Ängste sind das Schlimmste – in eine manisch-aggressive Tüchtigkeit. »Lead, follow or get out of the way.« Noch andere werden Angstbeißer, rasieren sich die Haare ab und halten sich Hunde.

Es erstaunt mich immer wieder, wie wenig wir uns in der Regel des schreienden Widerspruchs bewußt sind, der unsern Alltag prägt. Nämlich, wir erleben uns als politisch reife Demokraten und wehren uns aus guten Gründen gegen jeden Abbau unserer demokratischen Rechte. Wir gestehen unsern Politikern keine noch so kleine Selbstherrlichkeit zu. Wehe, sie fragen uns nicht, ob sie das Dach des Kunstmuseums flicken dürfen. Gleichzeitig begeben wir uns jeden Tag in eine Arbeitswelt, in der nichts, aber auch gar nichts demokratisch geregelt ist. Alles läuft streng hierarchisch ab. Der Chef hat recht, auch wenn er unrecht hat, und zuweilen sind wir dieser Chef. Wie halten wir das eigentlich aus, ohne irre zu werden, tagsüber Weisungen zu empfangen und Weisungen weiterzugeben, genau nach Funktionsdefinition, und am Abend ein reifer Bürger zu sein, gleichmäßig am Wohle aller interessiert? Die Wirtschaft hat eine schwach entwickelte demokratische Tradition – kaum eine, um es deutlicher zu sagen –, und sie hat bis heute ein nur schwach entwickeltes demokratisches Selbstverständnis. Sie war und ist am Mehrwert interessiert und am demokratischen Staat nur soweit, als dieser Bedingungen zu schaffen vermag, die das Geldverdienen möglichst reibungslos erlauben. Sie selbst ist undemokratisch, schätzt aber die Demokratie als Struktur, innerhalb derer sie auf ihre Weise funktionieren kann. Tatsächlich hat die Wirtschaft – wohl selber überrascht – im Lauf der Jahrzehnte gelernt, daß die Demokratie, just die Demokratie, das geeignetste System für die eigene Geldvermehrung ist. Sie ist aus Schaden klug geworden. In früheren Jahren haben mehr Industrielle als heute auf Diktaturen gesetzt, auch in der Schweiz einige. Die Ähnlichkeit der Konzepte ihrer eigenen Betriebe und der Staatsführung – beide Male starke Autoritäten an der Spitze – mag sie verführt haben, aber sie mußten dann die Erfahrung machen, daß ihnen jenes Ähnliche just schadete. Nicht half. Das Zusammenspannen der Wirtschaft mit dem Nationalsozialismus – auch, freiwillig-unfreiwillig, der schweizerischen – war ein Fiasko. Das Zusammenarbeiten mit allen Diktaturen war ein Fiasko für die, die es versucht haben. Alles ging immer nur ein paar Jahre lang gut – um es »gut« zu nennen – und endete stets erneut mit einem Scherbenhaufen. Nein, nicht stets. Zumeist. Einige Freunde Pinochets sind ziemlich ungeschoren davongekommen. Und er selber ja eigentlich auch.

Vielleicht hängt die – trotz dem eben Gesagten – relativ geringe Verführbarkeit der Schweizer im allgemeinen und der Schweizer Wirtschaft im besonderen für faschistische Konzepte damit zusammen, daß sie länger als andere die Erfahrung machen konnten, daß eben just die Demokratie das fürs Geldverdienen ideale System ist. Was brauchten sie da einen starken Führer. Seit 1848, länger als alle andern rings um sie herum, testet die Wirtschaft die Möglichkeiten dieses Systems aus. Und siehe, es ist das, mit dem die in aller Regel äußerst undemokratisch geführten Firmen am besten auskommen. Die Erkenntnis setzt sich so radikal durch, daß Demokratie inzwischen weltweit die Grundvoraussetzung für jene Marktwirtschaft geworden ist, die sich frei nennt und damit die möglichst große Freiheit von staatlichen Einschränkungen meint.

Die Wirtschaft braucht keine Führer außerhalb ihrer eigenen Strukturen. Sie führt selber. Sie ist das System, das autoritär und nach seinen eigenen Regeln sagt, wo's langgeht. Sie will keinen autoritären Staat um sich herum, sie ist selber autoritär. In der Tat haben just in der modernen Ökonomie eine ganze Reihe von Werten überlebt, die den alten Faschismus prägten. Beider Religion ist ein grobschlächtiger Darwinismus, in dem sie sich selber als die Starken sehen, die, weil die Natur das vorschreibt, die Schwachen fressen müssen. Sie setzen ganz auf die Sieger und sehen in einem Verlierer einen, der nicht lebenswert ist. Die Werte der Sieger sind gut, die Werte der Verlierer schlecht. Es gibt kein Sowohl-als-auch. Es gibt keine Ambivalenz. Die Harten von damals sind die Coolen von heute, und die Alphatiere von heute joggen um sechs Uhr früh durch den Wald, um gesund zu sein, gesund und kompetitiv, und man hat auch bei ihnen zuweilen den Verdacht, daß sie in den Nicht-so-Gesunden und weniger Kompetitiven, wie einst die Faschisten, unwertes Leben sehen. Mit hoher Aggression jedenfalls wenden sich die, die die Werte der Ökonomie vertreten, gegen alles, was von den Normen abweicht. Die Kraft von einst gleicht der Power von heute aufs Haar, und der Wille, sich um jeden Preis durchsetzen zu müssen, ist zur Efficiency geworden.

Militärisches Denken ist in der Neuen Ökonomie allgegenwärtig. Größere Firmen verfügen über Divisionen, und ihre Mitarbeiter arbeiten an der Front. Manager sind so etwas wie Söldner geworden, Troubleshooter, verdingen sich für möglichst viel Geld da, dann dort, und bleiben selten mehr als fünf Jahre.

Die Neue Ökonomie hat oft perverse Züge, wenn denn Perversion ein Abweichen von ethischen und moralischen Normen ist, das andern (und oft auch sich selber) Schaden zufügt und dennoch zwanghaft vollzogen werden muß. Die Ökonomie von heute zerstört Menschen, immer wieder, und ist unermüdlich in der Rechtfertigung ihres Tuns. Es ist ein Kennzeichen der Perversion, daß die Gefühle, die dazugehören, vom tatsächlichen Handeln abgekoppelt sind. Ja, sie verkehren sich nur allzuoft in ihr Gegenteil. Dann, in der sadistischen Spielart des Handelns, bereitet Lust, was Entsetzen auslösen sollte. Seinen Konkurrenten zerstören, den Mitarbeiter erniedrigen, den Rivalen demütigen. Die perverse Lust an der Zerstörung ist ein Teil der Wirtschaft, und perverses Handeln wird dann positiv bewertet. Applaus für den Zerstörer. Es wird nicht gefragt, ob eine Handlung ethisch vertretbar ist. Sondern ob sie sich rechnet.

Im Modell der modernen Ökonomie schlummert also faschistisches Denken. Aber erst die Kombination eines undemokratischen Selbstverständnisses mit der schieren Größe der Unternehmen macht sie gefährlich. Gar nicht so wenige Firmen machen inzwischen Umsätze, die mit den Bruttosozialprodukten ganzer Staaten rivalisieren können. Diese Firmen haben so viele Standbeine in so vielen Rechtssystemen, daß eines immer paßt. Nationale Grenzen greifen nicht mehr. Ist die notwendige Folge aus diesem Dilemma nicht, daß auch die Staaten sich mit einer großflächigen gemeinsamen Gesetzgebung organisieren müssen, um demokratisches Leben zu garantieren?

Nicht nur Deutschland – ganz Europa –, auch die Schweiz hat sich in den letzten zwanzig, dreißig Jahren verändert, und zwar auf vergleichbare Weise. Die Probleme der Schweizer sind ebenfalls die, vor die sie die Neue Ökonomie stellt. Denn auch die Teilnehmer der Schwing- und Trachtenfeste – sie sind die letzten, die sich noch an Wilhelm Tell und Winkelried erinnern – arbeiten während der Woche in einer Bank oder verkaufen Immobilien.

Auch sie sind den Ängsten ausgeliefert, die das Jahr 1989 so überraschend in die Welt gesetzt hat. Denn eigentlich war das ja ein Freudenjahr. Die fallende Mauer: ein unvergeßlicher Lebensaugenblick. Aber dann geschah etwas Beunruhigendes. Es gab jäh nur noch eine Klasse, uns, und ein Denken. Das unsere. Wenn aber eine Gesellschaft von einem einzigen Denkmodell beherrscht wird, ist sie kaum mehr fähig, sich selber zu beobachten und zu kritisieren. Sie ist blind für sich selber. Sie analysiert nicht mehr grundsätzlich, sondern bastelt allenfalls an kleinen Systemkorrekturen herum. So geht ihr, blind für die eigenen Defizite, auch ihr Gefühl für Moral verloren. Statt Moral zu haben, moralisiert sie, um so heftiger, als sie den Verlust wahrhaftiger Moral ahnt. Wir sind politisch korrekt bis zum Gehtnichtmehr. Aber die Ungeheuerlichkeiten dieser Welt werden seltsam ruhig hingenommen.

Wir sind alle in einem Maß durch die Arbeit, die wir täglich tun, definiert, daß wir uns eine andere Selbstdefinition kaum vorstellen können. Ich bin, was ich arbeite. Das hat bis heute ja auch halbwegs funktioniert, und die Marktwirtschaft baut mehr als jedes andere System auf diesem Denken auf. Sie hat ja, auf den ersten Blick, auch recht. Wir alle heben nur den Hintern, wenn wir mit den andern rivalisieren können und müssen. Wir wollen uns messen, die meisten von uns. Wir wollen den andern ein Schnippchen schlagen und besser sein als sie. Wir sind in der Tat nicht alle für alles gleich begabt. Hans ist nicht Heini. So ist es auch im Leben der Wirtschaft. Die UBS rivalisiert mit der Crédit Suisse und der Deutschen Bank, so weit, so gut. So schlecht, denn die Folgen einer Niederlage sind für die Verlierer oft verheerend. Einem, der einfach seine Arbeit tun will, ist wenig damit gedient, daß die ökonomische Theorie von »schöpferischer Zerstörung« redet. Ihm hat man seine Arbeit genommen. Der Markt, der alles regeln soll, regelt eines am allerschlechtesten: eine verläßliche Kontinuität unseres Arbeitslebens.

Wie also kann unsere produktive Rivalität erhalten bleiben und dennoch erreicht werden, daß keiner von uns zerstört wird, wenn er dem Rivalisieren nicht gewachsen ist? Wie kann man die Verteilung des erarbeiteten Geldes von der Arbeit der Menschen abkoppeln? Wie können Belohnungssysteme aussehen, die sich nicht in Rappen und Franken beziffern lassen? Würdige Formen der Arbeit? Belohnungssysteme, die bedächten, daß es unangenehmer ist, ein Klo zu putzen als eine Firma zu leiten? Glanz und Gloria? Nobelpreise? Das rosa Licht der Prominenz? Ich habe keinen Dunst, ich weiß nur, daß wir gern arbeiten, wenn unsere Arbeit einen Sinn macht, und daß umgekehrt irgendwann einmal, bald wahrscheinlich, von uns allen viel weniger Arbeit geleistet werden muß. Es ist gewiß ja auch wünschenswert, nicht verwerflich, wenn unsere Autos oder Kühlschränke von Robotern montiert werden. Es ist bloß verwerflich, den Menschen, die das vorher getan haben, keine Mittel für ihr Leben zu geben. Es ist menschenverachtend, es ist ökonomisch dumm, denn sie sind auch Kunden, und es ist politisch gefährlich, weil an den Rand gedrängte Menschen zu einem undifferenzierten und undemokratischen Denken neigen.

Sowieso sind viele unserer Beschäftigungen in dieser Arbeitswelt einigermaßen absurd geworden. Dies sind die Stellenangebote eines einzigen Tages, einer einzigen Zeitung: Da wird zum Beispiel ein »Corporate Key Relationship Manager« gesucht, mit »natürlicher Affinität zum transatlantischen Kommunikationsstil und interkultureller Rundumbildung«. Oder ein Vice President Corporate Staff Management Resources, ein Change Manager, ein Manager Component Purchasing and Subcontracting, ein Business Process Engineer, ein Area Sales Manager, ein Event Coordinator, ein Human Resources Consultant, ein Chief Executive Officer, ein Integration Manager Supplier, ein Supply Chain Manager, ein Procurement Officer, ein Senior Consultant, ein Head of Operations und ein Deal Manager.

All diese Berufe stammen aus einer deutschsprachigen Zeitung, wohlgemerkt, aus der *Neuen Zürcher Zeitung*. Mir ist schon auch klar, daß da manche altvertraute Tätigkeit mit prächtig klingenden Titeln aufgemotzt wird. Der Area Sales Manager wird wohl wie eh und je mit seinen Staubsaugern losziehen und von unwilligen Hausfrauen die Tür auf die Nase geknallt bekommen. Dennoch. Früher gab es – die Älteren unter Ihnen werden sich daran erinnern – den Begriff der entfremdeten Arbeit, weil man sich eine nicht entfremdete Arbeit immerhin noch vorstellen konnte. Heute ist der Begriff verschwunden, entweder weil es keine entfremdete Arbeit mehr gibt oder weil alle Arbeit entfremdet ist. Dabei ist doch dem einen Last, was dem andern Lust bereitet. Lokomotivführer oder Pilot, das waren einst die Kinderwünsche. Wir wurden dann doch etwas anderes. Aber etwas von einem erfüllten Kinderwunsch sollte unsere Erwachsenenarbeit schon haben, um von uns als bereichernd erlebt zu werden. Wer aber hat als Zwölfjähriger davon geträumt, ein Corporate Key Relationship Manager zu werden?

Wir sind dem Glück nahe. Unserm letzten Kapitel. Glück hat viel mit erfüllten Kinderwünschen zu tun, bekanntlich. Warum ist Glück dennoch so wenig ein gesellschaftliches Ziel, daß der Satz, der in der Präambel der amerikanischen Verfassung steht, allenfalls als eine skurrile Bizarrerie zitiert wird? Nämlich, daß das Ziel des Staates und seines Handelns sein müsse, seinen Bürgern zum Glück zu verhelfen. Wir, heute, finden das ein bißchen komisch. Wir wollen das Glück weniger als anderes, es ist ein Wert, aber einer, der radikal dem Privaten zugewiesen bleibt und auch dort immer erneut scheinbar Wichtigerem Platz machen muß. Alltagsnotwendigkeiten und Sachzwängen. Das inzwischen schier ausgestorbene Bürgertum von einst hat uns die Fähigkeit vererbt, das Glück immer erneut auf morgen zu verschieben. Als sei es kein wirklich erreichbares Ziel, sondern allenfalls eine ideale Theorie.

Aber es gibt das Glück. Es ist selten, es ist flüchtig, es ist kostbar. Aber jene, die es erlebt haben, wissen, daß es existiert. Vielleicht ist just diesen Glücklichen am deutlichsten, daß das Glück nicht das Ziel des einzelnen sein kann, sondern – wie das die klugen Amerikaner schon im Jahr 1788 erkannt hatten – das der Gesellschaft werden muß, denn es kann kein einzelnes Glück im allgemeinen Unglück geben. Es gibt, um Adorno zu variieren, kein richtiges Glück im falschen.

In der Welt der Ökonomie, die beinahe schon die ganze Welt ist, heißt das Glück Geld. Es ist handelbar und hat seinen Tageskurs. Dieses Glück, das kleine Glück, ist immer noch, wie sein großer Bruder, ein Gefühl. Aber ein kleines. Es gibt in der Welt der Ökonomie keine Atriden mehr, keine Gefühle, wie sie die Atriden empfanden, obwohl es auch diesen um Gold und Macht ging. Heute, wenn atridengroße Gefühle auch nur am Horizont auftauchen, wird Chemie eingesetzt. Hätten die ärztlichen Priester im alten Griechenland Klytemnestra Prozac verschrieben, ein Pfund Valium, Agamemnon lebte heute noch. Gefühle müssen heute unter allen Umständen handhabbar bleiben und heißen deshalb Emotionen. Emotions. Weniger ist mehr, dieser Satz gilt bei den Gefühlen besonders. Allerdings, keine Gefühle zu haben, das ist inzwischen auch tabu. Der alte Boss, der alle Probleme mit Handkantenschlägen löst, ist ein Auslaufmodell. Es gibt den IQ zwar noch, den Intelligenzquotienten, aber sein junger Bruder, der Emotional Quotient, hat ihm den Rang abgelaufen. Manager und Managerinnen müssen nun nicht mehr nur leistungsfähig, fachlich kompetent, durchsetzungsfähig und belastbar sein, nein, sie müssen auch über eine Emotionalität verfügen, die den Bedürfnissen ihrer Arbeit angemessen ist. Zärtlich aber gnadenlos, verständnisvoll aber beinhart, so etwa. Eine solche Emotionalität fordern heißt, das Glück abgeschrieben zu haben. Man kann nicht beides haben. Das Glück, jenes mit Großbuchstaben, kennt keine Bedingungen und läßt sich in keine Strategien einbinden. Die Emotionalität der Neuen Ökonomie ist der größte Feind des alten Glücks, just weil sie ihm, sorglos betrachtet, zuweilen ein bißchen gleicht.

Zum Schluß möchte ich Ihnen eine Geschichte erzählen. Ich bin sicher, daß Sie sie kennen. Es ist die Geschichte von König Midas und geht so: König Midas war der König von Phrygien, das ist in der heutigen Türkei, und er hatte einen Wunsch frei bei den Göttern von damals. Er wünschte sich, daß alles, was er anfaßte, auf der Stelle zu Gold werde. Aber bitte, sagten die Götter, es sei. Midas faßte einen Stuhl an, und schon war der aus Gold. Einen Teller. Gold. Einen Stein. Auch Gold. Super. Aber dann kriegte König Midas Hunger und wollte essen, ein Falafel oder ein Dönerkebab, und die wurden auch zu Gold, und er biß sich einen Zahn aus. Das Wasser war Gold in einem Glas aus Gold. Hilfe, brüllte König Midas, Götter, Irrtum, großer Irrtum, befreiet mich von diesem Fluch. Und weil die Götter damals gute Götter waren, sagten sie ihm, er solle im Fluß Paktolos baden, dann sei alles wieder gut, und tatsächlich, als König Midas aus dem Wasser stieg, konnte er sein Falafel essen und das Wasser trinken. Im Fluß Paktolos aber findet man heute noch Gold.

Dann war König Midas noch berühmt für seine Eselsohren. Das ist eine andere Geschichte. Er hatte wieder einmal über die Stränge geschlagen und sich über Apollo lustig gemacht, und der hexte ihm, sauer geworden, Eselsohren an. König Midas schämte sich entsetzlich und trug nur noch Turbane oder riesige Hüte. Er sagte niemandem, daß er Eselsohren hatte, aber irgendwie mußte er es doch sagen, er wäre sonst geplatzt mit dem entsetzlichen Geheimnis, und so schlich er jede Nacht aufs Feld hinaus und grub ein tiefes Loch und flüsterte in dieses Loch: »König Midas hat Eselsohren!« und schaufelte das Loch schnell wieder zu. Niemand hat ihn je gehört, kein Mensch. Aber Schilf wuchs aus all den Löchern, und wenn der Wind wehte, flüsterte das Schilf: »König Midas hat Eselsohren!«, und das tut es heute noch, das Schilf, alles Schilf auf der Welt, und deshalb wissen wir, daß König Midas Eselsohren hat. Daß heute noch alle Midasse Eselsohren haben.

II

Die Verbesserung von Zürich

Es gibt ein Buch von Oswald Wiener, einem Schriftsteller aus Wien, das *Die Verbesserung von Mitteleuropa* heißt. Es ist ein spannendes, auch schwieriges Buch, ein Schlüsselbuch der neueren deutschen Literatur. Mich interessiert hier vor allem das Projekt, von dem Oswald Wiener ausgeht und das er, im Laufe seines Schreibens, dann eher aus den Augen verliert: die Verbesserung von etwas, was unverrückbar scheint, wie die Natur selber. Von Mitteleuropa in seinem Fall, das es bei Erscheinen des Buchs (1968) kaum noch zu geben schien. Ja, das können Bücher, das können wir Menschen in unsern Köpfen: ein Bestehendes verbessern, simuliert zwar, aber dennoch. – Ein anderer Schriftsteller, auch ein Wiener übrigens, Dominik Steiger nämlich, hat eine *Verbesserung der Oktoberrevolution* erdacht, ohne Frage ein ebenfalls sinnvolles und sehr notwendiges Projekt. Ja, für das Verbessern gibt es ein weites Tätigkeitsfeld. *Alles* eigentlich scheint mir verbesserungswürdig, schier alles. Die Büroklammer ist perfekt, und die Toblerone. Aber sonst? In Angriff zu nehmen wäre, von Toblerone, Büroklammer und vielleicht noch dem Espresso im Bahnhofbuffet von Domodossola einmal abgesehen, die Verbesserung der Welt. Insbesondere die Verbesserung von Amerika und Rußland, dann auch des Balkans, Asiens, Afrikas und Liechtensteins. Aber auch die Verbesserung der Schweiz wird nicht zu umgehen sein, ich denke da an den Mutterschutz, das Fernsehen und die Expo. Aber beschränken wir uns auf Zürich. *Die Verbesserung von Zürich*. Ha! Nichts ist nämlich so perfekt, daß es nicht noch besser werden könnte. Nicht einmal Zürich. Obwohl wir den See haben, das Bauschänzli und eine VBZ, die so pünktlich fährt, daß die Japaner ihre neu erworbenen Swatchs nach ihr richten.

Wenn ich oberflächlich und gut gelaunt bin, also oft, gefällt mir auch bestens, was Zürich mir Tag für Tag so anbietet. Mit einer Ausnahme. Dem Klima. Nämlich, obwohl die Klimakatastrophe die Lage deutlich verbessert und uns Dezember schenkt, die uns an den Frühling vor zehn Jahren erinnern, hat sie es nicht geschafft, jene ewiggraue Wolkendecke über unsern Köpfen zu vertreiben. Irgendwann Ende Oktober geht in Zürich die Sonne unter und kommt im Mai wieder, bestenfalls. Finnische Verhältnisse, und man weiß ja, was das bedeutet. Alle Finnen sind bekanntlich Selbstmörder, Quartalstrinker und sexuell enthemmt. Ich plädiere deshalb dafür – Verbesserung Nummer eins –, daß ab dem ersten Dritten das Klima der Kanarischen Inseln auch bei uns eingeführt wird. Natürlich wird die SVP dagegen sein, aber mit den Stimmen der Mitte und der Linken wird das Postulat im Stadtrat durchzubringen sein. Kann sein, daß sogar die Grünen dafür sind.

Jetzt, wo ich aufgewärmt bin, denke ich, daß wir grad noch ein paar andere Dinge verbessern könnten. Wieso zum Beispiel werden wir immer wieder krank, kriegen Husten, Asthma und Krebs? Kein Mensch versteht, wozu das gut sein soll. Also, keine Krankheiten mehr für Zürcher und Lebendpersonen, die seit mehr als zehn Jahren im Raum Zürich siedeln. Auch unsere finanzielle Lage könnte besser sein. Ich schlage vor, alles im Raum Zürich vorhandene Geld auf einen Haufen zu tun, auf der Landiwiese, und auf los! geht's los. Jeder darf so viel heimtragen, wie er tragen kann. Jede Zürcherin, jeder Zürcher. Es ist genug da für alle. Die aus Zug und Freienbach schauen staunend zu. Die Landiwiese ist im Nu leer geworden.

Wir alle haben jetzt mehr Geld als vorher, außer die paar, die nun weniger haben. Tja. Sie werden wohl nach Freienbach zügeln, oder nach Zug. Aber das wird sie noch reuen. Denn ab dem ersten Dritten haben wir hier das Klima von Gran Canaria. Wir wandeln unter Oleandern und Palmen, am Ufer unsres Sees, in dem wir jetzt auch im Jänner baden können, wir verbesserten Zürcher.

Ab durch die Mitte

In letzter Zeit höre und lese ich immer häufiger, daß keine unserer staatstragenden Parteien imstande oder willens sei, die politische Mitte wirkungsvoll zu besetzen. Sich um die Mitte zu kümmern. In der Mitte sei eigentlich eher kaum mehr einer, jedenfalls kein Politiker mehr, seitdem die FDP und die CVP, auf der Suche nach einem tauglichen Profil, nach links und rechts und oben und unten schielten, die SP sich in ihre eigenen Glaubensfragen verbissen habe und die SVP so weit nach rechts gedriftet sei, daß sie mit Augen, Nasen und Mündern gegen die Wand stünde. Die Eigernordwand wohl, oder die Schattenfluh. Ich kann das nicht beurteilen, ich bin selten in jenen Gegenden.

Niemand sagt dabei, was genau diese Mitte nun eigentlich sei. Sie ist offenkundig das, was die Mehrzahl von uns im Alltag leben möchte: Demokratie, Freiheit und soziale Sicherheit, ohne riskante Experimente politischer und sozialer Art, und dies im Wissen, daß unsere Welt nicht perfekt ist und ein Staat nicht *alle* Wünsche erfüllen kann. Wer in der Mitte leben will, der ist damit einverstanden, sich mit angemessener Würde, in ertragbarer Sicherheit, ohne viel Glanz, aber auch ohne mörderische Bedrohungen durchs Leben wursteln zu müssen oder dürfen.

Die leere Mitte: Ich weiß nicht so recht. Für mich sieht, im Gegenteil, so ziemlich alles wie Mitte aus. Das bizarre ist nicht, daß wir keine Mitte erkennen, sondern daß es kaum utopische, extreme, radikal andere Positionen gibt, die sich hörbar und plausibel artikulieren. Wer sehnt sich noch nach einer völlig umgekrempelten Gesellschaft? Nach Gleichheit für alle? Nach einer faschistischen Diktatur gar?

Der Rest ist Mitte. Diese riesenhafte Mitte sieht unbewegt aus, statisch. Und sie bewegt sich doch. Die Mitte ist nämlich so etwas wie eine Wanderdüne, deren Bewegung man auch nur erkennt, wenn irgendwo eine Palme im sanft strömenden Sand steht. So wandert auch die Mitte, seit Jahren, und zwar von links nach rechts. Uns fällt, wie in der Düne dem einzelnen Sandkorn, die Bewegung gar nicht auf. Für uns bleibt sie am Ort. Bleiben wir am Ort. Allenfalls Nachrichten aus anderen Wanderdünengebieten erheitern oder erschrecken uns. Daß in den USA, vor dreißig Jahren ein Land laschester Liberalität, Raucher jetzt auch gesteinigt werden, wenn man sie um Mitternacht in einer menschenleeren Wüste erwischt, mit einer Zigarette im Mund. Oder daß Tony Blair, den wir vor nicht allzu langer Zeit noch für einen Sozialdemokraten gehalten haben, immer mehr wie die selige Mrs. Thatcher handelt und eigentlich auch aussieht. *Das* können wir sehen, außerhalb der britischen Wanderdüne stehend. Und auch sie treibt von links nach rechts.

Eine Gesellschaft, jede, braucht ihre Extreme. Jene Menschen oder Parteien oder Organisationen, die radikale Ziele verstehbar formulieren können. Seien es »linke«, seien es »rechte«: Das ist fürs erste beinah egal. Wir brauchen utopische Leuchtbojen, die im politischen Anythinggoes-Alltag unterschiedlichste Positionen markieren und von denen sich die Mitte, wenn sie das denn tun zu müssen glaubt, abgrenzen kann. Durch die sie sich selber erst als Mitte zu erkennen und zu definieren vermag. – Aber vielleicht hat ja Hannah Arendt recht, die vor fünfzig Jahren schon meinte, daß – egal, ob wir es nun links oder rechts oder sonstwas nennen – bei politischen Vorgängen nur noch eines zählt: ob sie einer totalitären Herrschaft zuarbeiten oder eben, im Gegenteil, nicht.

Was im übrigen »rechts« und »links« und deren heutige Ausdrucksformen betrifft: Ich war, vor einiger Zeit, in Aix-en-Provence und wußte von ferne, daß an jenem Tag Bürgermeisterwahlen waren. Ein strammer rechter Kandidat stand einem prononciert linken gegenüber. Keine Mitte also, diesmal. Ich saß – es war Abend geworden – unter Platanen und trank einen Wein oder zwei. Und plötzlich – eben noch Zikadengezirpe – ging ein Getöse los, ein Hupen und Brüllen und Johlen. Die Sieger tanzten die Straße hinunter. Eine Riesenmenge. – Ich versuchte zu erraten, wer gewonnen hatte. Wessen Fans waren das nun? Waren das linke Gesichter oder rechte? Tragen Le-Pen-Anhängerinnen minikurze Röcke? Gehen Linke mit Hard-Rock-Café-Shirts auf die Straße? – Schwer zu sagen, wirklich schwer. Endlich entschied ich, daß – merde alors – der Le-Pen-Kandidat gewonnen haben müsse. – Es war dann doch der Linke.

Carpe diem

»Carpe diem« – nutze den Tag, den jeweils gegenwärtigen Tag: So rieten sich und uns die alten Römer schon. Die *alten* Römer wohl vor allem, denn die jungen Römer waren gewiß nicht anders als die Jungen überall und zu allen Zeiten. Die glaubten, die schiere Ewigkeit vor sich zu haben und kümmerten sich – völlig zu Recht – nicht um einen lumpigen Tag. Sie hatten, wie alle Jungen, Zeit zum Versauen. Sogar ein Jahr war etwas, was man unbesorgt vertrödeln durfte. Wie heute. Dabei war die Lebenserwartung eines jungen Römers nicht die allergrößte. Man war recht bald ein alter Römer. Vierzigjährige waren *Senexe*. Was hieß: edle Greise.

»Carpe diem« – das ist ein Ratschlag, der einem immer besser einleuchtet, je älter man wird. Je klarer man erfaßt, daß die Zahl der noch kommenden Tage begrenzt ist. Viertausend vielleicht, oder tausendachthundert, oder gar nur noch dreihundertdrei. Wer weiß es. Jeder Tag wird, je weiter der Zähler vortickt, kostbarer. Wenn ich also *jetzt* Lust und Kraft verspüre, und wenn zudem die Sonne scheint, ja, wieso soll ich nicht *jetzt* auf den Üetliberg steigen? Oder ein Erdbeertörtchen essen? Oder mich verlieben?

Wir alle waren einmal unsterblich und wußten nichts von der verrinnenden Zeit. Wir waren nämlich Kinder, und alle Kinder leben, eine kleine Weile lang, im Paradies.

Wir alle haben es getan, und wir tragen alle, bis heute, eine Erinnerung an unsere Zeitlosigkeit und Unsterblichkeit in uns. Als eine Art Hintergrundecho all unseres Denkens und Fühlens. Natürlich sind wir aus dem Paradies vertrieben worden, sehr bald einmal, nämlich als wir begriffen, daß es ein Morgen gibt und ein Übermorgen, und daß der Tod nicht nur Maikäfer, Katzen und Großmütter holt, sondern auch solche wie uns. Das ist ein Schrecken, von dem wir uns für den Rest des Lebens nicht mehr erholen. An den Tod kann man sich nicht gewöhnen. Er bleibt *der* Skandal.

Nutze den Tag: Eine ganze Weile lang ist das ein Ratschlag, dem wir ohne weitere Probleme das Beste abgewinnen können. Ein optimistischer und gewinnbringender Lebensrat. An einem Tag können wir ein Buch schreiben (ein kurzes), ein Kind zeugen (ein kleines) und einen Baum pflanzen (einen jungen). Picasso fetzte manchmal drei Bilder pro Tag hin, und für Alberto Giacometti war der Tag immerhin gut genug, daß er aus dem Lehm eine dürre Figur hochknetete und sie am Abend, aufstöhnend, wieder in den Klumpen zusammendrückte, der sie am Morgen schon gewesen war. Aber sogar dieses Nullsummenspiel war ein Gewinn, wenn nicht für uns, so doch für Alberto Giacometti.

Irgendwann allerdings schrumpfen die Kräfte und die Lüste, so daß wir den Tag nicht mehr so strahlend nutzen können. Wir tun nicht mehr dies und das, wie eben noch, sondern nur noch dies. »Carpe diem«, ja schon, wir tun ja unser Bestes. Nutzen dennoch eher nur noch die Stunde. Die Minute. Die Sekunde. Wenn wir es schaffen, einmal rund um den Park zu gehen, ist das nun ein Sieg. Wenn wir es packen, die Socken selber anzuziehen, ist das ein Triumph. Wenn wir imstande sind, das Veilchen, tief da unten, zu pflücken und seinen Duft zu riechen: ein Höhepunkt. Irgendwann einmal ist das »Carpe diem« nicht mehr eine Formel für das reiche Nutzen der Herrlichkeiten des Angebots der Welt, sondern ein Flehen nach der Fähigkeit, auch dem kleinsten Augenblick ein bißchen Glück abzugewinnen. Wer es kann, ist zu beneiden. Viele können es nicht.

Ja. Das immergrüne »Carpe diem« der alten Römer ist ein guter und dennoch verstörender Rat, denn er weist uns, Hand in Hand mit seiner glückspendenden Botschaft, unerbittlich darauf hin, daß wir, den Tag nutzend, nicht nur etwas gewinnen, sondern – je älter, desto schneller – mit jedem Tag auch etwas verlieren. Ein Stück Kraft. Einen Fetzen Gedächtnis. Ein Gran Lust. Unser Glück hoffentlich zuletzt. Aber irgendwann wird unser Triumph gerade noch sein, daß wir es schaffen zu atmen. Einzuatmen. Auszuatmen. Ein, aus, ein. Bis zum letzten Atemzug. Aus. Carpe diem.

Klare Verhältnisse

Früher war alles klar. Jeder und jede wußte, wo der Feind war, und wer der Freund. Es gab eindeutige Grenzen und deutliche Fronten, und diese waren schier unüberwindlich. Nie hörte ein Oberst im Generalstab einem, der PDA wählte, auch nur eine Minute lang zu, und jeder Student *wußte* – und er hatte nur allzuoft auch recht –, daß die in den Chefetagen sture Betonköpfe waren. Die einen legten Fichen an, die anderen kamen darin vor. Es war bedrückend, aber es war sonnenklar. Ein Fisch war kein Vogel, und ein Hauswart nie ein heiterer Mensch.

Heute, mein Gott. Keine Sau kommt mehr draus. Die Hauswarte, nur zum Beispiel, zum Küssen nett zuweilen. Wer ist heute wessen Gegner, wer ist wem Freund? Niemand legt mehr Fichen an, allein schon, weil sowieso alles elektronisch erfaßt wird. Was früher einen jeden in tiefe Verzweiflung stürzte – aus jenen empfindsamen Zeiten stammt der Begriff des Datenschutzes –, ist inzwischen allen ziemlich egal. Mein Gott, sollen die halt wissen, wo ich mich gerade aufhalte, anhand meiner Handy-Spur. (Und vielleicht macht uns ja tatsächlich die schiere Menge der über uns gesammelten Informationen wieder unsichtbar?)

Seit dem Wirbel um 1968 herum, in dem die USA, Europa und sogar die Schweiz wie im Cocktail-Shaker durchmischt wurden, ist eine Generation vergangen. Das hat dazu geführt, daß viele von denen, die damals auf den Straßen herumrannten oder den Dienst verweigerten oder mit den Fingern auf reaktionäre Professoren zeigten, selber irgendwo gelandet sind, wo sie etwas zu sagen haben. In den Medien, im Management, in den Regierungen. Die gesellschaftspolitischen An- und Einsichten werden deshalb nicht mehr nur horizontal in der eigenen Klasse weitergegeben, sondern auch vertikal. »Progressive« und »konservative« Gedanken prallen auf allen Ebenen aufeinander. Sie, die einst durch hohe Schranken voneinander geschieden waren, leben nun hautnah miteinander. »Oben« und »unten« sehen die Verschiedensten, daß und wie die andern auch nur mit Wasser kochen.

Die alten Klassen, streng voneinander geschieden, sind irgendwann in den letzten Jahrzehnten verschüttgegangen, irgendwie, irgendwohin. Wer hat wann den letzten Proletarier gesehen? Wer wo den letzten Ausbeuter mit Hut und Zigarre? Natürlich gibt es immer noch Ausbeuter, gewiß gibt es immer noch Ausgebeutete, aber sie sehen, wenn sie im ›Kaufleuten‹ ein Bier trinken, äußerst ähnlich aus. Sie denken vielleicht nicht ähnlich. Aber auch die Unterschiede im Denken gehen quer durch die Klassen, rauf, runter; nicht mehr nur waagrecht.

Was waren das für Zeiten, als Max Frisch sich mit Kurt Furgler stritt: Zwei Schwergewichtler ihrer Klassen. Erinnert ihr euch noch an die beiden? Max Frisch, das war der mit der Pfeife und dem Gesicht eines Chinesen, und Kurt Furgler der mit dem kleinen Mündchen. Manche hielten ihn für den gescheitesten Schweizer seit Winkelried. Ach, einer wie er wäre nicht mehr möglich heute. Eine so selbstverständliche Arroganz der Macht. So wie auch Max Frischs eindeutige Redlichkeit heute kein klares Ziel mehr fände. Jener Fernsehkampf, den Kurt Furgler mit einem technischen K.o. in der ersten Runde für sich entschied? Wißt ihr noch? Wie Kurt mit der Sicherheit der Macht sprach und Max sich sofort in den Unsicherheiten der Ohnmacht verhedderte? Tempi passati. Jeder wußte damals, wo er stand. Ob er Kurt zujubelte oder dem armen Max die Wunden lindern wollte.

Könnte es sein, daß sich immer mehr Menschen, heute, nach jenen Eindeutigkeiten zurücksehnen? Daß – in unklaren Zeiten – die Sehnsucht nach klaren Hierarchien wieder wächst, und sei es um den Preis, daß man keineswegs der ist, der die Tritte austeilt, sondern der, der sie kriegt? Oder die? Sie tun weh, die Tritte, aber die Lage ist wenigstens eindeutig. Ich, der ich Tritte weder austeilen noch kriegen möchte, habe immer wieder einmal das mulmige Gefühl eines Rollbacks: als kämen die Betonköpfe wieder aus ihren Unterständen, oder ihre Söhne und Töchter. Alle sich danach sehnend, daß es endlich wieder ein eindeutiges Oben und Unten gibt. Klare Verhältnisse.

Alles voll

Früher war die Erde zwar nicht öd, aber leer. Da und dort ein Mensch, nicht mancher, auch in meiner Jugend noch. Allenfalls am Karfreitag oder am Ostersonntag strömten die Menschen in den Kirchen zusammen, um sich zu vergewissern, daß es ihresgleichen auch anderswo gab. Fußballspiele mit zweitausend Zuschauern waren eine Sensation. Schweiz gegen Holland (5:3 oder vielleicht sogar 7:5) fand auf dem Rankhof statt, wo heute Zweitligaklubs kicken, wenn überhaupt. In den Wirtschaften saßen ein paar Männer am Stamm. Die Theater! In den Fünfzigerjahren verdiente ich mein erstes Geld als Platzanweiser in der ›Komödie‹ in Basel. Das war ein schwieriges Metier, weil die Plätze 1 bis 453 im Slalom durch alle Reihen hindurch numeriert waren. Andererseits kamen – in der Regel – so wenige Zuschauer, daß Egon Karter, mein Chef, jeden Abend kurz nach acht auf die Straße hinaustrat und nach links und rechts spähte, ob da nicht eventuell ein einsamer Fußgänger ging. Erst wenn der vorübergegangen war, endgültig, fingen wir an. – Noch viele Jahre lang war es nicht anders. Wie oft hatte ich Lesungen vor zwölf Zuhörern! Einmal, in Rheinfelden, kam gar niemand. Nicht einer.

Heute! Alles voll, überall. Wenn ich eine Bratwurst essen will, muß ich mir meinen Tisch Tage im voraus reservieren. Konzerte von Popgruppen, deren Namen ich noch nie gehört habe, sind innerhalb von drei Stunden ausverkauft, obwohl das Hallenstadion zehntausend Plätze hat. Das Literaturhaus platzt aus allen Nähten, wenn eine junge Lyrikerin ihre ersten Gedichte vorstellt. Jeden Abend machen sich Tausende von Frauen und Männern hübsch und stürzen sich ins Getümmel. Schiffbau, Moods, Winkelwiese, Oper, Tonhalle! Sie gehen ins ›Kaufleuten‹ und in den Zoo und den 4. Akt, und sogar Eishockeyspiele sind gut besucht.

Was ist da los? Woher kommen die Massen, die jeden Tag irgendwohin wollen? Ist das nur die Überbevölkerung? Spült uns ihr Druck ins Freie, das dadurch mehr und mehr unfrei wird? Es soll in der Tat Weltgegenden geben – Kalkutta, Mexico Ciudad, asiatische Metropolen –, in denen so viele Menschen herumwimmeln oder eben eher herumgewimmelt werden, daß die Frauen, in lebenslanger Bewegung, ihre Kinder im Gehen empfangen und gebären. Daß die Männer rennend arbeiten, sogar Uhrmacher und Chirurgen. Daß die Toten noch monatelang von den Lebenden mitgeschleift werden. Dort finden, sagt man mir, alle Events (Theater, Konzerte, Vernissagen) in einer unablässigen Bewegung statt. Die Sinfonieorchester gehen spielend mit ihren gehenden Zuhörern, vom Druck der Vielen geschoben. Sie spielen Beethoven im Trab. Das Largo von Händel wird ein Presto, und auch Schuberts Ständchen ist dort ein Marsch.

Oft genieße ich unsere neue Vielfalt. Dieses Riesenangebot. Man könnte jeden Abend zehnmal ausgehen. Soviel Schönes! So viele Anregungen, auf einer Höhe der Ausführung zudem oft, von der wir früher nicht einmal träumen konnten, denn wenn die Provinz träumt, träumt sie mit den Möglichkeiten der Provinz. Zürich *war* Provinz, von Basel oder Luzern ganz zu schweigen. Das ist vorbei. Zwischen Stans und New York ist der Unterschied nicht mehr sonderlich groß. Allenfalls kann man den Spieß umdrehen und sagen, Provinz sei heute überall.

So weit, so gut. Es ist ja wahrhaftig nichts Böses, in einem schönen Restaurant zu sitzen und das Leben zu genießen. Ein kluges Theaterstück anzusehen, das Kopf und Herz in Bewegung setzt. Ganz im Gegenteil. Und trotzdem. Manchmal wird mir bei diesem Treiben (alle nehmen jederzeit an allem teil) etwas mulmig. Denn zur gleichen Zeit – hängt das eine mit dem anderen zusammen? – ist die Wirtschaft ganz offen dabei, die Karten im Spiel der Macht neu zu mischen. Sie ist gewiß nicht unglücklich darüber, daß wir ihr dabei nicht allzu genau zusehen. Sie sponsert viele unserer Freizeitvergnügen mit beachtenswerter Großzügigkeit – auch kritische Veranstaltungen!, schwierige!, sperrige! – und rempelt gleichzeitig die Politik vom Spielfeld, wo immer sie das schafft. Unsere Rolle in diesem Spiel ist dabei klar: Wir sollen endlich und endgültig damit aufhören, politisch denkende Bürger sein zu wollen und – ausschließlich und begeistert – Konsumenten werden. Wir sollen denken, ein Konsument und ein Demokrat seien das gleiche.

Die Füchse in der Stadt

Ja, ich auch, auch ich habe einen Fuchs im Garten. Ich habe einen Fuchs im *Haus*. Im Keller, um genau zu sein. Ein Fuchs im Keller rumpelt, macht Tappen und stinkt. Gott muß, als er den Fuchs schuf, einen entsetzlichen Schnupfen gehabt haben. (War Gott blind? Wie sonst hätte ihm der Grottenolm geschehen können? Oder taub? Die Krähe! Taubblind, und immer verschnupft?)

Unser Fuchs jedenfalls – früher schon hatten wir ihn oder einen seiner Kollegen durch die Straße schnüren sehen – machte so seltsame Geräusche da unten im Keller, daß wir die Polizei riefen (unser Verdacht war: gefährlicher Einbrecher, stockbetrunken), und die kam auch fast sofort. Blaulicht, vier Mann in Kampfmontur, ein Hund, keiner zum Streicheln. Sie durchsuchten mutig den Keller, der inzwischen leer war, weil der Fuchs keinen Schnupfen hatte (*er* hält seinen eigenen Gestank mühelos aus, so wie wir Menschen das übrigens auch tun) und durch eine Luke, die deutlich schmaler als ein Fuchsschädel ist, entkommen war. (Er wurde dabei beobachtet. Füchse, die durch ein Loch kriechen, das deutlich kleiner als sie selber ist, dehnen sich in die Länge. Unser Fuchs – Augenzeuginnen: Lilith und Zora – war zwei Meter lang, mindestens, als er aus dem Loch kam. Erst als er dann wegschnürte, Richtung neuapostolische Kirche, schnurrte er zu seiner üblichen

Fuchslänge zusammen.) – Der Polizeihund schnüffelte derweil immer noch an unseren Koffern (alt) und Weinflaschen (jung) herum.

Der Fuchs ist ein Symptom. Nämlich, daß es auf dem Land draußen endgültig nicht mehr auszuhalten ist. Für Tiere, meine ich. Kühe torkeln wie besoffen, Hasen verhungern, Kaninchen beißen in Erdgasleitungen, und die Vögel stürzen tot vom Himmel, wenn sie einen Biomais genascht haben. Kein Wunder, daß die Tiere alle in die Stadt wollen. *Alle.* Es ist entschiedene Sache unter den Tieren, den intelligenten unter ihnen, daß sie bälder als bald in die Stadt ziehen werden. Kreis 7, Kreis 4, Kreis 9, auch Kreis 1. Landflucht. Nur die Pferde (dumm), die Hofhunde (saudumm) und die Borkenkäfer (in der Falle) werden im Grünen bleiben. In der Tat hat man schon Wildschweine vor Verkehrsampeln warten sehen, Rehe in Vorgärten äsen und Eulen heulen aus toten Briefkästen. In der Gegend von Wallisellen sind ganze Trecks von Schnecken unterwegs, Kap Richtung Bellevue. Sie werden ihr Ziel so um den Mai 2004 erreichen. Ihre Enkel oder Urenkel, meine ich.

Anderswo, in anderen Städten, in andern Erdgebieten, ist der Drang der Viecher in die Stadt noch ausgeprägter. In Haiderabad leben inzwischen so viele Tiger, daß die Haiderabader sich nicht mehr ins Café trauen, weil da an jedem zweiten Tisch so ein Räuber sitzt. Hammerfest ist fest in der Hand der Eisbären, Omsk auch, und die Pinguine sind auf dem Marsch nach Brisbane.

Logisch, daß die Städter die Städte aufgeben. Anderswo ist das schon soweit. Grosny ist menschenleer; auch Kisangani. Bei uns ist die Flucht von uns Menschen aus den Städten erst in Ansätzen erkennbar. Adolf Ogi zum Beispiel, er lebt wieder am Berg. Er hat, vor uns andern, begriffen, daß einzig der Mensch das Leben auf dem Land noch aushält. Wir *müssen*, wenn wir keine Unmenschen sein wollen, die Städte für die Tiere räumen. Die Füchse werden in unsern Häusern leben, glücklich wie noch nie.

Natürlich werden auch wir Menschen das Leben auf dem Land nicht aushalten, längerfristig. Erstens psychisch nicht (kein Fernsehen), zweitens nicht physisch (der Biomais). Es wird nicht lustig sein. Einzelne, ja ganze Trupps, werden versuchen, in die Städte zurückzugehen. Aber da sind inzwischen *überall* Füchse, und die stinken so entsetzlich, daß wir schon in der Gegend von Witikon abdrehen. Die Polizeihunde haben sich längst mit den Füchsen solidarisiert. Da ist auch keine Hilfe mehr zu erwarten.

To make a long story short: Die Menschen, auf freiem Feld, sterben aus. Im Jahr 2043 ist's, grob hochgerechnet, soweit. Herr Arnold Hümperli, 87, segnet als letzter homo sapiens das Zeitliche und geht zu Gott ein, der ihn tröstend in die Arme nimmt, obwohl Herr Hümperli, nach so langen Jahren auf dem Land, stinkt wie ein Fuchs, und obwohl Gott sehr gut riechen kann.

Freud-Bashing

In Zürich gibt es das Alfred-Adler-Institut und den Berufsverband für angewandte Psychologie, den Arbeitskreis Existentielle Analyse, eine astrologisch-psychologische Praxis, das Sigmund-Freud-Institut, das C.G.Jung-Institut, das psychoanalytische Seminar, die prozeßorientierte Psychologie, das Szondi-Institut, die Integrierte Therapie, es gibt die Daseinsanalyse und die Verhaltenstherapie, und mit dem autogenen Training und der körperorientierten Psychotherapie sind wir noch lange nicht am Ende der Möglichkeiten. Wer Hilfe für seine verletzte Psyche sucht, hat in der Tat die Qual der Wahl.

Alle diese Therapiemethoden gäbe es nicht ohne den ersten großen Erforscher der menschlichen Psyche: Sigmund Freud, der in einer lebenslangen Diskussion mit sich selber, seinen Patienten und Schülern jene Einsichten in unsern Gefühlskosmos entwickelt hat, die inzwischen so sehr in unser aller Alltag eingegangen sind, daß wir Tag für Tag, als wüßten wir Bescheid, mit Freuds Begriffen nur so um uns werfen: dem Unbewußten oder der Verdrängung oder dem Über-Ich.

Sigmund Freud hat von den drei großen Kränkungen der Menschheit gesprochen. Die erste war die, die uns Kopernikus zugefügt hat: daß unsere Erde nicht das Zentrum des Universums ist, sondern ein schier beliebiger Steinklotz in der schwarzen Ewigkeit. Die zweite Erschütterung unseres Selbstbewußtseins war der Satz Darwins, daß wir nicht die auserwählten Geschöpfe Gottes sind, sondern Affen wie alle andern Viecher. Und die dritte Kränkung, die vielleicht heftigste, ist die, die uns just dieser Sigmund Freud zugefügt hat: daß wir nicht einmal Herr im eigenen Haus sind. Daß unsere Gefühle und Triebe mit uns Fußball spielen, und nicht wir mit ihnen.

Freuds kränkende, oft schmerzliche Erkenntnisse haben ein Jahrhundert lang Zeit gehabt, in uns einzusickern. Tatsächlich haben sie unsere Haltung zur Welt radikal verändert. Wir haben uns, nicht ohne Mühe, mit dem Gedanken zu versöhnen versucht, daß wir nicht alles beherrschen können, weder uns selber noch die Geschehnisse der Welt, die wir zu gestalten versuchen.

Seit einiger Zeit allerdings erleben wir etwas Beunruhigendes und dennoch Verstehbares: eine Art Rollback der – vermeintlich – Selbstsicheren und Lebensgewissen, die alle Probleme für lösbar halten möchten und den Gedanken, die Menschen und ihre Welt könnten widersprüchlich sein, schwer aushalten. Sie schlagen, ermutigt durch ihre größer werdende Zahl, in immer triumphalerer Wut auf Freud und seine Nachfolger ein. Wir erleben ein regelrechtes Freud-Bashing und können die Erleichterung seiner Kritiker förmlich mit Händen greifen, sich endlich wieder, nach Jahrzehnten der Unsicherheit, auf Positionen zurückziehen zu dürfen, in denen Gewißheit herrscht. Wo *sie* sagen, wo Bartli den Most holt, und nicht der Bartli ihnen.

Offenkundig ist die Welt so bedrohlich geworden, so angsterregend, daß die Sehnsucht nach Sicherheit auch über Erkenntnisse siegt, denen eigentlich schwer zu widersprechen ist. Aber eben, diese Erkenntnisse legen nahe, daß wir vieles und oft just das Bedrohlichste *nicht* beherrschen können. Allerdings ist die Angst ein schlechter Ratgeber. Insbesondere jene Angst, die sich selber gar nicht als solche erkennt und – »Lead, follow or get out of the way!« – auf alles dreinschlägt, was ihr widerspricht. So laufen wir, während wir noch »Wir sind gerettet!« rufen, direkt ins Unheil hinein.

Ich wundere mich immer erneut, daß so viele Menschen die Augen schließen und die Ohren zumachen, wenn es um das Allerwichtigste geht: sich selber kennenzulernen. Seine eigenen Gesetze mindestens zu ahnen. Mit sich selber auszukommen, halbwegs bewußt. Aber nein. Viele ziehen es vor, Oberfläche zu sein, an der Oberfläche zu leben. Aber ich mag mich täuschen. Vielleicht sind sie mir um Meilen voraus. Wissen längst, wie Sophokles schon, daß das Gewaltigste aber der Mensch ist, und verzichten weise darauf, dem eigenen Gewaltigen auf die Spur zu kommen.

Wir Hysteriker

Ich bin mir nicht sicher, ob eine Gesellschaft als Ganzes von einer Menschenkrankheit befallen werden kann. Ob sie also Fieber haben kann, Alzheimer oder einen Herzinfarkt. Wohl eher nicht. Daß sie psychisch erkrankt, das kann ich mir schon eher vorstellen. Daß sie – sie ist die Summe von uns allen, die nie so denkt wie wir allein es tun und in der wir dennoch enthalten sind – verrückt werden kann oder depressiv oder manisch. Daß sie pervers wird oder unter Phobien leidet. Ja, das alles kann eine Gesellschaft. Und weil das so ist, will ich heute davon sprechen, daß wir alle immer hysterischer werden.

Die Wissenschaft kennt die Hysterie seit zweieinhalbtausend Jahren. Hippokrates (er praktizierte um 400 vor Christus auf der Insel Kos und erfand unter anderem ein Heilgetränk, das in Basels besserer Gesellschaft heute noch getrunken wird) sprach schon von ihr und erklärte die Erkrankungen seiner Zeitgenossen damit, daß deren Säfte falsch gemischt seien. Nämlich, Blut und Schleim und schwarze und gelbe Galle müssen ihm zufolge in einem genauen Verhältnis zueinander stehen. Sonst, bei falscher Mischung, kommen so Menschen wie Peter Hess (zuviel Schleim) oder Jacques Chirac (kein Blut) heraus.

Die Wissenschaft von heute, seit Charcot und Freud, spricht von Abwehrhysterie und Angsthysterie und Hypnoidhysterie oder Konversionshysterie. Auch von Retentionshysterie und traumatischer Hysterie. Und wenn wir Angst vor Krabbeltieren haben, hat das auch mit Hysterie zu tun. Nur die klassische Hysterie von einst – Damen mit hochgeschnürten Busen, die beim Anblick einer Karotte in Ohnmacht fielen – scheint ausgestorben zu sein.

Für uns – in einer Kolumne, die mit unserem *common sense* spricht – reicht jene Bedeutung, die wir der Hysterie im Alltag geben. Wir nennen jemanden, auch uns selber, hysterisch, wenn das eigentlich angemessene Gefühl in keinem vernünftigen Verhältnis zu seiner Äußerung steht. Wenn man »Schönes Wetter heute« zu uns sagt, und wir antworten mit einem grellen Gelächter und hektischem Gekreische.

Ein Hysteriker merkt natürlich nicht, daß er hysterisch handelt. Wenn wir im Kollektiv hysterisch sind, halten wir unsere Krankheitssymptome für die selbstverständlichste Natur. Dabei müßte eine halbe Stunde Fernsehwerbung genügen, uns die Augen zu öffnen. Da führen ein paar Käsechips dazu, daß sich alle am Boden wälzen und jubeln vor Verzückung. Was kann ein Joghurt nicht alles auslösen! Kollektive Orgasmen!

Auch im Alltag verhalten wir uns immer häufiger so, als hätten wir nicht mehr als dreißig Sekunden Werbezeit und müßten die erst noch selber bezahlen. Also suchen wir die heftigste Wirkung in der kürzesten Zeit. Wer einmal im ›Terrasse‹ oder im ›Odeon‹ saß, weiß, was ich meine. An öffentlichen Personen allerdings ist die neue Hysterie noch deutlicher abzulesen. Früher knurrten Politiker irgend etwas Unwirsches vor sich hin und ließen die Journalisten dann stehen. Heute küssen sie sie zum Abschied. Die Großen aus der Welt des Gelds! Es ist vorbei mit der gelassenen Würde, mit der sie einst ihre falschen Bilanzen erläuterten. Heute, ein Bruggisser, ein Honegger, ein Affolter: Was für ein Affentheater. Einmal abgesehen davon, daß ein Affe nie hysterisch ist. Er ist ein Tier, kein Mensch.

Von den Ängsten haben wir noch gar nicht gesprochen. Den kollektiven Paniken. Von jenen siebenunddreißig Millionen Menschen in Europa, denen ihre Arbeit so schwer zusetzt, daß sie mit überschwemmenden Ängsten auf sie reagieren. Siebenunddreißig Millionen – und wir Schweizer sind nicht miterfaßt – packt die heiße Panik, wenn ihre Arbeitswelt auch nur am Horizont auftaucht! Wie dies früher, in der guten alten Zeit, Spinnen bewirkten. Oder Wölfe. Damals allerdings konnten sich die Phobiker schützen, indem sie allen Wölfen und Spinnen aus dem Weg gingen. Das ging schon, irgendwie. Aber wie macht man das, der Arbeit aus dem Weg zu gehen?

Alle zusammen einander fremd

Es wird wohl in diesem neuen Jahrhundert noch mehr als bis jetzt gereist werden, und es wird gewiß immer mehr ausgewandert. Beziehungsweise eingewandert, es ist eine Frage der Optik. Aus Italien ausgewandert, in die Schweiz eingewandert: Das war das Urmuster. Mein Großvater war einer von den frühen Italienern in der Schweiz. Aber auch wir Schweizer selber waren über Jahrtausende hin Auswanderer oder eben, vom Zielort her gesehen, Einwanderer. Amerika, Rußland, Argentinien. Niemand konnte so gut Kuchen backen und Kühe melken wie wir.

Den Einwanderern alter Zeiten blieb gar nichts anderes übrig, als sich ihrer neuen Umgebung anzupassen. Deren Sprache zu lernen, vor allem. Mein Großvater lernte also Schweizerdeutsch und konnte bald so gut »Chuchichäschtli« sagen, daß ihn alle mit großen Augen ansahen, als er, in der Grenzstadt Basel, 1914 bei Kriegsausbruch nicht Kaiser Wilhelm und seinen Pickelhaubentruppen zujubelte, wie alle andern. Er war auf der Seite der Entente, und damit war er ziemlich allein in der kaiserbegeisterten Deutschschweiz. Eingewanderte erleben immer wieder, jäh, Lebensaugenblicke, in denen sie ziemlich allein sind.

Heute noch geben sich die zu uns Einwandernden, Tamilen nun eher, Serben und Albaner, alle Mühe, hinter unsere Sprach- und anderen Sitten zu kommen. Sie sagen bald einmal: »Hey, Mann, weisch, bisch voll krass, Mann, du, ja, weisch«, als seien sie hier aufgewachsen. Die sogenannten Secondos sprechen oft ein geradezu zauberhaftes Gemisch aus zwei Sprachen, der ihrer Sprachumgebung und der von Papi und Mami, und switchen dabei nach Regeln, die nicht einmal sie selber durchschauen, von einer in die andere. Mitten im Satz, ohne das geringste Stocken. »Hütt zaabig andiamo al cinema, chunnsch mit, alle sei uff em Hirscheplatz, d'accordo?« So, oder so ähnlich.

Alle Versuche, dubelisichere Weltsprachen zu schaffen, auf daß jeder jeden an jedem Ort verstünde, sind längst gescheitert. Weder das Esperanto, bei dem alle Wörter auf O endeten (»Heuto geho io inno Cinemo«), noch das Volapük, das das Ü besonders liebte (»Hüttü güng ü üns Künü«), haben sich durchgesetzt. Im Gegenteil, es gibt inzwischen Landstriche, in denen so viele Vertreter einer Sprachgruppe zusammenleben – obwohl fern der Heimat –, daß jede Notwendigkeit einer Assimilierung wegfällt. Im Süden der USA etwa gibt es so viele Hispanos, daß keiner von ihnen mehr als zehn Wörter englisch kann. Dito mit den Chinesen in L.A., San Francisco oder New York. Wo genügend viele Ausgewanderte *einer* Kulturgruppe leben, mischen sie sich nicht im geringsten mit denen, die vorher schon da waren.

So gesehen, machen unsere Freunde von der SVP einen Denkfehler. Nämlich, sie wollen nur gerade so viele Ausländer zu uns hereinlassen, daß die EMS-Chemie genügend Arbeitskräfte hat. Logisch also, daß diese paar Tamilen oder Portugiesen im ›Sternen‹ von Malans sitzen oder sogar jassen lernen. Nein, wer den Fremden aus dem Weg gehen will, muß möglichst viele von ihnen bei sich haben wollen: so daß sie ganz unvermischt neben uns herleben können. Den Tamilen genügen die andern Tamilen, und die Portugiesen können endlich zugeben, daß sie gar nicht gern jassen. Insbesondere Zürich, eine Stadt von einiger Größe, eignet sich bestens für so ein Projekt friedvoller Desintegration. Die Chinesen etwa leben dann im Kreis 1, den sie 上海更漂亮 nennen. Die Griechen sind im Seefeld, das nun η Αθήνα του Βορρά heißt, und die Russen, viele auch sie, lesen in der Enge ihre ПРАВДА. So weit, so gut. Alle fühlen sich wohl. Und wir bleiben wir.

Zuweilen nur sehen wir die Tuareg, Tausende, auf ihren blauen Kamelen in stolzer Melancholie über die Hügelrücken des Pfannenstiel reiten, sich أهلاً، كيف الحال؟ zurufen, und جيّد بدون السّو يسريّن الأغبياء، شكراً. , und es kann sein, daß wir dann doch eine Art Sehnsucht nach Sternenhimmeln und dem Duft von Kameldung empfinden, während wir zum Fondueschiff eilen, um einen Kameradschaftshock mit den Kollegen vom Kegelklub zu verbringen.

Gott, Hund, Katze

Wer Post kriegen will, muß sich öffentlich über Gott (nicht orthodox), Hunde (negativ) und Katzen (positiv) äußern. Sofort schreiben dir die, die Gott nur auf *eine* Weise sehen können und wollen, die, die nicht ertragen, daß man ihren Köter nicht mag, und jene, die zu Hause auch so ein herziges Büsi haben.

Gott also zuerst. Alles spricht dafür, daß es ihn nicht gibt. Er ist eine Erfindung von uns Menschen und trägt deshalb, wenn wir uns ein Bild von ihm machen, stets die Züge unserer Zeit. Bei den Neandertalern hatte er eine niedrige Stirn und eine Keule in der Hand, und einen weißen Bart. Zur Zeit Karls des Großen sah er wie Karl der Große aus, mit einem weißen Bart. In meiner Kindheit glich er meinem Großvater, mit einem weißen Bart. Erst heute ist er eine schwarze Frau, hie und da.

Ich gebe aber gern zu, daß ich in Momenten der Gefahr (Taxi mit hochaggressivem Fahrer; Gewitter im Gebirge) die Neigung habe, ein diskretes Notsignal zum Himmel zu schicken. Auch schlage ich, wenn ich in einem Flugzeug sitze, vor dem Start ein klitzekleines Kreuzzeichen, obwohl ich keine Sekunde lang Mitglied der katholischen Kirche war. Ihre Geschichte ist mir sogar deutlich unangenehm. Mord und Totschlag seit zwei Jahrtausenden. Und alle Museen voller Kreuzigungen und heiliger Sebastiane.

Offenbar gibt es in uns – wie aufgeklärt wir auch seien – ein unbremsbares Bedürfnis, über Gott nachzusinnen. Über Götter und Göttinnen. Daß wir in einer hilf- und schutzlosen Welt irgendwo Schutz und Hilfe erhoffen dürfen, ist ein zu verführerischer Gedanke. Wir gehen fast drauf ohne ihn. Ganz allein, nur auf die eigenen Bordmittel angewiesen, ist ein Leben schwer zu meistern.

Wenn schon, dann ist mir allerdings nicht der schrecklich-einsame Christengott der nächste. Ich halte es eher mit den Griechen, den Griechen von früher, oder mit jenen alten Völkern, die magisch dachten und denken. In jedem Farn wohnte eine Fee, in jedem Baum ein Geist. Bösartige Gnome, zärtliche Elfen. Wer mit dem einen Gott nicht zurechtkam, bandelte eben mit jener Göttin an. Es gab immer noch eine, noch einen. Jeder Bach war beseelt.

Es gibt tatsächlich welche, die sagen, Gott sei Wasser, jedes Wasser, nämlich weil ohne Wasser, wie ohne Gott, kein Leben (Sahara, Gobi), weil das Wasser, wie Gott, gnadenlos (Anden, Sibirien) und weil es unmöglich sei, auch nur einen Tropfen von ihm aus dem Kreislauf zu entfernen. Das Wasser bleibt, wie Gott, für immer und ewig gleich viel. Es dampft zum Himmel hoch, segelt in einer Wolke über einen halben Kontinent, regnet aufs Finsteraarhorn oder die Alp Grüm nieder, sickert durch die Gesteine, tritt aus einer Quelle aus, wird von einer Kuh oder von dir oder mir getrunken, rauscht durch die Kloröhre, gelangt in den Fluß, in den Strom, ins Meer und verdampft erneut zu einer Wolke. Ewig und immer bleibt der einzelne Wassertropf bestehen, der Gott-Tropf. Nichts kann ihn aus der Welt schaffen. Außer, man kauft ganz viele Mineralwasserflaschen und bunkert sie im Keller, ungeöffnet. Das tun allerdings nur *sehr* militante Atheisten.

Ach, die Hunde und die Katzen! Der Hund ist blöd. Eine Katze ist lieb. Der Hund stinkt, die Katze nicht. Der Hund kennt keine Distanz, er schnüffelt an dir herum und schaut mit großen Augen, und wenn du so tust, als würdest du ein Stöckchen werfen, startet er schon einmal, der Hund. Die Katze geht ihre eigenen Wege. Sie weiß, anders als der Hund, was Würde ist. Sie würde nie ein Whiskas kaufen, nie. Niemand ist so ernst wie eine Katze, so absolut. Dabei kann sie lachen, tut das auch zuweilen. Der Hund lacht nie, er hat keinen Humor. Er bellt. Er ist unterwürfig. Er ist ein Hund. Seit Jahrtausenden formt ihn der Mensch nach seinem Bild, und genau so sieht er inzwischen aus. Herr und Hund, zwei Dackel, zwei Pitbulls.

Ein Gott ist der Hund auf diese Weise sicher nicht geworden. Aber die Katze? Sie gleicht uns Menschen nicht. Ist sie eine Göttin? Die alten Ägypter hatten das jedenfalls schon einmal behauptet.

Moral, Autorität, Freiheit

Es ist, und nicht ohne gute Gründe, viel die Rede davon, daß es mit unserer Moral abwärtsgehe. Der öffentlichen Moral; von der privaten weiß ich nichts und will von ihr auch gar nichts wissen. Wir trauen keinen öffentlichen Autoritäten mehr unbesehen. Den Regierenden nicht, nicht den Chefärzten im Spital, und den Bossen der großen Unternehmen schon gar nicht. Eine schmerzvolle Geschichte hat uns gelehrt, daß deren Moral nur allzuoft interessengesteuert war und ist.

In der Tat sieht es mit jener Moral, die uns öffentlich etwas angeht, nicht gut aus. Politiker können in einem halben Hundert Verwaltungsräten sitzen und sehen keinerlei Probleme in bezug auf ihr Amt. Anwälte beraten gleichzeitig die eine und die andere Seite und sind Mitglieder der Gremien, die das Treiben beider Seiten überwacht. Operndirektoren sammeln Gelder für eine glanzvolle *Traviata* oder ein noch goldeneres *Rheingold* und behalten einen Happen davon für sich. Finanzberater setzen ihre Spekulationen in den Sand und fahren dennoch einen Ferrari. Nur ihre Kunden, deren Geld sie vertan haben, bleiben in ihrem vw Polo hocken.

Hand in Hand mit dem Verschwinden einer öffentlichen Moral geht auch alle Autorität aus dem Leim, die früher allein das Amt schon verliehen hatte. Ein Regierender war einst sakrosankt, ein Stadtpräsident, ein Richter. Auch Ärzte, Rechtsanwälte, Offiziere waren schier unangreifbar. Lichtgestalten, sogar wenn sie schwarzes Licht verbreiteten. Wehe dem, der – so recht er auch hatte – einen Stein gegen eine jener Autoritäten warf. Er traf ihn, fast immer, am eigenen Kopf.

Heute sind die Zeiten vorbei, in denen Autoritäten, die ihre Autorität aus ihrer Rolle beziehen, über den Gesetzen zu stehen scheinen. Richter kommen vor Gericht, und Friedensnobelpreisträger hintersinnen sich, ob sie, im Alter, sich gar noch in Den Haag für die Toten ihrer Amtszeit verantworten müssen. Das ist ein bemerkenswerter Fortschritt auf dem langen Weg zu einer aufgeklärten und gerechteren Demokratie. Wir alle haben neue Fähigkeiten der Aufmerksamkeit erworben. Wir glauben nicht mehr alles.

Wir glauben, im Gegenteil, kaum mehr etwas. So sehr, daß ich mich immer öfter dabei ertappe, mich nach mehr Moral (gelebter) und Autorität (wahrhaftiger) zu sehnen. Es geht nämlich nicht an, daß, wie das heute ist, kein Mitglied einer Regierung oder sonst eine Person mit Entscheidungskompetenz irgendeinen Schritt tun kann, ohne daß ihnen alle auf den Fersen sind – Sie, ich, der Blick – und ihnen die Taxibelege nachrechnen. Wie können Frauen und Männer sinn- und lustvoll arbeiten, wenn, kaum tun oder sagen sie etwas Harmlos-Unbedachtes, das Unbedachte zu fetten Schlagzeilen wird, die gar nicht mehr harmlos klingen. Wenn alles und jedes auf seine political correctness hin abgeschmeckt wird. Der Überwachungsstaat, umgekehrt: Längst wagt kein Gemeinderat mehr, öffentlich eine

Havanna zu rauchen oder über einen Blondinen-Witz zu lachen. Und wie sollen die Chirurgen ruhige Hände haben, wenn sie sehen, wie der Anwalt der Versicherungsgesellschaft des Patienten mit einer Millionenklage in der Tür wartet.

Es ist ein Dilemma. Lösen kann man es darum nicht, weil man eine intakte Moral und die selbstverständliche Autorität aller Menschen nicht herbeireden kann. Weil mit dem Ruf nach Moral und Autorität meist – allerdings nicht notwendig – ein Abbau an Freiheit einhergeht. Ich habe die Zeiten meiner Jugend nicht vergessen, als Amtspersonen – auch Hauswarte oder Briefträger – unwidersprochen behaupten konnten, die Welt sei so oder so: Und dabei sah jedes Kind, daß sie anders war.

Was tun? Wir brauchen mehr Moral und Autorität, und wir fürchten die Autorität und die Moral wie der Teufel das Weihwasser. Was uns bleibt, ist also zu lernen, so etwas wie eine hochsensible Aufmerksamkeit für öffentliche Sauereien zu entwickeln, und, gleichzeitig, unaufgeregt und tolerant zu bleiben. Weil wir wissen, daß es, wie beim Alkohol, eine reine Moral nicht gibt, und die ideale Autorität auch nicht.

Real-time-Kolumne

Es könnte in den letzten Monaten bei der Leserin und beim geneigten Leser der Eindruck entstanden sein, das Schreiben von Kolumnen sei das Einfachste der Welt. Der Kolumnist setze sich einfach so hin und schreibe in no time seine Kolumne, schneller wohl als sie der Leser und die geneigte Leserin dann liest. Das ist nicht so, in der Regel.

In der Regel. Heute ist alles anders, muß alles anders sein. Denn wie jeder Mensch fahre auch ich im Sommer in die Ferien, natürlich vorher alles bedenkend, was noch zu erledigen ist: Post abbestellen, Zeitung abbestellen, Milch abbestellen, ich meine, das Bier.

Da fahre ich also heiter dahin in meiner Postkutsche. Der Postillon vorn auf dem Bock knallt mit der Peitsche. Ich, an der Seite meiner Gattin, genieße die Aussicht auf Erstfeld oder Göschenen. Auf die Teufelsbrücke. Keine andere Postkutsche weit und breit, nicht einmal ein einsamer Reiter. Eine ruhige Gegend, dieser Gotthard. Frieden jedenfalls mehr und mehr in meinem Herzen. Meine Gattin legt das mitgenommene Picknick bereit, und ich öffne, herumgeschüttelt, eine Bouteille guten Weines. Der Kutscher singt, laut, falsch, herrlich. Wir erreichen die Paßhöhe. Ahh! Vor uns, tief unten, liegt das Land, wo die Zitronen blühn.

Aber da! Ein reitender Bote! Er reitet jäh neben unsrer

wild bergab fliegenden Kutsche und fuchtelt mit den Armen. Er kann nullhändig reiten, wenigstens kurzfristig, er hat eine Botschaft in den Händen. Von weitem erkenne ich die Handschrift meines Chefs. Ich bedeute dem Kutscher, seinen Pferden Zunder zu geben – ich habe Ferien und will keine Botschaften von meinem Chef –, und so toben wir wie die wilde Jagd die Tremola hinunter. – Vor uns fährt nun übrigens, vor seiner Staffelei auf einem ebenso rasend dahinfliegenden Karren balancierend, ein Maler, der die Gotthardpost malen will. Er schwingt seinen Pinsel und stößt bei jedem Farbklecks ein Geheul aus. – Der reitende Bote übergibt mir, tollkühn galoppierend, sein Telegramm, und ich lese zu meinem allergrößten Entsetzen, daß in knapp zehn Minuten Redaktionsschluß für meine Kolumne ist, jene Kolumne, die ich, an die Ferien denkend, zu schreiben unterlassen habe. Woher jetzt eine Kolumne nehmen und nicht stehlen.

Ich rufe dem Boten also zu, daß ich ihm die Kolumne diktiere, zum Glück hat er Federkiel und Tintenfaß an seinem Sattel festgemacht. Er kann wirklich gut reiten, so gut, daß er mich in gestrecktem Galopp wie eine aufs Diktat wartende Sekretärin anlächeln kann. Also diktiere ich: Dies ist eine Kolumne, die in real time entsteht, schneller jedenfalls, als ich denken kann und als meine Selbstzensur zuschlägt. Jeder Satz muß geschrieben sein, bevor ein Sinn entstanden ist. »Es könnte in den letzten Monaten der Eindruck entstanden sein«, diktiere ich also, aus dem Postkutschenfenster schreiend, »das Schreiben einer Kolumne sei das Einfachste der Welt.« Undsoweiter, der ganze Rest. In real time. – Der reitende Bote ist großartig. Er schreibt vollkommen kritiklos mit, was ich ihm zuheule, mit seinem Pferd über Hecken und Gräben hinwegsetzend, er akzeptiert auch die hinterletzte Formulierung. Kaum hat er seine 6000 Zeichen beisammen (er zählt mit, während er schreibt), macht er rechtsumkehrt und reitet über den Gotthard zurück, die Teufelsbrücke, bis nach Zürich. Er schafft es knapp vor Redaktionsschluß. – In der Redaktion kann mein Chef dann allerdings seine Schrift nicht lesen und muß die Kolumne selber erfinden. – Der Maler, ein Herr Koller, hat sein Bild auch fertig. Er hält am Straßenrand. Auch unser Kutscher bremst seine drei heroischen Gäule. Wir steigen aus und bewundern das Bild. Es ist, finde ich, dem Maler nur halb gelungen. Meine Gattin und ich sind nicht zu erkennen; und der reitende Bote schon gar nicht. Real time, das ist etwas Schwieriges. Herr Koller will das Bild dennoch dem Zürcher Kunsthaus verkaufen, sagt er. – Meine Gattin hat übrigens unterdessen das ganze Picknick aufgegessen, ganz allein, und in no time.

Kurze Geschichte Zürichs

Der Grundstein Zürichs – er war ein äußerst heißes Materiengequirle – wurde beim Urknall gelegt, vor 13 Milliarden Jahren. Wir wissen über die Anfänge des späteren Zürich recht gut Bescheid; nur noch die ersten 10^{-43} Sekunden sind den Forschern ein Rätsel, denn noch immer weiß niemand zu sagen, warum Zürich und das Universum um es herum überhaupt geknallt haben. Jedenfalls entstand jäh ein sehr heißes Plasma (10^{33} Grad Celsius) aus Quarks, Elektronen und einigem anderen. Zürich, so wie es heute ist, war noch nicht zu sehen, unter anderem auch, weil wir unsere Sonne und Umlaufbahn noch gar nicht gefunden hatten. Die Sonne begann erst vor 4,5 Milliarden Jahren über uns zu leuchten. Immerhin, noch heute bestehen wir vor allem aus Elektronen und Quarks. Einzelne auch aus Magerquarks.

Dann ging es zügig weiter. Vor einer Milliarde Jahren tummelten sich bereits die ersten Vielzeller. Die natürliche Auslese begann, deren Ziel die Zürcherin und der Zürcher war. Das Plasma hatte sich abgekühlt, und es wimmelte, sinnvoll verteilt, von Protonen, Neutronen, Atomen mit ihren Kernen. Sterne, Galaxien und Planeten hatten es sich im All eingerichtet. Es gab immer mehr Pflanzen und Tiere. Vor zweihundert Millionen Jahren trampelte der erste Dinosaurier übers spätere Sihlfeld, vor 60 Millionen

Jahren der letzte. Die ersten Menschen traten auf – wenn auch nicht zuerst in Zürich –, jene *homines sapientes* mit den flachen Stirnen und den Kinnen wie Schaufeln, aus denen viele Generationen später, herrlich anzuschaun, die Zürcherin und der Zürcher wurden.

Längst waren auch die Kontinentalplatten auseinandergerutscht, in einem Affenzahn. Wer, nur zum Beispiel, am falschen Tag von Dakar oder Casablanca aus eine kleine Reise ins westliche Landesinnere unternommen hatte und etwas spät umgekehrt war, fand sich plötzlich, statt im vertrauten Afrika, in Südamerika wieder und mußte spanisch lernen. Auch hier bei uns in Zürich, das noch immer nicht so hieß, schoben und kratzten die Platten, daß es eine Art hatte. Asien preßte, und der Rest drohte abzuhauen. Bergwülste schichteten sich auf, ganze Urale und Alpen. Meere waren, wo man sie nicht wollte und wo sie heute auch nicht mehr sind.

Vor etwa 100 000 Jahren war dann unsre Gegend eine Tundra. Bären, Mammuts, Nashörner gingen. Gletscher bis über unsre Köpfe. Wildbeuter erbeuteten, erbärmlich frierend, ihr Wild. Vor etwa 14 000 Jahren endlich wurde es wärmer, Föhren und Arven wuchsen, und die heimischen Rentiere zogen sich nach Berlin und Flensburg zurück. Das Klima wurde alles in allem so, daß Menschen wie Sie und ich wenigstens erwägen konnten, an den Abhängen des Zürichbergs oder im Seefeld zu siedeln. Dennoch kann man das Zürich jener Tage so beschreiben: die halbe Erde voller Menschen, nur hier bei uns kein Schwein.

Erst vor dreitausend Jahren bauten die Kelten die ersten zürichähnlichen Hütten. Dann aber kam es Schlag auf

Schlag. Die Römer auf dem Lindenhof, der Bund mit den Waldstätten und Luzern, der Bau der Stadtmauer, die Pest, die Eroberung Stadelhofens und Zollikons, die Reformation, das goldene achtzehnte Jahrhundert, als alle 10 000 Einwohner Zürichs bedeutend und geistige Leuchten waren. Als Goethe und der Chefredaktor der *Zürcher Zeitung* nackt in der Sihl badeten und die Polizei kam. Die letzte Hexe wurde verbrannt, die Franzosen kamen und gingen, der Züriputsch stieß die letzten Zopfträger ins Grab, Gottfried Keller und Arnold Böcklin taumelten Arm in Arm den Zeltweg entlang, der Generalstreik verstörte Arm und Reich, die Landi hinterließ ihre Wiese, und am Bellevue wuchs das Getreide. Der Milchbucktunnel wurde gegraben, und plötzlich war heute. Diese herrliche Zeit, in der, anders als in allen andern Zeiten, alle am Leben waren und diese Kolumne schreiben und lesen konnten. Dann starben auch diese – wir –, und die Sonne wurde immer heißer. Sie brannte und brannte, und explodierte endlich. Sie wurde ein Roter Riese. Es war nun sehr heiß am Bellevue. Zu heiß, eigentlich, bis die Sonne aufgab und erst ein Weißer und dann ein Schwarzer Zwerg wurde. Ein Schwarzes Loch. Alles Licht und jede Wärme waren nun weg. Das Café ›Odeon‹ schloß am 6. März 10 986 053 seine Pforten. Es kamen keine Kunden mehr, keine Zürcherinnen und Zürcher, weil es keine mehr gab.

Zorro der Rächer

Schriftsteller, Dichter gar, sind Menschen ohne Macht. Die Macht des Wortes, von der man zuweilen spricht, ist eher eine Hoffnung oder ein Trost als etwas Wirkliches. Wer hat schon gehört, daß das Wort gegen einen Mächtigen etwas bewirkt hätte? Gut, »im Anfang war das Wort«, damals vielleicht. Aber danach, als nicht mehr nur das Wort war, sondern auch die Tat und das Geld und der Mord, da sah es für das Wort schon viel schlechter aus. Seither haben wir Schreiber jene Partien, die wir gegen tatsächlich Mächtige zu spielen wagten, fast immer verloren. Macchiavellis *Principe*, ein Ratgeber für die Ausübung möglichst absoluter Macht, ist von einem Ohnmächtigen geschrieben worden. Diderot saß wegen seiner Wörter im Gefängnis. Dostojewskij dachte laut über eine gerechtere Welt nach und fand sich in Sibirien wieder. Und wenn auch de Gaulle sagte, einen Voltaire verhafte man nicht – der Satz ist von jener unnachahmlich arroganten Großzügigkeit, die sich nur die Macht erlauben kann –, so tat er auch nicht das Gegenteil: den Voltaire seiner Zeit, der Jean-Paul Sartre hieß, etwa an seiner Machtausübung zu beteiligen. Mächtige schreiben nicht. Auch de Gaulle tat es erst, als es mit der Macht vorbei war und er sich nochmals an die schönen Tage erinnern wollte.

Sogar gegen schwächere und schwächste Gegner aus der

Welt der Wirklichkeiten kommt das Wort nicht an. Nicht einmal gegen Gastwirte, obwohl deren Macht sehr begrenzt ist. Wer hat nicht schon alles gegen ihr Treiben angeschrieben! Schon die Bibel prangert an, daß Maria und Joseph nirgendwo ein Bett kriegten, geschweige denn das Touristenmenü. Oder François Rabelais, der uns über Hunderte von Seiten zeigt, wie gutes Essen schmecken könnte. Ohne Erfolg. Das Wort ist und bleibt ohne Folgen. Die Köche von heute setzen uns mehr denn je ihren Schmierpapp vor.

Just ein Gastronom ließ mich erkennen, daß es *eine* Ausnahme von der Regel gibt. Das Wort eines Kolumnisten. Der Kolumnist, hat er denn nur eine Kolumne, die regelmäßig und an gut sichtbarem Ort erscheint, kann, stellt er es nur klug und kühn an, der Rächer aller Gedemütigten werden. Zorro. Wie dieser sieht er ein Unrecht, ergreift seinen Federdegen, und zack! hat ein Übeltäter mehr sein blutiges Z auf der Stirn oder Brust. Wieder darf ein Gedemütigter aufatmen. Zorro, der Kolumnist, reitet weiter, den nächsten Gekränkten zu rächen, der zumeist er selber ist.

Zur Erkenntnis meiner Macht, meiner möglichen Macht kam ich so. Meine Frau und ich fuhren – ich habe es in meiner vorletzten Kolumne angedeutet – gen Italien, und gleich zu Beginn verschlug es uns in ein *****Hotel, eine *tourist trap* auf hohem Preisniveau (genaue Angaben finden Sie unter www.zorro.der.rächer.ch), ja, und es regnete, und alle Chefs de service und Kellner waren unfreundlich und stänkerig, und wir kriegten zweimal hintereinander (!) den hinterletzten Tisch gleich neben der

Klotür, und das Essen war Speise-Kitsch. Da, ich gestehe es, schwollen mir die Galle, das Herz und der Kamm, und ich rief ebenso laut wie italienisch (also nicht sehr), daß ich Zorro sei, der Verfasser der von allen Übeltätern gefürchteten und von allen Guten geliebten Kolumne im MAGAZIN, und daß ich mich – was genau jetzt geschieht! – fürchterlich rächen würde. Jeden einzelnen der Sterne würde ich vom Hoteldach herunterschreiben. Zumachen könnten sie, wenn meine allseits gefürchtete Kolumne im MAGAZIN erst einmal erschienen sei. Dichtmachen. Sie würden schon sehen.

Wir werden sehen. Ich rechne natürlich mit dem umgehenden Bankrott jenes Gastbetriebs. Ab heute jedenfalls wird diese Kolumne, bis dahin ein Ort philosophischer Nachdenklichkeit, ein Instrument meiner Rache sein. Gastronomen und andere Übeltäter, fürchtet euch. Denkt an mein schreckliches W, das ich mit vier blitzschnellen Federstrichen auf eure fetten Backen ritzen werde.

Ihnen, werte Leserinnen, gute Leser, empfehle ich, bei Ihren nächsten Restaurantbesuchen diese Kolumne gut sichtbar neben Ihren Teller zu legen – so wie man das in alten Tagen mit dem *Guide rouge* gemacht hat –, damit der Wirt gleich sieht, daß Sie dem gefürchteten Verfasser der allseits gefürchteten Kolumnen im MAGAZIN nahestehen. Ich selber muß das nicht tun. Erstens trage ich meine Zorro-Maske, und zweitens haben die Zeichnungen von Lorenz Meier allen bekannt gemacht, wie ich aussehe. Tatsächlich sehe ich so aus, oder so ähnlich.

Gerade jetzt

Gerade jetzt, da Sie, Leserin, Leser, »gerade jetzt« lesen, **gerade jetzt** ißt in Orvieto, dort an der Straßenecke, eine Touristin aus Birmingham ein Eis. Es ist ein Zitroneneis und tropft ihr, **gerade jetzt!**, auf die Bluse, so daß sie, **jetzt**, ein sehr britisches »O no!« ausruft. **Gerade jetzt**, ein paar Sekunden später also schon wieder, schlägt in Ankara ein Mann – er trägt eine Uniform – einen andern Mann ins Gesicht, und der fängt, **gerade jetzt**, zu bluten an. **Gerade jetzt** stirbt in Togo ein Kind, es ist dürr wie ein Gerippe, und Fliegen sitzen auf seinen Augen. **Jetzt gerade**, in genau diesem Augenblick, finden zwei herrlich Verliebte in Brisbane – im Zimmer 12 des Motels ›Freeway one‹, um genau zu sein – ihren Höhepunkt, den ersten in ihrem Leben, in ihrem gemeinsamen Leben. **Jetzt, jetzt, jetzt** immer noch: So was dauert auch in Australien. Und **gerade jetzt** – wir sind immer noch wir, die Verliebten heulen eine Spur leiser, der Mann in Ankara kriegt den nächsten Schlag, in den Magen diesmal – gleitet ein Tourist aus Wrzlawsk – er trägt Turnschuhe und ist nicht angeseilt – auf einem vereisten Felsband aus. Während wir uns hier, in unserer gemeinsamen Kolumne, weiter unterhalten, rutscht er, vergeblich mit den Händen nach einem Halt fassend, über eisglatte Steine, und **jetzt, jetzt gerade** schreit er, ahhh!, er weiß jetzt, daß er diese ganze lotrechte Wand da unter ihm herabstürzen wird. **Jetzt** überschlägt er sich, stürzt im freien Fall, und – nein, noch nicht, ein Sturz in den Tod dauert, dauert eine Ewigkeit, ja, **jetzt** aber schlägt er auf einem Geröllfeld auf, wird zerfetzt, liegt **jetzt** verkrümmt zwischen den Steinen, und niemand weiß von seinem jähen Ende. Nur wir, weil wir **gerade jetzt** und nur heute wissen, was an allen andern Orten der Welt vor sich geht.

Menschen sterben, Menschen werden geboren, verhungern, lachen, schießen mit Schnellfeuerwaffen auf andere Menschen, brüllen Parolen, schlafen, werden an Bäumen aufgehängt, essen Suppe, ersticken in einem Stollen bei hundertfünfzig Grad Hitze, springen von Brücken in den Tod, erzählen einen Witz – und alles, verteilt über einen ganzen Erdball – **jetzt, gerade jetzt.**

Es ist verblüffend, daß es uns – wenn wir nicht gerade einen unserer bewußten Augenblicke haben – durchaus verblüfft, daß anderswo, während wir unser Leben leben, andere Menschen ebenso konkret und sinnlich ihren Lebensmoment hinter sich bringen müssen oder dürfen: auf eine völlig andere Art oft als wir. Wir mögen hier durchaus gemütlich unsern Alltagskram verrichten, an andern Orten herrscht, zeitgleich, das unfaßbarste Entsetzen. (Und hie und da ein nicht beschreibbares Glück.) **Gerade jetzt.** Keiner weiß vom andern, aus naheliegenden objektiven Gründen natürlich, aber auch, weil wir das gar nicht wollen. Wir haben mit unserm eigenen Leben zu tun. Ein eingeklemmter Finger schmerzt bekanntlich mehr als ein abgerissenes Bein, wenn es der eigene Finger ist, und das Bein das eines andern.

Natürlich wäre es richtig und gut, jederzeit von jedem überall zu wissen, wie er oder sie lebt. Nur, das übersteigt die Fähigkeiten noch der heiligsten Therese. Wüßten wir wirklich, was **gerade jetzt** auf Erden geschieht, wir brächen zusammen. Wir sehen nicht nur so wenig, weil ein Maulwurf nun einmal nicht weiter als bis zum nächsten Haufen sieht, sondern auch, weil wir blind sein wollen.

Es hat keinen Sinn, uns das vorzuwerfen. Wir sind wohl lieber blind als gezwungen, alles zu wissen. Alles. Die Erfolgreichsten von uns schaffen es sogar, den Batzen und das Weggli zu kriegen, für sich. Sie pflügen – in der Tat blind für alles und jedes – wie Rammböcke durch ihr und unser Leben und fühlen sich durchaus so, als sähen sie. Sie erklären uns alles und jedes und wissen es immer besser. Als wüßten sie ganz genau, was **gerade jetzt** in Ankara, Togo oder Brisbane vor sich geht. – Ja, genau! Wir schalten noch einmal ins Motel ›Freeway one‹. Die Verliebten sind immer noch verliebt. Sie sitzen jetzt auf dem Bettrand und lachen, **gerade jetzt.** Wie schön.

Die heiteren Toten

Man sagt, daß jeder Mensch ab seinem, sagen wir, vierzehnten Lebensjahr bis weit über sein fünfundachtzigstes hinaus einmal am Tag an die Liebe denkt, und das, was man in ihr tut, und an den Tod. Jede und jeder, jeden Tag. Liebe und Tod. Bei mir stimmt der Befund. Beziehungsweise, was heißt hier *einmal*! Nahezu ständig und fast immer!

Die Liebe überlassen wir Berufeneren. Zu ihr nur soviel. Es ist schon eine großartige Leistung der Schöpfung, daß sie es geschafft hat, uns mit einem solch wirkungsvollen Gemisch aus Erregung und Vergeßlichkeit zu munitionieren, daß wir uns immer erneut daran machen, jenem Rätsel auf die Spur zu kommen, das wir doch schon ungezählte Male gelöst haben. Als sei es das erste Mal. Und tatsächlich ist das, was wir finden, jedesmal erregend neu, obwohl es, wären wir zu nüchterner Betrachtung fähig, dem Befund von gestern ziemlich gliche. Zum Glück sind wir, wenn wir lieben, nicht nüchtern.

Der Tod, natürlich, ist ein weit größeres Rätsel. Mit ihm haben wir, anders als beim Schöpfungsakt, naturgemäß keine praktische Erfahrung. Man stirbt nur einmal, das dafür mit Garantie. Der Tod bleibt *der* Skandal allen Lebens. Nichts, nichts, nichts ist unverstehbarer als der Tod.

Die meisten von uns machen eines Tages – in fortgeschrittenem Alter oft, und durchaus überrumpelt – die Erfahrung, daß wir Menschen erst erwachsen werden, unheilbar erwachsen, wenn Vater und Mutter tot sind. Wenn niemand mehr vor uns geht; kein Lebender jedenfalls. Wenn wir plötzlich selber der Anführer jener unabsehbar langen Säumerkolonne sind, die seit ewig durch die Jahrhunderte wandert und deine Familie ist. Dein Klan. Hinter dir gehen die Lebenden, vor dir die Toten. Die Lebenden, die hinter dir, siehst du nicht mehr so deutlich wie zuvor, sie gehen ja hinter dir, und du schaust nach vorn, und zudem sind die aus der Enkelgeneration schon recht weit hinten. Die Toten dafür erkennst du immer besser, diesen sich im Horizont verlierenden Schattenzug aus Vorfahren, lebendig einmal auch sie.

Seltsam, daß der Tod – sogar und gerade der Tod Naher – für die Überlebenden zuweilen nicht nur Trauer bringt, sondern auch Erleichterung. Befreiung. Natürlich, die nahen Geliebten, ihr Tod hinterläßt eine leere Welt, die nur schwer wieder zu bevölkern ist. Aber jene Toten, die als Lebende, obwohl uns nah, durchaus auch pestig und eine Last waren! Wir versöhnen uns mit ihnen, jedes Jahr mehr, und wenn wir ihnen heute in unsern Tag- und Nachtträumen begegnen, ist das Zusammentreffen oft geradezu eine Freude. Tante M., wie sie bei allen Beerdigungen darauf bestand, eine Arie von Bach zu singen – immer die gleiche –, und wie grausam falsch sie es dann tat. Onkel H., als er vom Balkon stürzte – das war dann auch sein Tod –, weil er geträumt hatte, er sei wieder in Argentinien, wie in seiner Jugend, und springe auf ein Pferd. Die Mutter meines Vaters, die ihren Sohn so sehr einschüchterte, daß er sich, bei unsern gemeinsamen Besuchen, hinter *seinem* Sohn versteckte, hinter mir, obwohl er so groß wie ein Kasten und ich klein wie ein Taschentuch war. Onkel E., der an *einem* Tag fünf Autos kaufte und drauf bestand, daß *ich* von einem Psychologen untersucht würde. Oder meine drei frommen Tanten, die, als in ihrem Dorf ein neuer Pfarrer gewählt wurde, der ihnen nicht paßte, eine Sekte gründeten. Die erste predigte, die zweite spielte das Harmonium, und die dritte war das Glaubensvolk.

Sie, und manche andere, waren *live* nicht nur herzig und liebenswürdig. Sie waren, für sich und uns, oft schwer zu ertragen. Aber sie haben sich, im Dunkel des Totseins, gut erholt und winken mir heiter zu. Es geht ihnen prächtig. Ich glaube, sie sind *gern* tot. Auch ich winke dann verstohlen, so daß die hinter mir Gehenden es nicht sehen, und lächle.

Nur jene, über deren Leben und Tod soviel Entsetzen liegt, daß es durch die Zeit nicht abbaubar erscheint, bleiben als Wiedergänger irgendwo verborgen, unversöhnt, tauchen unvermutet auf und verschwinden ebenso jäh wieder, in ihren schwarzen Gewändern, mit ihren weißen, zerrissenen Gesichtern.

Das Monopol der Gewalt

»Redefreiheit, Gedankenfreiheit, Kunstfreiheit«: Das war für Vladimir Nabokov, den Schöpfer der *Lolita*, das lebensnotwendige Minimum, das ein Staat für ihn bereithalten mußte. Was darüber hinausging, war ihm nicht so wichtig. *Wir* würden wohl seine Liste um ein, zwei Punkte ergänzen. Soziale Gerechtigkeit gehörte dazu, kein Hunger nirgendwo. Trotzdem, wären Nabokovs Wunschfreiheiten überall verwirklicht: Es gäbe Toleranz, Heiterkeit. Unterschiede, die als selbstverständlich hingenommen würden. Es gäbe keine Fundamentalisten. Ob es keine Gewalt gäbe, ist eine andere Frage. Gewalt hat die Geschichte allen Lebens immer begleitet, unheilbar.

Eigentlich wollte ich, bevor die Attentate in New York, Washington und Pittsburgh stattfanden, eine viel kleiner denkende Kolumne schreiben. Ich wollte »nur« darauf hinweisen, wie sehr – bei uns, bei andern noch mehr – eine der ältesten Selbstverständlichkeiten staatlichen Denkens ausgehöhlt wird, nämlich daß – wenn es denn schon die Gewalt gibt – nur einer sie ausüben darf: der demokratisch dafür legitimierte Staat. Dafür hat er seine Armee und Polizei, mit ihren genau definierten Spielregeln. Niemand, aber auch gar niemand sonst darf Gewalt ausüben, unter keinen Umständen.

Dieser Rechtsgrundsatz ist einst nur mühsam und gegen heftige Widerstände durchgesetzt worden. Zu viele wollten ihr Recht selber in die Hand nehmen. Aber heute gibt es keine Raubritter mehr, keine Mächtigen mit Speeren und Spießen, und sogar im Wilden Westen der USA müssen sich die Helden mit den schnell rauchenden Colts zuerst ins Weiße Haus wählen lassen, bevor sie ungestraft »dead or alive« rufen dürfen.

In der Schweiz wird dem Grundsatz des staatlichen Gewaltmonopols noch so einigermaßen nachgelebt. Dennoch wird auch bei uns aufgerüstet, in den Köpfen und außerhalb. Pfeffersprays sind noch das Harmloseste. Und einem *on dit* nach sind nicht alle Wach- und Schutzleute vor den Diskotheken immer unbewaffnet.

In den USA, Vorreiter auch hier: Jede Menge privater Unternehmer, bewaffnet und gewaltgeschult, schützen Geschäftshäuser, Banken, Supermärkte. Alle polizeiähnlich auftretend, aber profitorientiert. Der Staat ist damit einverstanden, einen Teil seines Monopols an private Unternehmer abzutreten. Gewalt als Ware.

Die Attentate machen uns mit neuer Dringlichkeit darauf aufmerksam, daß mit der sich globalisierenden Politik sich auch das Gewaltmonopol globalisieren muß. Zur Zeit stehen sich weltweit eine Unzahl von Armeen ratlos gegenüber und wissen nicht, wer und wo der Feind ist. Statt ihrer wäre eine Weltpolizei zu wünschen, *eine* Weltpolizei, gestützt auf einen einzigen Willen aller auf Erden, eine gewaltarme und gerechte Welt zu garantieren. Es wäre eine Polizei, keine Armee, denn eine Armee braucht, um sich als solche fühlen zu können, mindestens eine zweite Armee, die ihr Feind ist und auf die sie schießen kann. Und vice versa. – Die Weltordnungsmacht täte in Kenia das gleiche wie in Island, in der Schweiz und im Irak. *Eine* verbindliche Gesetzgebung. Rechtssicherheit überall. Redefreiheit, Gedankenfreiheit, Kunstfreiheit. Was gewiß nur klappen würde, wenn es keine so schreienden Unterschiede zwischen Armen und Reichen mehr gäbe.

Ach ja. Ach je. Natürlich ist das eine Utopie. Aber Utopien sind nicht dazu da, auf der Stelle Wirklichkeit zu werden. Jetzt und sofort genau so. Sie dienen aber durchaus dazu, auch fernliegende Möglichkeiten und Hoffnungen einmal zu bedenken. Damit wir dann, im wirklichen Leben, in jene Richtung gehen können, sei der Weg noch so mühselig und seien die Schritte noch so klein. Immerhin gehen wir dann nicht in die Gegenrichtung.

Grüezi!

Jeden Tag, falls es nicht Katzen hagelt, mache ich einen kleinen Spaziergang, eine schweißtreibende Hochleistungswanderung eher, und zwar auf dem ewiggleichen Weg, von meiner Haustür über den Sonnenberg auf den Dolder. Dabei denke ich vor mich hin, und ich beobachte, auch wenn das nicht das eigentliche Ziel meiner Wanderanstrengung ist, das Grußverhalten der Menschen, das der andern und meines.

Alles in allem kann man sagen: In der Stadt grüßen wir Menschen uns nicht, im Wald tun wir es. Irgendwo dazwischen muß es eine Grenze geben, die Grußgrenze. Und es gibt sie tatsächlich. Bei der Fifa noch: kein Gruß. Ein paar Meter weiter oben, auf dem Weg, der in den Wald führt, grüßen alle. (Fast alle. Jogger grüßen nicht und sehr mit sich selbst Beschäftigte.) Woher kennen wir die Grenze so genau? Ist sie unserm genetischen Code eingeschrieben?

Das Grüßen ist gewiß eines der ältesten Rituale der Menschheit. Alle Kulturen kennen das Grüßen, und schon die Neandertaler schoben grüßend die Kinne vor. Wir sagen täglich unzählige Male »Grüezi« und »Hoi zäme« oder »Habe die Ehre«. Es gibt bürgerliche und proletarische Grüße, städtische und ländliche, die Grüße von Mächtigen und die der Schwachen. Verliebte kennen den Ganzkörpergruß und wühlen ihre Zungen ineinander,

Pfadis rufen »Allzeit bereit«, und alte oder neue Nazis brüllen »Heil Hitler«. An ihren Grüßen könnt ihr sie erkennen.

Wenn wir zu andern Völkern gehen, wird es noch viel bunter. Ferne Eskimos werfen sich auf den Boden und lecken das Packeis vor deinen Füßen – du mußt das gleiche tun –, Schwarze in Schwarzafrika stoßen hohle Rufe aus und tanzen um dich herum, die Aborigines brummen ihre Songlines, die Lappen gehen mit dir aufs Klo, und manche Polynesier bieten dir ihre Frau an. Chinesen reiben die Nasen aneinander, Tuaregs schweigen dich so intensiv an, daß deine Ohren dröhnen, und auch die modernen Indianer in ihren Reservaten voller Tankstellen und McDonald's geben keine Ruhe, bis du nicht aus ihrer Pfeife geraucht hast. Je ferner, desto bizarrer. Ein Japaner, der dem Bauern auf der Siwibodenalp oder ob Chäsmerflue sein vertrautes »Konitschiwa« zuruft, staunt ja auch erfreut über dessen »Cheibe-n-Ussländervolch-jetzt-loufe-die-scho-i-mim-eigete-Heimetli-ummenanger«.

Je gewaltnäher wir allerdings sind, desto weniger kümmern wir uns um solch friedensschaffende Rituale. Es ist selten, daß der Polizist »Grüezi« sagt, bevor er uns die Handschellen anlegt. Der Bankräuber ruft kaum je »Grüß Gott allerseits, dies ist ein Überfall«, und der Amokläufer gar handelt stets außerhalb jeder Form und Norm. Um so mehr die Kollektive. Armeen grüßen nicht. Nicht mehr, um genau zu sein. In den alten Zeiten taten sie das durchaus. Eine Ritterschlacht, was für Formen! Formlos, einfach so, wurde keiner zerfleischt. Alle Schlachten wurden formvollendet eröffnet. Trompetenschall, Trommelwirbel, Fahnen hoch. Dann ritten die Heere in tadelloser Ordnung aufeinander zu, die Pferde tänzelten wie in der spanischen Reitschule, so lange wenigstens, bis sie sich in einer panisch geschwungenen Kettenkugel eines Knappen verfingen und hinstürzten. Mit den Formen war's dann jäh aus, die Ritter krachten, gar nicht mehr anmutig, mit ihren tonnenschweren Rüstungen zu Boden, und ihre Feinde, Ritter wie sie, schlugen ihnen die Schädel ein, formvollendet.

Es waren just die Schweizer, die Eidgenossen, die so viel Kultur ein Ende machten. In der Schlacht von Murten nämlich. Sie hielten sich nicht an die – zuvor von allen geachteten – Rituale des edlen Metzelns und Abschlachtens, weil sie sie gar nicht kannten. Sie waren Bauern, und also warteten sie nicht, bis die burgundischen Ritter ihre Helme festgezurrt hatten, bis die Pferde in Reih und Glied standen und bis der Kampfbischof sein »Ave Maria« gebetet hatte. Bis Trompetengeschmetter ihnen sagte, daß der Feind bereit war. Sie holzten grußlos drauflos, und auch noch von der Seite her, wo doch sonst *alle* Heere sich *immer* von vorn kommend umbrachten. Es war unvorstellbar. Herzog Karl, der bis dahin der Kühne gewesen war, verlor allen Mut und floh verstört bis in die Nähe von Nancy, wo ihn ein paar Berner einholten und erschlugen, formlos.

Rituale – und auch das Grüßen ist so ein Ritual – sind dazu da, unsere schier unbezähmbare Aggression im Zaume zu halten. Daß wir – alles in allem immer noch die große Mehrzahl von uns – viele solcher dem friedlichen Zusammenleben dienlichen Formen verinnerlicht haben, ist eine der großen Leistungen unserer Kultur. Ohne sie schlügen wir uns aus dem nichtigsten Anlaß die Nasen ein. Schade, daß keine Kultur George W. Bush und Osama Bin Laden zwingt, sich vor ihrem Showdown die Hände zu schütteln. Vielleicht hörten sie dann, was sie seit Wochen einander zurufen. »Wer mich nicht bedingungslos liebt, ist mein Feind.« Beide, wie mit einer Stimme.

Von der Unsterblichkeit

Einst war die Unsterblichkeit ein hohes Ziel, eines, von dem ein jeder wußte, daß es nur in seiner metaphorischen Form erreicht werden konnte. Künstler wollten unsterblich werden und wurden es zuweilen auch (Homer, Shakespeare), Wissenschaftler (Kopernikus, Einstein), Heerführer wie Alexander oder Napoleon, deren Beruf just die Sterblichkeit anderer war.

Vorgemacht hatten es uns die Götter. Sie, von Zeus über Allah bis hin zu unserm HErrn, sind unsterblich. Nie hat man gehört, daß ein Gott stürbe. Götter werden zuweilen geboren, das kommt vor. Aber dann haben wir sie am Hals für alle Zeiten.

Inzwischen haben wir Menschen mit unsern uns seit Jahrtausenden vertrauten Unsterblichkeitssehnsüchten immer größere Probleme. Wo ist der Künstler, der heute noch ungebrochen und optimistisch auf seine Unsterblichkeit setzte? Wir glauben doch kaum mehr, daß es überhaupt noch eine Zukunft geben wird, die zu erleben wir Lust hätten. Wir setzen, bescheidener geworden, auf ein einigermaßen annehmbares Morgen und wundern uns dankbar, wenn dem ein Übermorgen folgt, das zu erleben immer noch eine Freude ist. Eine stabile, nach hinten offene, sozusagen zeitlose Zukunft können wir uns kaum mehr vorstellen. Wir sehen das Ende, wenn auch nicht deutlich, so doch in einem kollektiven Gefühl, das dröhnend und penetrant von der Endlichkeit von allem und jedem spricht. Wir wären inzwischen schon mehr als zufrieden, wenn uns jemand garantieren könnte, daß wir unser eigenes Ende auf natürliche Weise erreichen dürfen. Nicht zerbombt, zerfetzt oder von irgendwelchen Pulvern vernichtet. Dann wäre, was später mit der Welt geschähe, wenigstens nicht mehr unser Problem. Die Schrecken der Apokalypse müßten andere aushalten, später irgendwann.

In unschuldigeren Zeiten dachte ich, wenn ich mit der Idee der Unsterblichkeit herumspielte, daß diese für *alle* durchgesetzt werden müßte, ganz real, gerade auch für die Gewissenlosen und Sauhunde unter uns, denn dann – rettungslos unsterblich eben – müßten sie all das Unheil, das sie anrichteten, selber ausbaden. Die vergiftete Luft. Die verdreckten Gewässer. Die verstrahlten Landstriche. Denn heute ist es ja so, daß jeder nochmals, aufheulend vor Gier, sein letztes Schnäppchen machen will, dessen verheerende Spätfolgen zu erleben er nicht mehr befürchten muß.

Alle unsterblich: Heute ist diese Forderung noch dringlicher geworden. Selbstmordattentäter würden ihre Untaten überleben, und ihre Opfer gingen lebend aus jenen Anschlägen hervor, die überall jederzeit immer mehr zum Alltag gehören. Wo sind die Götter, die uns die Unsterblichkeit schenken?

Allerdings müssen wir, wenn dann eine Götterfee jäh vor uns steht, hellwach sein. So ein Fall ist nämlich schon einmal vorgekommen, in Mesopotamien zu Zeiten des Gilgamesch, oder in Troja, als dieses noch ein Pupsdorf an den Dardanellen war. Da war ein Mann, der flehte – so wie wir das eben nicht mehr zu tun wagen – zu den Göttern, daß er die Unsterblichkeit mehr als verdient habe. Zadack!, stand einer der Götter von damals vor ihm und sagte: Es sei. Der Mann war unsterblich, ab sofort. Er tanzte vor Lust. Er hatte nur vergessen, zusammen mit der Unsterblichkeit auch um die ewige Jugend und Gesundheit zu bitten. So daß er alt und älter und schließlich eine gallertartige Masse wurde, die immer entsetzlicher stank, so daß eine Putzfrau sie endlich, obwohl sie Zeter und Mordio schrie, ins Klo kippte. Wasserspülung. Weg war der Unsterbliche. Aber irgendwo lebt er immer noch, irgendwie.

Logisch, was mir heute so schwarze Gedanken eingibt. Man muß eine Seele aus Leder haben, wenn man sich, unsere Welt betrachtend, nicht ein bißchen wie in den Jahren vor 1914 oder 1939 fühlt. Man weiß nicht, was kommt, aber man ahnt, daß etwas kommt. Eine Zeit, schlimmstenfalls, in der man zu den Göttern flehen müßte, *nicht* unsterblich sein zu dürfen, als einziger.

Rapper Homer

Früher, in uralten Zeiten, da sprach ein jeder in Versen. In Prosa dagegen, da blieben die Rhythmen so wie sie grad waren. Sang dann der Vater von einst, so tat er das rhythmisch und einfach, denn dadurch verblieb dann dem Kinde das Damals leichter im Schädel. Er hatte selber schon alles so und nicht anders vernommen, weil's sicher im ewigen Verse von seinen Ahnen erzählt war.

Na ja. Dies waren Hexameter: jenes Versmaß, in dem Homer uns die Geschichte vom Untergang Trojas erzählt hat. Weil Homer es gebraucht hat, gilt es als ein schwieriges Bildungsmetrum. Das Gegenteil ist der Fall. Wir sprechen dauernd, im Alltag, so wie Homer es schon tat. Das war, mit Verlaub, schon wieder ein Hexameter. Wir gebrauchen uralte Versmaße beim Einkaufen und im Büro. No problem.

Es ist ja durchaus verblüffend, daß uns die Geschichte von Agamemnon, Helena und dem Holzpferd überhaupt erreicht hat. Schließlich liegt sie 3200 Jahre zurück. Und damals konnte kein Mensch lesen und schreiben. Es gab keine Zeitungen. Es gab keine Bücher. Es gab nicht einmal ein Fernsehen. Was im historischen Gedächtnis weiterleben sollte, wurde erzählt, und es wurde in Versen erzählt, gesungen eher in einer Art Sprechgesang, in Rhythmen, zu denen man mit dem Fuß wippen konnte, und mit vielen austauschbaren Leerformeln, während denen der immer wieder improvisierende Sänger darüber nachdenken konnte, wie die Geschichte denn weiterging. Die Sänger, die auf diese Weise von Troja und anderem berichteten, waren die Rapper von damals. Sie fügten das eine hinzu und ließen ein anderes weg; aber den Kern der Geschichte tradierten sie weiter.

Als Homer ein paar hundert Jahre später die Geschichte aufschrieb (seine Zeitgenossen hatten eine taugliche Schrift erfunden), hatte er sie im Kopf. Er war einer in einer langen Reihe. Er war gewiß ein besonders Begabter, und als er den Rap seiner Ahnen notierte, tat er es auf seine Weise. Daß er blind war, das kam dann noch hinzu. Vielleicht hatte er eine Sekretärin. Damals hatten die Menschen natürlich auch ein so gutes Gedächtnis, weil sie sich nicht, wie wir heute, an zehntausend Geschichten gleichzeitig erinnern mußten. Wir, heute, erfahren an einem Tag soviel wie Homer in einem Jahr. Zu Homers Zeiten gab es *eine* Erinnerung an eine Welt, die um vieles kleiner war als unsere. Wenn Troja abbrannte, war das eine erschütternde Ungeheuerlichkeit, und trotzdem brauchte es zehn Jahre, bis Odysseus, endlich gelandet, die Geschichte zuerst seinem Hund und dann den andern Griechen erzählen konnte.

Heute, wo jeder schreiben und lesen kann, erlischt das kollektive Gedächtnis dennoch schneller als damals, als man nur zwei, drei Dinge wußte, diese aber gewiß und gemeinsam. Heute haben wir, jeder vereinzelt, hundert Kriege und hunderttausend Tote gesehen. Aber wir wissen ein paar Jahre später kaum noch, was wann wo gewesen war. Es ist zuviel.

Man sagt oft, daß just wir, die Fernsehgenerationen, einen neuen Analphabetismus entwickeln. Viele von uns schaffen es zwar noch, das Wort »Bier-Klause« zu entziffern, aber sonst lesen sie kein Wort. Keine Zeitung, kein Buch, nichts.

Aber wer weiß, vielleicht sind die Sänger einer neuen Art des historischen Gedächtnisses just solche, die ihre Geschichten nicht mehr aufschreiben wollen oder können. Geniale Rapper aus Trinidad oder Kalkutta, die unsere Geschichte in ihrem Rhythmus singen, für ihre Kinder und Enkel. Andere Rhythmen als die Homers, aber der eine oder andre Hexameter wird auch dann dabeisein.

Kann sein, daß ihre Urenkel dann von fernen Tagen singen, da die Türme einstürzten und die Herren der damaligen Welt zornbebend ins Land Afghanistan zogen, und wie sie sich im tiefen Schnee des Winters verloren.

Weihnachten bei 42°

Wieder naht die Zeit, in der wir nicht unbedacht die Tür öffnen sollten: Weihnachten könnte vor ihr stehen. Um nicht unvorbereitet zu sein, habe ich bei den Evangelisten nachgelesen, wie das denn mit der Geburt Jesu gewesen war. Verblüffenderweise – gemessen an dem Gewicht, das ihr unsere kollektive Erinnerung beimißt – kommt sie bei ihnen fast so ziemlich kaum vor. Markus läßt die Geburt ganz aus, und Matthäus stiftet gleich mit seinem ersten Satz Verwirrung. »Dies ist das Buch von der Geburt Jesu«, so setzt er ein, »der da ist ein Sohn Davids, des Sohns von Abraham.« Aber natürlich war Abraham nicht der Opa von Jesus, und David war nicht sein Vater. Dazwischen lag eine lange Latte von Ahnen. Abraham zeugete Isaac, Isaac zeugete Jacob, Jacob zeugete Juda und seine Brüder, und dann sind es – Matthäus sagt es so, ich kann nichts dafür – dreimal vierzehn Glieder, bis ein anderer Jacob Joseph zeugete, der bekanntlich *nicht* Jesus zeugete, den Sohn seiner Frau Maria. Jesus war der Sohn Gottes, und Gott allein weiß, welche Rolle der Heilige Geist dabei spielte. Vielleicht begriff es auch Maria. Joseph jedenfalls kam von allen Beteiligten gewiß am wenigsten draus und machte auf bewunderungswürdige Weise gute Miene zu dem verwirrlichen Spiel. Als sei alles in bester Ordnung, zog er mit der hochschwangeren Maria, die er nicht ein einziges Mal hatte erkennen dürfen, von Nazareth nach Bethlehem – Jerusalem ließen sie dabei rechts liegen –, weil der ferne Kaiser Augustus befohlen hatte, ein jeglicher müsse sich schätzen lassen, und zwar »an seinem Ort«. Eine Art Steuereinschätzung. Wir kennen den damaligen Steuerfuß von Bethlehem nicht. Jedenfalls schien ein jeder just dorthin zu wollen, und alle Hotels waren ausgebucht, als Maria und Joseph ankamen. Sie fanden nur noch in einem Stall Platz, und dort kam, just an Weihnachten, der kleine Jesus zur Welt.

Von Nazareth bis nach Bethlehem sind es gut und gern hundertfünfzig Kilometer. Das ist, wenn man zu Fuß geht und hochschwanger ist, ganz schön weit. Immerhin, es war Winter und nicht sehr heiß. Wir – meine Frau und ich, beide nicht schwanger – fuhren einmal den Weg Marias und Josephs im Auto, im Sommer, bei rund 45° Celsius im Schatten. Im Auto waren es glattwegs 60°. (Vorher hatten wir lange unter einem Baum am Ufer des Sees Genezareth gesessen, bei nur 42°, und ich hatte auch versucht, auf ihm zu gehen. Das war auf den ersten Metern nicht schwer, der See Genezareth hat ein äußerst flach abfallendes Ufer. Dann aber war ich eindeutig *im* See und hatte meine Probe nicht bestanden. Gott sei Dank, bei der Hitze.) – Alles war wie zu Josephs und Marias Zeiten – eine biblische Landschaft –, und alles war ganz anders. Soldaten mit Maschinenpistolen standen an den Straßenrändern, und nachdem auch wir Jerusalem rechts liegengelassen hatten – am Horizont die goldene Kuppel, die Maria und Joseph noch nicht gesehen hatten –, fuhren wir an den häßlichen Fertigbauhäusern der neuen jüdischen Siedlungen im arabischen Land vorbei, von denen es damals noch recht wenige gab und die heute, wo sie so viele geworden sind, die verschiedensten Menschen provozieren: die Bewunderer der biblischen Landschaft zum Beispiel, und die Palästinenser. (Damals war 1977.) – In Bethlehem fanden wir auch keine rechte Herberge, das heißt, wir stießen endlich auf eine Art Imbiß, wo ich einen Salat aß, der mir einen Durchfall von biblischer Wucht bescherte. (Später waren wir auch noch am Toten Meer, und auf dem wandelte ich weit besser. Aber dann kriegte ich die dichte Salzlauge doch noch in die Augen, so daß ich ziemlich lange das Feuer im Elsaß statt das Heilige Land sah.)

Als wir wieder in Jerusalem waren, in unserm vollklimatisierten Hotel, schimpften alle mit uns. Wir seien unvorsichtig gewesen, einfach so, mit einem israelischen Mietauto, in der Westbank herumzufahren. Sogar noch durch die Nacht, zum Schluß. Aber damals war so eine Naivität noch mühelos zu schaffen, und wir wurden überall freundlich behandelt. Es waren fast noch biblische Zeiten. Heute sind die Zeiten schmerzvoll weltlich geworden, und wir würden gewiß nicht mehr in heiterer Freude in Nazareth oder Hebron herumschlendern. Panzer in Bethlehem, Tote. Kein Salat mehr am Imbiß, kein Tourist. In den Gasthöfen gibt es, auch und gerade an Weihnachten, jede Menge freie Zimmer.

Gute Vorsätze

Der Weg in ein neues Jahr ist bekanntlich mit guten Vorsätzen gepflastert. Seit jeher beginnen wir das neue Jahr mit Gelübden und Versprechen, die wir uns selber geben. Ich wenigstens tue das seit einem halben Jahrhundert, so wie mein Vater, von dessen Vater ganz zu schweigen, dies schon ein Leben lang hielt. Mein Vater nahm sich an jedem Silvester vor, nicht mehr zu rauchen. Nicht mehr so viel zu rauchen. Nicht mehr als drei Päckchen pro Tag zu rauchen. Natürlich scheiterte er. Er starb mit einer Zigarette im Mund, und die Manager der Zigarettenmarke, die er geraucht hatte, konnten sich ihren Umsatzeinbruch in den folgenden Monaten nicht erklären. – Ich meinerseits nehme mir Jahr für Jahr vor, die Müllsäcke unaufgefordert zum Container zu tragen. Die gelesenen Zeitungen schön zu bündeln. Alle Briefe sofort zu beantworten. Und herrlich tief zu schlafen, ohne Albe. Natürlich scheitere auch ich immer erneut.

Dabei erfüllt sich manch anderen durchaus, was sie sich vornehmen. George W. Bush zum Beispiel schwor sich über Jahrzehnte hin, einmal Präsident der Vereinigten Staaten und blitzgescheit zu werden. Jetzt kann er den einen guten Vorsatz bereits abhaken. Gerhard Schröder ging, nach eigenem Bekunden, Silvester für Silvester vors Kanzleramt, jahrelang, und flüsterte: »Da will ich rein!«

Jetzt, wo er im Kanzleramt drin feiert, sagt er: »Da will ich drinbleiben!« Er hat lernen müssen, daß die Reise zum Ziel meist einfacher als das Angekommensein ist. – Was Osama Bin Laden sich fürs neue Jahr vornimmt, ahne ich noch nicht einmal. Oder doch, ich ahne es, und ich hoffe, daß es auch ihm, wie andern Menschen, schwerer fällt, seine Vorsätze zu verwirklichen, als sie zu fassen. Aber vielleicht feiert Osama Bin Laden gar kein Silvester. Das neue Jahr des Islam fängt nicht am 1. Januar, sondern, heuer, am 15. März an. Und man schreibt dann nicht das Jahr 2002, sondern 1423.

Unsere Vorsätze werden uns von jener Instanz eingeflüstert, die – eine oft unangenehme Lebensbegleiterin – beim Jahreswechsel besonders aktiv wird und uns auch sonst übers Jahr hin sagt, was Recht und was Unrecht ist. Sie stachelt uns zu manch Gutem und viel Blödem an. Manche nennen sie das Gewissen. Sigmund Freud, der ihr einen andern Namen gab, hinterließ uns immerhin den an Silvester besonders wertvollen Tip, daß sie in Alkohol löslich sei.

Vielleicht sollten wir uns an Silvester eher etwas *wünschen*, statt, gelöbnisartig, uns mit idealen Aufgaben zu beschweren. Wünsche scheinen aus einer liebenswürdigeren Quelle zu kommen. Es soll sogar eine Zeit gegeben haben, da das Wünschen noch ganz wirklich half. Man wünschte etwas, und es geschah. Ganz zu Beginn durften die Wünsche riesig sein. Man rief: »Es werde Licht!«, und es ward Licht. Das ist aber schon lange her. So große Wünsche können nur Wirklichkeit werden, wenn man sehr allein auf Erden ist, um nicht zu sagen, im All. Je mehr andere Mitwünschende um uns herum sind, desto geringer sind unsere Chancen, unsern Wunsch Fleisch und Blut werden zu lassen. Unser Nachbar will nämlich etwas ganz anderes, und ein Dritter kommt auch gleich diesem Nachbarn in die Quere. Jeder wünscht die Wünsche des andern kaputt. Weil wir so viele sind, mit so vielen Wünschen, werden unsere Gebete nicht mehr erhört. Das Wünschen hilft nicht mehr, heute. Die letzten, die einen Wunsch frei hatten – nein, sogar drei Wünsche –, waren jener Mann und jene Frau, die als erstes eine Wurst wollten (Frau), dann die Wurst an die Nase der Frau (Mann) und schließlich die Wurst wieder weg (beide). Das war zu den Zeiten der Brüder Grimm, so um 1806 herum. Seither haben nicht einmal mehr die Deppen einen Wunsch frei.

Dabei gäbe es so viel zu wünschen: Friede auf Erden, und Ihnen und mir ein Wohlgefallen. Daß kein Vogel mehr vom Himmel falle, der letzte seiner Gattung. Daß es keinen Schmerz mehr gäbe, kein Leiden; den Tod aber schon. Und natürlich, daß die Müllsäcke von allein in den Container gingen, die Zeitungen sich von alleine bündelten und ich alle Briefe auf der Stelle beantwortete. Und daß wir alle herrlich tief schlafen können, ohne Albe, im Jahr 2002.

Kulturkatastrophen

Das nun – in diesem Sinne: Gott sei Dank – vergangene Jahr war ein Katastrophenjahr. 33 000 Tote. Nie wieder so ein Jahr, bitte.

Allerdings gibt es seit jeher Katastrophen. Gestirne, die im All kollidieren. Meteoriten, die so gewaltige Krater in unsere Erde schlagen, daß kein Dinosaurier überlebt. Berge, die explodieren, und Inseln, die fauchend aus dem Meer auftauchen. Sintfluten. Erdbeben. Sie verschlingen gemütlich äsende Gnus und werfen Sequoiabäume um. Sie taten das auch schon, als wir Menschen das noch nicht bemerkten. Obwohl. In China gibt es eine Statistik, die seit 3000 Jahren, ohne eine einzige Unterbrechung, alle Erdbeben aufzeichnet. Alle, ausnahmslos. Zuerst mit hingetuschten Beschreibungen des Schreckens, heute mit nüchternen Zahlen. Heute verwenden die Chinesen, wie wir, die nach oben offene Richter-Skala, die sie die Lichtel-Skala nennen und auf der bei Stärke 1 die Lotusblüten zittern, bei Stärke 10 jedoch Buddha selber aus seinem tiefen Schlaf erwacht.

Es gibt Forscher – ich kann sie gut verstehen –, die die Geschichte der Erde und der Menschheit nicht als eine ruhige, gar sinnvolle Evolution ansehen, sondern als eine Folge von Katastrophen. Chaos und Zufall. Jedenfalls, solange die Katastrophen tatsächlich *Natur*katastrophen sind, sprechen wir gar nicht von ihnen. Für uns werden sie erst dann entsetzlich, wenn sie das zerstören, was wir der Natur abgetrotzt haben, und zuweilen uns damit. Sie sind Kulturkatastrophen. Und inzwischen haben wir ja weltweit so ziemlich alle Natur in Kultur verwandelt. Das Mittelland sowieso, aber auch die lieblichsten Landstriche – herrlichste Natur, vermeintlich – sind längst Kulturlandschaften. In der Toscana wächst kein Olivenbaum, keine Hecke, kein Weinstock, der nicht von uns Menschen an seinen Platz gestellt worden wäre. Allenfalls im Amazonas und im Sihlwald finden sich noch Orte von urwaldiger Unschuld.

Merkwürdigerweise sind es bei Katastrophen nicht die schieren Totenzahlen, die uns am deutlichsten verstören. Immer schon kamen die Menschen zu Zehntausenden um, und die Erinnerung daran verblaßte im Nu. Zur Mutter aller Katastrophen wurde aber das Erdbeben von Lissabon. Es zerstörte am 1. November 1755 diese wunderschöne Stadt und tötete 30 000 Menschen innerhalb von ein paar Minuten. Es löste in ganz Europa einen Schock aus, weil es die Menschen aus einem Traum riß, den sie eben erst zu träumen begonnen hatten und dessen Ende wir heute nicht träumen, sondern aushalten müssen. Das 18. Jahrhundert hatte sich nämlich für die Hoffnung zu begeistern begonnen, daß es für die Menschen einen Fortschritt zum Bessern hin geben könnte. Daß nicht immer alles unverändert schrecklich bleiben mußte – ein Sonnenkönig nach dem andern, eine Hungersnot nach der andern –, sondern daß die Menschen allmählich besser leben würden. Länger, gesünder, toleranter und freier. Würdiger. Jede Generation ein bißchen besser dran als die vorhergehende. Nach jenem 1. November dachten dann alle, tief erschrocken, daß nun nichts mehr wie zuvor sein würde.

Der naive Optimismus war den Europäern abhanden gekommen, so wie seit dem 11. September der blauäugige Fortschrittsglaube der Amerikaner leckgeschlagen ist. Erschwerend – für die armen Amerikaner erschwerend – kommt dann noch hinzu, daß in New York nicht mehr eine blindwütige Natur auf eine zerbrechliche Kultur stieß, sondern eine Kultur auf eine andere. Weit und breit keine Natur mehr zu sehen. Vielleicht verändert der Schock von 2001 die Amerikaner tatsächlich so, wie jener von 1755 uns Europäer verändert hat. Wir gehen nämlich seither den Weg des Fortschritts nicht mehr mit dem Optimismus Candides, sondern mit dem Mut des Sisyphos. Wir rollen unsere Steine den Berg hoch und sind schon recht zufrieden, wenn sie nicht gleich wieder den Berg hinunterpoltern. Das ist nicht die schlechteste Lösung. Sisyphos war bekanntlich glücklich, vergessen wir das nicht.

Fremdes Hirn

Es ist schwierig genug – es ist unmöglich –, das eigene Hirn zu verstehen. Das eigene Denken. Zu erfassen, wie wir die Welt sehen, was in ihr und warum. Zu begreifen dann gar, wie diese Welt als Ganzes *ist*. Wir haben zwar ein paar Ahnungen, wir geben uns auch alle erdenkliche Mühe, aber mit jedem Blick nehmen wir dennoch zehn falsche Hinweise auf, und mit jeder Denkschleife gehen wir hundert Fehlinformationen auf den Leim. Daß die Welt ist, daran besteht kein Zweifel; aber daß sie ziemlich anders sein könnte als unser Bild von ihr, dafür stehen die Chancen auch nicht schlecht. Nur wie anders? Wir Menschen versuchen seit Adam und Eva, es herauszufinden, und wir haben ja durchaus einige Fortschritte gemacht. Den Zusammenhang zwischen dem Äpfelessen und dem Kinderkriegen – für Adam und Eva noch ein zu komplexes Problem – durchschauen wir inzwischen. Ja, wir wissen sogar, in unsern privilegiertesten Augenblicken, daß wir nicht wissen. Daß die scheinbar gewissesten Gewißheiten subjektiv sind. Wo alle Welt eine Schreckenslandschaft sieht, fühlt sich der eine oder die andere dennoch geborgen und geschützt. Beispiele sind die Antarktis, die Wüste Gobi und das Toggenburg.

Jeder, buchstäblich jeder, nimmt die Welt anders wahr als sein Nachbar. So gesehen ist jedes herzliche Einverständnis zwischen uns Menschen ein Mißverständnis. Immer. Aber wir haben im Lauf der Evolution auch gelernt, daß das nur halb so schlimm ist und daß man in einem relativen Mißverstehen ganz komfortabel leben kann. Wir kommen mit den Unschärfen in uns und um uns herum in der Regel gut zurecht. »Der Autoschlüssel liegt auf dem Tisch« oder »Ich liebe dich«, das sind durchaus alltagstaugliche Absprachen. Wenn man das Absprachensystem gar intensiviert und verdichtet, kann man in einen Zustand geraten, in dem man schier ehrlich denkt, man komme draus. Verstehe. Verstehe seine Liebsten oder die Verlautbarungen von Wissenschaft und Kunst. Man habe das Funktionieren der Welt erfaßt.

Das ist ein prima Zustand. Man muß nicht *immer* auf der Höhe der Erkenntnis sein. Dennoch oder deswegen: Ich möchte fürs Leben gern einmal ein fremdes Hirn haben. Eine Stunde würde mir genügen, und ich müßte die Fähigkeit behalten, mein neues Hirn mit meinem alten Denken zu vergleichen. Ich müßte mich, wenn ich mein altes Hirn wieder hätte, erinnern können. Ich würde mich dafür verpflichten, jedes Hirn, ausnahmslos jedes!, seinem Besitzer zurückzugeben – auch das neiderregendst gescheite und glückliche. Einmal mit dem Hirn von Frau Spoerry denken. Einmal mit dem von Herrn Mörgeli! (Herr Mörgeli kann ja in der Zeit mein Gehirn haben. Ich bin sicher, er gibt es mir nach einer Stunde gern zurück.) – Ich kann mir im übrigen durchaus vorstellen, daß das Denken mit Hirnen, auf die mein eigenes mich allzuwenig vorbereitet hat, ein ziemlicher Hammer sein kann. Von einer Sekunde auf die andre denkst du wie Stephen Hawking!

Oder wie Jean Ziegler! Vielleicht hältst du die Dichte und Höhe dieses Denkens gar nicht aus und willst es auf der Stelle wieder loswerden! – Umgekehrt kannte ich einmal einen, den alle einen Deppen nannten. Er hieß Werni und war in der Tat kein Einstein. Aber er wirkte so einverstanden mit seinem Leben, daß ich sein Hirn, hätt ich's damals ausprobieren können, vielleicht hätte behalten wollen.

Einmal wie ein islamistischer Fundamentalist denken! Wie ein heiliger Schläfer! Ein todbereiter Kämpfer! Was schwimmt da wohl alles im ewigen Denkstrom des Gehirns mit? Wie gern würde ich dieses Kuddelmuddel aus Gedanken, Gefühlen, Bildern, Schmerzen und Hoffnungen einmal erfahren dürfen, als sinnliches Ganzes, konkret und theorielos, und es mit meinem eigenen Kuddelmuddel vergleichen.

Am liebsten aber erlebte ich unsere Welt mit dem Gehirn eines Tiers. Denn sogar das Denken des fundamentalistischen Taliban kann ich mir noch vorstellen, irgendwie, ein bißchen, ein klein wenig. So völlig anders als ich wird er, ein Mensch wie ich, wohl auch nicht sein. Aber wie nimmt eine Katze die Welt wahr? Eine Gemse? Ein Gorilla? Da ginge ich, in meinem Körper, mit dem Gorilla-Gehirn, durch die Straßen. Was dächte ich? Und wäre es dann vielleicht just dieses Gehirn, das ich am liebsten behielte, lieber als das von Frau Spoerry oder Stephen Hawking oder des Taliban, und lieber als mein eigenes?

Die beste aller Welten

Manchmal denke ich, wenn ich mit ausgestreckten Beinen und einem Sherry in der Hand in meinem handwarm geheizten Zimmer vor dem Fernseher sitze und die neuesten Meldungen der Tagesschau genieße: Könnte es nicht sein, daß gerade *wir* den Höhepunkt der Entwicklung der Menschheit erleben? Auf dem Kamm jener Woge schwimmen, die Fortschritt heißt und die, unausweichlich, irgendwann einmal brechen wird? Daß *wir* den Augenblick erleben, da der aufwärtsstrebende Fortschritt und das nicht mehr kontrollierbare, alles nach unten reißende Chaos sich die Waage halten? Da die Geschichte – glücklich, ohne zu bemerken, wieviel Glück sie hat – den Atem anhält und uns zu einer Lebenshöhe verhilft, die frühere Generationen nicht kannten und die spätere nicht kennen werden. Uns, just uns!

Denn Fortschritte haben wir Menschen im Lauf der Jahrtausende gewiß gemacht. Wir haben das Feuer zu benutzen gelernt, das Rad erfunden, Mammuts zu erlegen gewagt, uns aus ihren Fellen Unterhosen genäht, Beinbrüche geschient und Höhlen bemalt. Später bauten wir Aquädukte und Bodenheizungen. Wir lernten Herz auf Schmerz reimen und sangen Lieder in A-Dur und b-Moll, erfanden die Spaghetti (die Chinesen), schrieben Hieroglyphen und Buchstaben, prägten Goldmünzen, zählten bis zehn und bis zu einer Quintillion und erfanden die Perspektive, das Schießpulver und das siebenschläfrige Gasthausbett. Die Missionare brachten den Polynesiern die Missionarsstellung bei und missionierten uns, sehr erfolgreich, nach ihrer Rückkehr mit den Praktiken, die sie in der Ferne kennengelernt hatten. Wir lernten, Ich zu sagen, obwohl es über Tausende von Jahren nur ein Wir gegeben hatte, bei dem es egal war, wer starb und wer überlebte, wenn nur die Gruppe als Ganzes am Leben blieb. Wir entwickelten das Dampfroß, und die Gebrüder Wright verbesserten die Methoden des Schneiders von Ulm, größere Distanzen zu fliegen und dann nicht allzu hart zu landen. Die Jetztzeit! Nun ging es Schlag auf Schlag! Die Elektrizität, und mit ihr das ubiquitäre Licht. Die Zentralheizung, und mit ihr eine allgegenwärtige gemütliche Wärme. Die Medizin, ohne die wir alle längst tot wären und diese Kolumne weder schreiben noch lesen könnten. Wir essen im Winter Erdbeeren und Papayas und wählen unter zweiundneunzig Gemüsen, deren Namen wir größtenteils noch nie gehört haben. Die Weine sind besser denn je, und sauteuer, aber wir haben ja unsern Lohn und die AHV und die dritte Säule, so daß wir auch diesen Fortschritt genießen können. Die Schauspieler spielen so gut wie kaum je, und einen Pianisten, der nicht mit 180 km/h seinen Liszt spielen kann, tun wir uns schon gar nicht an. Friede seit einem halben Jahrhundert! Kollektiver Wohlstand! Noch nie ist es uns Menschen so gut ergangen, ich meine, hier, in unsern Breitengraden. In unsern reichen Ländern.

Aber die Zeichen mehren sich, daß das nicht auf immer und ewig so weitergeht. Immer mehr Menschen müssen es sich auf einer Erde einrichten, deren Raum und Ressourcen endlich sind. Städte blähen sich auf und Wälder schrumpfen wie in einem Trickfilm. Kein den Menschen auch nur einigermaßen zugängliches Stück Natur, das einfach in Ruhe gelassen würde. Der Wohlstand wird auch bei uns immer unangemessener verteilt, und die von anderswo, deren Lebensumstände schlicht entsetzlich sind, drängen zu uns. Die Antibiotika, die uns zu einer kollektiven Beinah-Unsterblichkeit verholfen haben, wirken immer zögernder. Der Friede, über Jahre hin so etwas wie ein Naturzustand, ist nicht mehr so selbstverständlich wie einst.

Ja, es ist nicht ausgeschlossen, daß *wir* die sind, die das Beste, Höchste und Tollste erleben, zu dem die Menschheit fähig ist. Gerade wir sind die Gewinner einer Lotterie, die seit sechshunderttausend Jahren gespielt wird, Generation um Generation. Sind wir nicht Glückspilze? Es gibt Menschen seit dem Diluvium, und es wird, wenn die Götter es so wollen, noch ein paar tausend Jahre lang Menschen geben. Und just wir erleben so was! Wir, die wir trotz unserm unfaßbaren Glück zuweilen denken, in einer schier unerträglich harten Welt zu leben.

Er ist's!

Zuweilen, im tiefsten Winter scheinbar noch, tun wir einen Atemzug, und die eingeatmete Luft hat jäh eine kühle Frische, die wir aus uralten Zeiten kennen und die in uns ein tiefes Glück auslöst. Ein überschwemmendes Entzücken, ein erlöstes Aufstöhnen. Ahh! Um es mit den herrlichen Worten Eduard Mörikes zu sagen: »Er ist's!« Der Frühling nämlich.

Dabei sind die Wege noch dreckig wie ehedem, die Wälder nach wie vor kahl, die reisenden Vögel noch weit in Erzerum oder Benghasi. Trotzdem, er läßt sein blaues Band schon einmal flattern, der Frühling. Er probt sein Erwachen. Wie viele Dichter haben ihn nicht schon gespürt, und wie viele undichtere Menschen ebenfalls! Er kommt nämlich nicht aufs Mal, der Frühling, mit plumper Macht, so wie der Winter und auch der Sommer das tun. Als seien sie diktatorische Herrscher oder die napoleonische Armee. Der Frühling ist nicht gewalttätig, er huscht leise herbei, da, dort, und erst wenn er sein Erscheinen vielhundertfach durch kleine Zeichen angekündigt hat, tritt er, an einem geeigneten Tag, mit seiner ganzen Macht und Pracht auf. An jenem Tag allerdings stehen wir dann fassungslos unter der offenen Tür und sagen, als täten wir's zum ersten Mal im Leben: Er ist's. Mannomann, er ist's echt. Der Frühling! Die Luft, kein Zweifel. Blaue Blumen. Hummeln brummeln. Die Vögel sind auch wieder da – Schwalben! Stieglitze! Piepmatze! – und fiepen und zwitschern und keckern und quintilieren. Das Licht! Aus allen Häusern tauchen die Frauen wieder auf, zum ersten Mal seit Monaten. Sie haben ihre Brüste wieder an und wetteifern auch sonst mit dem Frühling, daß es eine Freude ist. Sogar ein paar Männer blinzeln in die Sonne, obwohl die meisten von ihnen natürlich auch jetzt die neue Luft, die frischgrünen Blätter und die zwitschernden Vögel nicht allzuoft in ihre Agenda aufnehmen können. Muß man verstehen, ihr Frühling ist in den Bilanzen, und da ist's derzeit tiefer Winter.

Mein Gott, Freunde! Noch zwei, drei Wochen, und wir werden uns wieder verlieben! Wir werden Bärlauch pflücken! Wir werden durch die Anemonen schlurfen! Wir werden den Kuckuck hören, einmal, zweimal, siebenmal, wir werden unser Klimpergeld in der Hosentasche spüren und sagen, ja, genau, auch in diesem Jahr werden wir nicht verlumpen, dem Kuckuck sei Dank. Wir werden Schlüsselblumen pflücken beziehungsweise, weil das inzwischen politisch unkorrekt ist, sie bewundern und nur eine, heimlich, stehlen und unserer Geliebten in den Busenausschnitt stecken. Kampfhunde werden wieder auf unsern Spazierwegen tollen, und Biker mit Sturzhelmen. Spechte trommeln! Wir husten noch einmal, zum letzten Mal, das war's dann bis zum nächsten November. Wir atmen so tief, als hätten wir zwei Lungen. Wir haben das ganze Winterelend auf einen Schlag vergessen. Nicht alle haben es überlebt, Friede ihnen; aber wir sind noch da, wir sind wieder da, wir hupfen und hüpfen, und siehe, wir können es immer noch, schier besser als letztes Jahr. Seht, wie wir durch die Auen springen. Er ist's! Wir sind's!

Es ist das Beglückende an der Klimakatastrophe, daß wir diesen Jubel immer früher im Jahr anstimmen dürfen. Der schöne Müller sang noch, in seinem 19. Jahrhundert, daß der *Mai* gekommen und daß der Frühling da sei. Heute bestraft das Leben jeden Kolumnisten, dem es einfiele, eine Frühlings-Kolumne so spät im Jahr zu schreiben. Frühlingskolumnen sind im Februar fällig, spätestens im Märzen. Schaut euch doch um! Dieses Leuchten! Dieser Zephir! Die hellgrünen Spitzchen, die eine Blume werden wollen! Weidenkätzchen! Die Katze liegt auf dem Gartenweg und schnurrt. Die Nachbarin jätet, schnurrt ebenfalls. Kinder lachen.

P. S.: Jetzt, während ich das schreibe – gehört das auch zum Frühling? – heult eine Alarmsirene los. Nicht die vom Fotoladen, den jemand immer erneut ausraubt, nein, die große, nationale, bei deren Klang wir sofort DRS 1 einschalten oder im Telefonbuch nachblättern müssen. DRS 1 spielt unbeirrt Musik, der Alarm dröhnt ebenso unbeirrt. Ich blättere hektisch. Der Alarm bedeutet: Ruhig bleiben! Fenster geschlossen halten! Radio einschalten! Abwarten, was mir der Bundespräsident oder eine Fachperson meines Vertrauens rät! Beten! – Das Heulen bedeutet *nicht*: Er ist's. Es hört auch wieder auf, jetzt. War nur eine Übung. *Idée suisse.* Der Frühling aber wird echt sein. Wenn er dann ganz da ist. Bald. Achtet auf die Zeichen.

Im Ausland trinken

Eigentlich müßte der Titel dieser Kolumne *Im Ausland trinken und andere Spielregeln der Selbstdisziplin* heißen. Aber in Kolumnen kann man – des Layouts wegen – einen komplexeren Gedanken nur im Textteil denken. Im Titel geht das nicht. Der soll den Leser anspringen wie ein Tiger. Kein Zweifel, daß dieser Titel das tut.

Ich habe vor einigen Wochen, meines Wohlbefindens wegen, beschlossen, nur noch im Ausland zu trinken. Wein, meine ich, Bier. Nicht Wasser. Ich halte mich seither streng an diese Regel und habe zwei Erfahrungen gemacht: Erstens geht es mir wunderbar dabei, und zweitens fällt es mir überhaupt nicht schwer.

Natürlich habe ich definieren müssen, was denn überhaupt Ausland ist. Ich habe das auf eine Weise getan, die ich gut schweizerisch oder auch SVP-nahe nennen möchte. Ausland ist alles, was nicht bei mir zu Hause ist. Meine Küche ist Inland, auch das Klo und die Sitzgruppe. Aber wenn ich in die Stadt gehe, oder nur schon ums Eck rum, bin ich im Ausland. (Früher wohnte ich Mauer an Mauer mit dem Restaurant ›Flora‹. Sozusagen im gleichen Haus. Ich spielte lange mit dem Gedanken, aus meinem Schlafzimmer eine Durchreiche in den Schankraum zu bauen. Gott sei Dank hat die ›Flora‹ vorher aufgegeben, und es ist nie so weit gekommen. Wäre eine sinnlose Ausgabe gewesen, die Durchreiche, denn erstens importiere ich ja keine Getränke mehr, und zweitens arbeitet nun dort, wo einst viel liederliches Volk zechte, ein Architekt.) – Im Ausland bin ich sowieso im Ausland. Und klar ist auch, daß Freundinnen und Freunde, die mich besuchen, das Ausland mitbringen. Ihretwegen habe ich immer ein paar Flaschen im Haus. Trinke sie aber, Ehrenwort!, nie allein. Keinen Tropfen. Nur Valser, Sirup und Tee.

Ich habe das Auslands-Modell nicht selber erfunden. Das tat mein Onkel Emil für mich, als er sich, vor zig Jahren, das Rauchen abgewöhnen wollte. Er wohnte grenznah und nahm seinen Vorsatz ernst. Er rauchte nur *im Ausland*. Es klappte anfangs auch halbwegs gut, er kaute an Streichhölzern herum, nagte an Süßholzstangen und freute sich auf die nächste Wanderung im Schwarzwald. Dort konnte man seinen Weg auch aus weiter Ferne erkennen, an der Rauchschleppe. Sonst tigerte er im Garten auf und ab, an Rüben kauend, bis ihm der Gedanke kam, er könnte seine Frustrationsenergie ja auch zielgerichteter einsetzen. Von seinem Haus aus – es stand in Bettingen, Kanton Basel-Stadt – waren es zwei, drei Kilometer bis zur deutschen Grenze, ein Klacks für einen, der auf dem Dom gewesen war und das Alalinhorn vor dem Frühstück bestieg. Nun, da ging er halt los und stand quietschvergnügt einen Meter hinter der grünen Grenze. Hei, schmeckte die Havanna, auch wenn Villiger auf ihr stand. Zudem war das Wandern hin und zurück so gesund für die Lungen, daß das Böse im Tabak mehr als wettgemacht wurde.

Es war dann spannend zu sehen, wie ihm – mit zunehmendem Alter – das Ausland immer näher rückte. Es fraß sich in die Schweiz hinein wie heute die EU, mit unabwendbarer Macht, so daß am Schluß sogar sein Briefkasten im Ausland war. Da stand mein Onkel Emil, in einer Stumpenwolke verschwunden, und blätterte in der Post. Und natürlich genügte einer wie ich, das Ausland ins Haus mitzubringen. Wir saßen am Küchentisch, er qualmte und ich – ein Nichtraucher der ersten Stunde – trank ein Glas Chianti. – Er ist dann weit über achtzig Jahre alt geworden und lebt nun im Himmel. Ein Engel. Er darf ewig rauchen, denn die Engel kennen keine Zeit und haben keine Lungen. Unser Hochnebel, das ist *er*.

Wie viele Menschen, heute, sind so ganz anders als er es war. Sie gehen mit ihrem Körper und Geist um, als hätten sie sich selber als Geisel genommen. Ohne jede heitere Toleranz, Fundamentalisten auch mit sich selbst. Sie wollen nicht nur, sagen wir, schön und gesund sein, oder erfolgreich – das sind ja keine verwerflichen Ziele –, nein, sie wollen es ganz sein. Völlig, zu jeder Tageszeit und bis in alle Ewigkeit. Dabei, ach, sind das Menschlichste an uns Menschen unsere Widersprüche.

Gute Frage

Eine gute Frage ist eine, deren Antwort so sehr auf der Hand zu liegen scheint, daß wir sie schon gar nicht mehr stellen – uns ihrer schämen würden –, die aber, genauer bedacht, nicht mehr so einfach zu beantworten ist. Zuweilen gar nicht. Warum halten wir so viele Antworten auf die Fragen der Welt für klar und eindeutig? Gute Frage.

Solche Fragen, vielleicht gute, sind: Wer sind wir? Wer waren wir? Wer werden wir sein? Warum sehen wir beim Parkleitsystem, das die Stadt Zürich für uns installiert hat und das uns die freien Parkplätze in allen erreichbaren Parkhäusern anzeigt, nie, wie die Zahlen wechseln? Warum kann ich Frau P., die für alle andern Menschen entzückend ist, nicht ausstehen? Wieso können 270 Tonnen Metall fliegen? Wieso war der Verrat des Judas den Römern dreißig Silberlinge wert – eine beträchtliche Summe –, wo doch der dümmste Polizeibeamte Jerusalems wissen mußte, wo Jesus, der völlig öffentlich aufwieglerische Reden hielt und den sie verhaften sollten, aufzustöbern war? Warum fürchten sich junge Menschen mehr vor dem Tod als alte? Warum bläst uns der Fahrtwind der sich drehenden Erde nicht den Hut vom Kopf? Wieso wird uns nicht schwindlig, und warum haben alle Menschen, auch unsere Antipoden, in jedem Augenblick das Gefühl, oben zu sein, kopfoben, obwohl, wenn wir Zürcher obenauf sind, die

Polynesier notwendig nach unten hängen, und umgekehrt? Wieso sterben Blumen, die nicht perennieren, nicht aus? Warum stellen wir Menschen, anders als die Tiere, Fragen? Oder fragen sich die Gorillas auch etwas, und was? Die Lurche? Wissen Elefanten vom Tod? Haben Löwen ein Gewissen? – Kein Wunder, daß es Menschen gibt, die, kaum sind sie erwachsen, keine Fragen mehr stellen, weder gute noch schlechte, und immer alle Antworten wissen.

Die besten guten Fragen werden natürlich von den Kindern gestellt. Kinder stellen in der Tat *nur* gute Fragen, und genau darum reizen sie uns oft mit diesen. »Mami, warum...?« – »Ich hab dir doch gesagt, du sollst still sein!« So gewöhnen sich die Kinder bald an, Fragen selber zu beantworten, und manche dieser Antworten halten dann ein ganzes Leben lang. Archaisches Wissen, gegen jede rationale Einsicht gefeit. Wir alle schleppen unser geheimes, oft ziemlich bizarres Wissen mit uns herum, wie einen Schatz, der uns da noch einmal retten könnte, wo die andern ratlos verloren wären.

Das hindert uns Menschen ja nicht daran, als Erwachsene gute Chirurgen, eloquente Politiker oder zuverlässige Lokomotivführer zu werden. Wir richten in der Regel mit unsern falschen Antworten auf die guten Fragen wenig Unheil an. Ich kenne jemanden, der *weiß*, felsenfest und seit immer und für ewig, daß jener berühmte italienische Schimmelkäse *Gogozola* heißt, und wenn ich sage, Gorgon-, lieber Hubert, nicht Gogo-, lächelt er mich an. Weise, verzeihend. Das passiert ihm immer wieder. Sogar in den Geschäften ist der Gogozola zuweilen falsch angeschrieben. Hubert bewältigt im übrigen den Rest seiner

Lebensaufgaben fabelhaft und ißt sowieso lieber Parmesan.

Auf die guten Fragen – warum ist die Banane krumm? – gibt es natürlich meist eine Antwort. Eine, die auch und gerade einer rationalen Prüfung standhält. Das Geheimnis des Judas zum Beispiel, das nur er und seine elf Kumpel kannten, war *nicht*, daß der gesuchte Jesus sich im Garten Gethsemane versteckte, sondern daß er, anders als die vielen vielen andern Messias-Verkünder seiner Tage, glaubte, er selber sei der Messias. *Er* sei der Erlöser, jetzt, bald. Der Richter, und auch und gerade die Römer würden gerichtet werden. Das war der Skandal, den Judas verriet, und das war für die Staatsmacht von damals gefährlich, und darum mußte man ihn ans Kreuz nageln.

Ja, bei genauerem Hinsehen finden die guten Fragen schon ihre Antwort. Einzig das Rätsel des Parkleitsystems bleibt ungelöst. Manchmal starre ich solange ich nur kann auf so eins, und dann zwinkere ich wohl, oder mein Blick huscht einem auffliegenden Vogel hinterher: Und schon haben die Zahlen gewechselt, und ich hab's wieder nicht gesehen.

Mein Axiom

In jeder nicht ganz kleinen Firma sprechen die, die etwas zu sagen haben oder das gern möchten, eine Sprache, die mit jener unserer Alltagswelt wenig zu tun hat und die sie auch, kaum sind sie aus ihrem Laden heraus, weit sparsamer gebrauchen. Kaum einer bittet seine Geliebte, ihre Synergiepotentiale mit den seinen zusammenzulegen, wenn er sie küssen will; so blöd ist er nun doch wieder nicht. Küß mich, sagt er wie jedermann, beziehungsweise er tut es einfach. Aber am nächsten Morgen, schon während er auf sein Firmen-Headquarter zugeht, fällt er in den Jargon seiner Arbeitswelt zurück und sagt auf der Neun-Uhr-Konferenz ohne zu erröten, daß eine Task-Force sich um die Soft Factors kümmern sollte, und daß im Bereich Einkauf die mentalen Modelle durch eine differenziertere Feedbackkultur optimiert werden müßten.

Die Welt der Ökonomie hat ihre eigene Sprache, und sie hat nur diese Sprache. Wenn einer dann doch einmal Wörter, gar ganze Sätze aus andern Sprachwelten gebraucht, signalisiert das allen andern Alarmstufe eins. Was jetzt noch gesagt wird, muß verdammt notwendig und gut sein, sonst geht es ins Auge. Ins Auge dessen, der spricht. Logisch, daß jeder, dem sein Augenlicht lieb ist, lieber Sätze in einer Terminologie sagt, die von allen akzeptiert wird. Auch nach Feierabend, in der Bar des Tagungshotels.

Vieles wird an vielen Sitzungen so und nicht anders beschlossen, weil die Wörter, mit denen der Beschluß formuliert wird, so wohlvertraut sind. Es sind Siegerwörter, und wer sie gebraucht, will zu den Siegern gehören. Ob der Entscheid dann zu etwas nütze ist oder eher Schaden anrichten wird: Das ist nicht unbedingt wichtig. Um so mehr geht es darum, wie, während der Debatte, ein jeder seine Position definiert. Wer die richtigen Wörter im richtigen Augenblick einzusetzen weiß, gehört gewisser dazu als der, dem nur die schwachen Sätze einfallen. Er ist ein *winner*! Er wird nicht entlassen!

Dabei weiß jeder einzelne besser Bescheid als die Gruppe. Die Gruppe spricht in synthetischen Formeln, die bestenfalls der größte gemeinsame Nenner aller Anwesenden sind. Alles andere bleibt wortlos. Erst die Geliebte kriegt, bevor oder nachdem sie ihrem Geliebten ihre Synergien zur Verfügung gestellt hat, ein paar Brocken aus seinem Geheimdenken zu hören. »Blödmänner! Saubande! Hornochsen!« Redete der Geliebte in seinem Rudel so, die andern würden ihn sofort totbeißen. So wie er einen jeden bisse, der den Schutz gefährdete, den ihm ein Haufen Gleichgesinnter gewährt. Das geschieht ja auch oft, das Totbeißen eines einzelnen.

Mein Axiom lautet also: In der Welt der Ökonomie redet ein jeder nur und ausschließlich mit Wörtern, die ausschließlich und nur von allen andern auch verwendet werden. Ob dabei ein Sinn entsteht, ist weniger wichtig, als daß die Zugehörigkeit zu dieser Welt bestätigt und befestigt wird.

Daß das, was aus meinem Axiom folgt, immer wieder

erheblichen Schaden anrichtet, sieht ein Blinder. Ich sage nur Swissair. Richtig wirkungsvoll wird es aber erst, wenn es mit zwei andern Erkenntnissen zusammenwirkt, die längst und zu Recht viel zitierte Klassiker sind: mit Peters Prinzip und mit Murphys Gesetz. Peters Prinzip sagt, daß in einer hierarchisch strukturierten Organisation ein jeder so lange nach oben befördert wird, bis er die Stufe seiner Inkompetenz erreicht hat. Da bleibt er dann. Und Murphys Gesetz lehrt uns, daß alles, was schiefgehen kann, eines Tages auch schiefgeht.

Alle drei Sätze, die gemeinsam die Verheerungen eines Taifuns anrichten können, gelten keineswegs nur für die Ökonomie. Sie sind überall wirksam, wo es ein Oben und ein Unten gibt. In der Parteipolitik etwa, bei der Fifa, oder im Kulturbetrieb. Oder – Inbegriff aller Hierarchie – in der Kirche. Da wird ja bald ein neuer Papst gefunden werden müssen. Und gewiß werden die Mitglieder des Wahlgremiums auch diesmal ausschließlich Kirchenlatein sprechen (mein Axiom). Alle Kandidaten für den Heiligen Stuhl – einst hitzige Ministranten, glühende Priester, gütig blickende Bischöfe – werden im Dienst des HErrn ergraute Kardinäle sein (Peters Prinzip). Und dann werden die den Papst wählen: männlich, alt, weiß und katholisch (Murphys Gesetz).

III

Ernst, unterhaltend, langweilig?

»Kann das Ernste unterhaltend, kann das Unterhaltende ernst sein?« So lautet die Frage, und die Antwort ist: Ja. Natürlich. »Jede Art zu schreiben ist erlaubt – nur die langweilige nicht«, sagt bekanntlich Voltaire, der seinen Zeitgenossen dennoch den *Mahomed* oder *Hérode et Mariamne* zugemutet hat. Čechov sagt etwas Ähnliches. »Ich teile alle Werke in zwei Sorten ein«, sagt er, Voltaires Worte variierend, »in solche, die mir gefallen, und solche, die mir nicht gefallen. Ein anderes Kriterium habe ich nicht.« Wir andern haben auch kein anderes Kriterium. Die Literaturwissenschaft hat, seit es sie gibt, vieles geleistet. Aber was wem warum gefällt, weiß sie nicht. Gott sei Dank.

Ich bin sicher, daß es Bücher gibt, die niemand zu Ende gelesen hat. Kein Mensch. (So wie es, herrliche Vorstellung, Fernsehsendungen gibt, die *niemand* sieht.) Der Grund ist natürlich, daß diese langweilig sind. Langweilig, sagenhaft langweilig. Warum sie trotzdem geschrieben worden sind und, vor allem, warum sie einen Verleger fanden, ist eines der Rätsel, das niemand zu lösen weiß. Nicht einmal jene Verleger.

Das Ernste unterhält, und das Unterhaltende ist ernst. Langweilig ist beides nicht. Nie. Nun langweilen wir uns allerdings bei Verschiedenem, und ganz Unterschiedliches unterhält uns. Ich langweile mich zum Beispiel schnell und oft just bei Büchern, die ganz explizit der »Unterhaltung« zugeordnet werden. Bei jenen dicken Klötzen etwa, die oft aus den USA stammen und Titel in Goldlettern haben. Es ist alles so voraussehbar, und die Sprache ist so tot. Ja, gerade bei den Thrillern mag ich nur die Meister. Ambler und Chandler, etwas verkürzt gesagt. Und dann langweile ich mich, um das andere Ende der Skala zu nennen, bei jenen Werken von hoher Bildung, die, ohne ihren Anspruch zu erfüllen, in jedem Satz zu erkennen geben, daß es, gnadenlos und endgültig, um die letzten Dinge geht. *Qui pettent plus haut que leur cul*, um es mit einer französischen Redensart zu sagen.

Reden wir von Čechov. Er, bei dem man sich keine Sekunde lang langweilt, ist der Meister der Darstellung der langen Weile. Seine Helden vergehen schier vor unerfülltem Leben. Jede und jeder hat ihr und sein Sehnsuchtsziel. »Moskau!«, so heißt es in den *Drei Schwestern*. Und im *Onkel Wanja* hat jeder – Sonja, Wanja, der Arzt – zuviel *und* zuwenig Zeit und ist nie im Einklang mit dem eigenen, stimmigen Rhythmus. Der langsame Atem der Zeit ist stärker als der eigene. Wo gibt es in der Kunst einen berührenderen Augenblick als den, da, am Schluß des Stücks, auch noch der Arzt das Haus verläßt und Sonja sagt: »Er ist weg.« Sie und Wanja machen sich wieder an ihre Arbeit. Und wir schauen ihnen zu, wissend, daß noch viele Lebensjahre abzuleben sein werden, monotone, schwer zu ertragende, »langweilige« Zeit, und begreifen entzückt, daß die *Darstellung* eines »langweiligen« Lebens aufs äußerste unterhaltend sein kann: Wenn Unterhaltung denn bedeutet, daß wir atemlos, mit all unsern Sinnen, mit Herz und Kopf bei der Sache sind und gar nicht merken, daß die Zeit vergeht. Im idealen Fall sind das Ernste und die Unterhaltung dasselbe. Deckungsgleich. Čechov neigte dazu, seine Stücke, denen ein Ernst ja gewiß nicht abzusprechen ist, als Komödien zu sehen. Den *Kirschgarten* nannte er explizit so.

Es kann kein Zufall sein, daß Anton Čechov und Sigmund Freud ihre Schlüsselwerke fast zur gleichen Zeit geschrieben haben. *Onkel Wanja* ist ganze drei Jahre älter als die *Traumdeutung*. Čechov ist denn auch der letzte und größte jener Dichter, die vor und ohne Freud geschrieben haben. Die ihr von vielen Vorfahren bis hin zu den Griechen ererbtes und im Lauf der Generationen äußerst differenziert gewordenes Wissen um die Seele der Menschen *poetisch* formulieren konnten. Čechov »weiß« alles, was Freud »weiß«. Der Unterschied ist »nur«, daß Freud dieses Wissen systematisierte und wissenschaftlich nutzbar machte. Das ist nichts Besseres, das ist ein anderes Ziel. Freud benutzte denn auch, nicht zufällig, die Dichter als Quelle für seine Fallbeispiele. Sophokles, Shakespeare, Dostojewskij. Nichts Besseres, etwas anderes: Dennoch sah die Welt mit und nach Freud anders aus als vor ihm. Vor allem war nicht zu vermeiden, daß seine Forschungen zu einer schier nicht aushaltbaren Kränkung für die Dichter seiner Zeit wurden. Denn bis eben war die Beschreibung und Deutung des Fühlens der Menschen ihre ureigenste Domäne gewesen. *Sie* waren die, die Bescheid wußten, wenn es um die Stürme des Herzens ging. Ums Unbewußte, dem sie nachspürten, auch wenn sie es noch nicht so zu nennen vermochten. Freud mußte auf sie wie einer wirken, der in dem Jagdrevier herumwilderte, das ihnen und nur ihnen gehörte. Viele Dichter nahmen ihm das denn auch übel. André Breton, Nabokov, Canetti – und nicht nur sie – begegneten Freud ein Leben lang mit aggressiver Ablehnung, obwohl oder gerade weil sie keine große Ahnung hatten, um was es diesem ging. Čechov tat das nicht, natürlich nicht. Er hat wohl nie von Freud gehört und starb, als von der *Traumdeutung* erst ein paar hundert Exemplare verkauft waren. Manchmal habe ich den Eindruck, daß Čechov, der Arzt, gar nicht so weit weg von einer Systematik des menschlichen Verhaltens war. Seine Stücke können als eine Art Versuchsanordnung gelesen werden. Er und Freud hätten sich gut austauschen können. Ein Jammer, daß sie sich nie trafen, sie, die beinah gleich alt waren.

Poesie lebt von der Gnade der Naivität. Sie entsteht in einem Raum, in dem die Erkenntnis noch nicht Begriff geworden ist und die Dinge der Welt »nur« metaphorisch benannt werden können, also als Erzählung, eine Erzählung allerdings, die, um stimmig und notwendig zu sein, nie naiv *tun* darf, sondern, auch wenn oder gerade weil sie sich nicht ums Wissen der Welt drückt, naiv *sein* muß. Freud verschob die Grenzen der Naivität so, daß Čechovs Methoden, die Herzensregungen der Menschen darzustellen und zu deuten, nicht mehr möglich waren. Auch die Dichter *wußten* nun, unausweichlich. So wurde Čechov, nolens volens, ein Letzter: Höhepunkt und Abschluß einer Epoche. Nach ihm sah die Welt der Poesie, und nicht nur sie, bald sehr anders aus. Nicht darum allerdings hat er keine Nachfolger gefunden, oder nur darum *auch*. Denn die ganz Großen finden nie Nachfolger. Sie sind Solitäre. Shakespeare, Büchner, Kafka oder eben dieser Anton Čechov. Sie mögen Epigonen haben, das ja. Epigonen versuchen, ihren Vorbildern zu gleichen, gleichen ihnen auch, mit dem einzigen Unterschied, daß sie da langweilig sind, wo ihre Vorbilder uns unterhalten. Begabung, Genie gar, läßt sich nicht lernen.

Ein Großer, der Čechov gefolgt ist, ist Samuel Beckett. Das Geniale an Beckett war, daß und wie er sich einen neuen Naivitätsraum schuf, der zwar von der Herzerkenntnis Freuds – dem Unbewußten – wußte, dennoch aber eine terra incognita war, die er nun als erster betreten konnte. Da es mit Čechovs Art der Naivität aus war, mußte er erst einmal herausfinden, wo die Grenzen neu zu ziehen waren. So stellte er sich dumm und tat so, als kümmere ihn die ganze Psychologie nicht. Natürlich war das Gegenteil der Fall. Während er so tat, als verlasse er den Raum der Psychologie (indem er seine Helden ihre simplen, oft schier kindlich wirkenden Spiele vorführen ließ), betrat er ihn, von uns vorerst unbemerkt, sofort wieder durch die Hintertür. Während wir noch gar nicht begriffen, was er da eigentlich tat, legte er Čechovs Helden in Trümmer und setzte sie neu und fragmentarisiert wieder zusammen. Er zeigte nun nur noch Teile von uns, mal den, mal jenen, und blickte durch die Oberfläche hindurch, direkt ins Unbewußte. *Warten auf Godot* wirkt so, als werde das Unbewußte selbst zur Szene, ungefiltert. Estragon, Vladimir, Pozzo und Lucky scheinen dann Akteure *eines* Unbewußten zu sein, keine vier »Charaktere« im Sinn des alten psychologischen Theaters. Es ist heute (weil wir besser verstehen) noch bewundernswürdiger als damals, wie radikal und mutig Beckett Bereiche ausleuchtet, die »normalerweise« so angstbesetzt sind, daß wir sie abwehren und überhaupt nicht Sprache werden lassen. Man hat Becketts Technik, die radikal unlogischen Vernetzungen des Unbewußten zu demonstrieren, »absurd« genannt. »Absurdes Theater«, das war ein Theater jenseits der Gesetze des Wirklichen. Heute, wo wir etwas selbstverständlicher und unerschrockener von den in der Tat absurden Kapriolen des Unbewußten wissen, kommt uns die Beckettsche Psychologie wie der schiere Realismus vor. Wir verstehen mühelos. Estragon und Vladimir fühlen und denken wie wir, das heißt, sie werden gedacht und gefühlt. Wie wir. Sie sind Marionetten und hampeln an Fäden herum, die vom Unbewußten gezogen werden. Beckett ist Čechov nach Freud (und, selbstverständlich, nach manch anderen Verstörungen des neuen Jahrhunderts, dem Ersten Weltkrieg allem voran). Ein Nachfolger also doch, auch wenn oder gerade weil er Čechovs Methode auf den Kopf stellt. Psychologie da zu verweigern scheint, wo Čechov schier unfaßbar differenziert ist. Beckett ist jedenfalls, Čechov sehr ähnlich, Kronzeuge für ein »langweiliges« Schreiben, das aufs höchste unterhaltend ist. Bei Beckett geschieht, wenn wir an so was wie *action* denken, nichts. Schlicht überhaupt fast gar nichts. Aber seine besten Werke – für mich *Warten auf Godot, Mercier und Camier, Endspiel, Glückliche Tage* – haben jene Aura des Notwendigen, die allen großen Werken eigen sind. Man widerspricht einem Baum nicht, einem Regenguß, einem Berg. Man widerspricht weder *Onkel Wanja* noch *Warten auf Godot*. Vielleicht ist die Antwort auf die Frage, die diese Betrachtung ausgelöst hat, eine Gleichung: Das Ernste und das Unterhaltende sind das Lebendige. Sie sind Leben. Der Tod, das ist das Langweilige. Totes Denken, totes Fühlen. Tote Sprache.

Über das Arschlochtum einiger Helden Vladimir Nabokovs

Frühe Liebe Ich liebe Nabokov, der sich von keinem lieben ließ, schon lange. Tat es zu Zeiten jedenfalls schon, da die meisten meiner Freunde die Augen aufrissen, wenn ich etwas in der Richtung andeutete. Ich fuhr sogar einmal spät nachts durch Montreux und beschloß, in seinem Hotel zu übernachten, und als ich am nächsten Morgen aufwachte, hatte ich das falsche gewählt, jenen ähnlichen Kasten nebendran, der auch ähnlich teuer war. Ja: lange Jahre waren wir Liebhaber des seltsamen russischen Herrn aus Amerika ziemlich allein. *Lolita* wurde natürlich zur Kenntnis genommen, logo, aber sonst herrschte lange ein Mißtrauen, das ich deutsch zu nennen nicht wage und das doch in Deutschland besonders heftig schien. Vielleicht, weil Nabokov fünfzehn Jahre lang in Berlin gelebt und trotzdem nicht viel mehr als »Oin Schnitzol bitto« zu sagen gelernt hatte? Weil er Deutschland und die Deutschen nicht ausstehen konnte, auch die neue Bundesrepublik dann nicht? Andere waren jedenfalls schneller gewesen, die Angelsachsen natürlich auch, weil Nabokov, der Russe, seit 1940 mit dem Pathos des Konvertiten versucht hatte, ein besonders amerikanischer Amerikaner zu sein. Er ging, von uns (gar von seinem Rußland) aus gesehen, weiter als alles Menschenmögliche (fraß sich dreißig amerikanische Kilo an), für eingeborene Amerikaner aber natürlich nicht weit genug. *Er handelte wie ein Verrückter. Vermutlich handeln wir alle wie Verrückte. Vermutlich handelt sogar Gott wie ein Verrückter:* so parodierte er einmal (im Nachwort zu *Lolita*) realistisches amerikanisches Schreiben. Keine Frage, so amerikanisch schrieb er nicht. Für die Amerikaner blieb er der europäische Autor, der er ja auch war. Daß er englisch schrieb, fiel ihnen nicht weiter auf, da sie in den Fünfzigerjahren noch weniger als heute je davon gehört hatten, daß es anderswo auf Erden andere Sprachen gibt.

Damals waren die Linken unter den deutschen Literaten schockiert, daß er das sowjetische Regime in seiner alten Heimat zu keinem Zeitpunkt seines Lebens gemocht und also viel früher als sie einen kalten, klaren Blick für dessen Ungeheuerlichkeiten entwickelt hatte. Sie hielten ihn für einen Reaktionär, allein schon, weil er, nachdem *Lolita* ihn reich gemacht hatte, lieber in einem Luxushotel als in einer Mansarde wohnte. Und die Konservativen konnten mit seiner kein Tabu des Fühlens, Denkens und Sagens scheuenden Art nichts anfangen. Die Verführung Minderjähriger zu beschreiben, das mochte *à la rigueur* ja noch angehen. Aber er konnte ja auch Thomas Mann nicht ausstehen. Rilke – diese heillose Mischung aus enormer Begabung und berechnender Wehleidigkeit – hätte von ihm erfunden sein können. Kinbote wäre auf ihn abgefahren, aber nicht der leibhaftige Nabokov. Der hatte andere Vorlieben und durchaus auch groteske Vorurteile: konnte Dostojewskij, Joseph Conrad und Freud nicht ausstehen. Im übrigen warnte mich mein Freund Klaus Reichert, als wir uns in den Sechzigerjahren in einem mutigen *coming-*

out unsere Nabokov-Liebe gestanden, über ihn dürfe eh nur nachdenken, wer fließend Englisch *und* Russisch beherrsche. Er täte wenigstens das erstere, ich beides nicht. Mr. Nabokovs Englisch sei nämlich gänzlich unglaublich, weil er alle Wörter dieser reichen Sprache in sich gestapelt, nicht aber gelernt habe, ihre Anwendung korrekt einzuschätzen. So daß, zuweilen durchaus unfreiwillig, das Heterogenste nebeneinanderstehe.

Speak, Memory Bevor ich diese Notizen zu schreiben begann, versuchte ich – ein Spiel – mich an Nabokovs Bücher zu erinnern, ohne vorerst hineinzuschauen. Es war ja eine ganze Weile her, daß ich sie gelesen hatte. Und tatsächlich: Es geht mir mit seinen Büchern wie mit allen andern Büchern auch. Ich vergesse auch sie, diese bezaubernden Meisterwerke, zu achtundneunzig Prozent. Es müssen nur zwanzig Jahre – drei Umzüge, vier Tode, fünf andere Bücher – dazwischen liegen, und es bleibt nicht viel mehr als eine Art Klima in mir erhalten, die Erinnerung an eine Liebe und Begeisterung, ein ziemlich wort- und eher bildloser Nebel, der dennoch sein eigenes Licht hat und nicht jenem gleicht, den die Lektüre sagen wir Stendhals oder von mir aus Prousts in mir hinterlassen hat. Einzelne Szenen waren dann doch jäh wieder da: Pnin, wie er hilflos Auto fährt, oder jene entsetzliche Nacht, da er sich endlich in seinem Universitätskaff integriert fühlt, geliebt!, und eine Party gibt, die er als einen herrlichen Sieg erlebt, während sich alle seine Gäste schrecklich unbehaglich fühlen, weil sie wissen, daß er just eben entlassen worden ist. Oder Kinbote, wie er noch die unverhüllteste Ablehnung durch sein Idol Shade – anders wäre das eh schon trübe Leben nicht auszuhalten – in etwas Positives umdeutet. *Ada:* Adas Hintern, voller roter Bubbel, die der Kinderarzt ratlos als eine Allergie oder sowas diagnostiziert, während wir doch alle wissen, daß sie sich nicht von Van im dornigen Unterholz hätte beuteln lassen sollen. Von der *Lolita* war mir merkwürdigerweise alles »Intime« entfallen. Nichts, ich wußte allein noch die Tatsache, daß. Dafür erinnerte ich mich überdeutlich an eine statische Szene in einem Motel, dessen Leuchtreklame in einem ewiggleichen Takt an- und ausgeht und Lolitas schattigen Körper grün aufleuchten läßt. Ich las und las und fand das grüne Licht endlich ganz am Schluß des Buchs, da wo es längst keine Lolita mehr gibt. Es ist ein schöner, aber im Zusammenhang des Buchs beiläufiger Moment (eins jener von Nabokov so geliebten Details), und der Lichtschein fällt auf ein leeres Bett. Das Gedächtnis ist ein seltsam Ding. Auch merkte ich, daß ich ausschließlich an die englischen Romane wie an vertraute Welten dachte. Ich scheine die russisch geschriebenen nicht so zu mögen. Deren Paranoia, der Feind immer irgendwo hinter dir. Tatsächlich hat sich in den englischen, den amerikanischen Büchern die zwanghafte Enge der frühen russischen zu einem so reich instrumentierten System gemausert, daß dieses die alten Gefängnisse und Labyrinthe in ihr Gegenteil, sonnenbeschienene Landschaften voller Schmetterlinge, verwandeln zu können scheint. Freiheit beinah, wo einst Kerkermauern waren, mit nicht besonders vielen Menschen – weniger jedenfalls als später –, die sich dafür alle benahmen, als hätten sie lebenslänglich gekriegt.

Once upon a time Wenn Romantiker jene Autoren sind, die jäh aus dem Paradies einer goldenen Kindheit vertrieben worden sind (Eichendorffs Schloß, das abbrannte) und sich ihr Leben lang sehnend zurückerinnern, die Kindheit magisch und ideal wiederherstellend: dann ist Nabokov ein Romantiker *par excellence*. Sogar die Sprache war verloren, nicht nur die schönen Häuser, die Birken, das Licht und die Freunde. Es ist ja tatsächlich phänomenal, wie er die plötzliche Vertreibung aus Rußland verarbeitet hat. Ein radikalerer Bruch ist kaum denkbar – vom reichen Wohlleben in die Armut, vom Russischen ins (vorerst) Deutsche, aus dem Vertrauten ins Fremde. Und fast sofort wurde auch sein Vater ermordet! Trotzdem hat Nabokov sein Exil so schnell und so eindeutig als eine Chance begriffen, daß uns der Gedanke kommen könnte, manches an seinem versunkenen Paradies (in der Forschung herrscht eine von Nabokov stets geförderte Einigkeit, daß seine Kindheit überaus glücklich war) sei »in Wirklichkeit« durchaus auch ein bißchen ein Fegefeuer gewesen. Jedenfalls hat er, privilegiert durch seine europäische Bildung, in der Cambridge oder Paris nicht weiter weg als die Krim waren, auf der Stelle darauf verzichtet, dem alten Rußland nachzuweinen. Anders als viele andere wandte er (in seinem Leben; so konnte er sich schreibend um so inniger erinnern) der Vergangenheit den Rücken zu, nahm sie als unwiederbringlich hin und lebte eine Zukunft, die den Gedanken an eine Rückkehr ausschloß. Nie hat er den Revolutionären seiner alten Heimat vorgeworfen, daß sie ihm Hab und Gut weggenommen hatten. Beinah war er gern arm! Dankbar fast. Sein politisches Credo war »Redefreiheit,

Gedankenfreiheit, Kunstfreiheit«, und dabei blieb er ein Leben lang. Ob das gesellschaftliche System, das dies ermöglichte oder verhinderte, sozialistisch oder kapitalistisch hieß, war ihm egal. Die kapitalistischen Demokratien, die er auch nicht vergötterte, kamen seinen Hoffnungen jedenfalls näher. Wie auch immer, er begriff jedenfalls schnell, daß er ohne den Faustschlag, den das Schicksal ihm versetzt hatte, ein anderer geworden wäre. Jener andere geblieben vielleicht: der kluge Schnösel, zu dem er es mit neunzehn bereits gebracht hatte, langsam grau werdend und hie und da ein lebensmüdes Gedicht schreibend.

Die gute alte Zeit Nabokov mag dann ein »großer« Stilist geworden sein, ein wortreicher Virtuose und ein Hexenmeister der Form: das alles wäre nicht sehr viel, wäre da nicht die über alles Artistische hinausweisende Sehnsucht seiner Sprache. Diese Trauer (um Verlorenes? um das Niegehabte im Verlorenen?) ist um so herzanrührender, als Nabokov sie nicht wortgewaltig in den Vordergrund zu schieben, sondern mit all seinen Kräften zu bändigen versucht. Seine Sprachkräfte sind dabei die eines Titanen: aber die Wucht seiner Trauer scheint sie auch nötig zu machen. Seine Artistik dient nicht zuletzt dazu, einen tödlich starken Schmerz so zu fassen, daß er überhaupt auszuhalten ist. Zu ertragen auch vom Leser. Nabokov, anders als andere, wußte stets, daß Texte, die nicht mehr als *Mir geht es lausig* sagen, gar nichts sind. So spielte er seine virtuosen Spiele und versteckte seinen Schmerz in Kalauern, absichtsvoll elenden Witzen und gelehrten Anspielungen – in einer schwebenden Komik des Irrsinns des Banalen, die alle seine Romane auszeichnet –, um ihn durch die Ritzen seiner durchlässigen Sprache um so kräftiger hervorleuchten lassen zu können. Wo sonst gibt es eine Prosa, die einen so tiefen Schmerz so beiläufig zu behandeln sucht? Soviel Einsamkeit? Eine so permanent beschworene Verlassenheit? Nabokov sagt es in seinem sonst seltsam unbehaglich geschriebenen Nachwort zu *Lolita*: »Meine private Tragödie, die niemanden angehen kann und niemanden angehen sollte, ist die, daß ich das mir zugehörige Idiom aufgeben mußte, meine ungezwungene, reiche und unendlich gefügige russische Sprache, um sie gegen eine zweitrangige Version der englischen Sprache einzutauschen, der alle jene Requisiten fehlen – der Trickspiegel, der schwarzsamtene Hintergrund, die mitschwingenden Assoziationen und Traditionen –, deren sich der heimische Illusionist mit wehenden Frackschößen bei seiner Magie bedienen kann, um das Erbe auf seine Weise zu überschreiten.« Er sagt »Sprache«, und gewiß (hätte er nicht tatsächlich von Sprache reden wollen, seinem Instrument) hätte er auch »Welt« sagen können. Der Verlust der Heimat. Allerdings will Nabokovs Prosa eine Einsamkeit aufheben, die so tief zu gehen scheint, daß ihr immer wieder genannter Grund (der Verlust Rußlands eben) ein bißchen Potemkins Dorf gleicht. Hinter der Glanzfassade dieser so unmittelbar einleuchtenden Begründung lauern möglicherweise ältere Gründe. Wir kennen sie nicht. Nabokov selber sah seine Kindheit stets im wärmsten Morgensonnenlicht. Er nahm es hin, dankbar vielleicht, daß dieses nicht nur das Herz wärmte, sondern auch das Auge blendete. *Speak, Memory*, dieses wunderbare Buch, hat keine Selbstanalyse zum Ziel, sondern beschwört – und wie anrührend! – den Zauber einer versunkenen Welt. Vieles bleibt im diffusen Hintergrund. Wir dürfen getrost bezweifeln, ob Nabokov, hätte ein Wunder in späteren Jahren alle Verhältnisse wieder rückgängig gemacht, überhaupt nach Rußland zurückgegangen wäre. Das Exil, mit seinen Kämpfen ums materielle Überleben und um die Anerkennung als Künstler, half ihm in eine Welt hinein, die zu erreichen ihm am alten Ort wohl schwerer gefallen wäre. Einiges spricht dafür – seine frühen Bücher vor allem –, daß seine Gefühle radikaler Verlassenheit schon in Rußland da waren, trotz den lichten Birken, den Zarenpicknicks, trotz Mama und Papa, oder wegen.

More pricks than kicks Die andere so auffallende Qualität der Prosa Nabokovs – in *Ada* ihren Höhepunkt erreichend – ist ihre Sinnlichkeit. Ich meine tatsächlich jene sinnliche Kraft im handfesten Sinn, eine Sprache, die ihre Leser erfolgreicher als die arme Normalpornographie wenn nicht gerade anheizen so doch süchtig machen kann. Ich meine keine »Stellen« – es gibt nicht sehr viele, und mit pornographischen Effekten spielen sie nie –, und schon gar nicht die *Lolita*. Deren »Stellen« sind im Gegenteil die große Ausnahme, Nabokovs sonst so virtuos leichte Sprache immer da, wo sie sich dem Sinnensturm Humbert Humberts nähert, vom Elend der Handlung, vom Jammer Lolitas dermaßen überwältigt, daß eine Sinnlichkeit, wie pervers auch immer, nicht mehr gelingen will. Aber andere Texte! Vor allem über *Ada* (tatsächlich einem Buch über das »Verlangen«) liegt ein fast überirdisch süßes Sinnensurren, das bei aller Deutlichkeit (nie sonst war Nabokov so explizit) fast kindlich unschuldig bleibt, weil Ada und Van, das liebende Paar, inzwischen über neunzig Jahre alt sind. Weise wider Willen, und von einer Keuschheit, um die sie sich nicht gerissen haben. Nichts geht mehr, nur die Wörter sind noch da. Die Prosa vibrierender Sinnlichkeit wird mit der der Sehnsucht deckungsgleich. Die ins verklärte Licht des Unwiederbringlichen getauchte Verschmelzung der mit verzweifelter Anstrengung erinnerten jungen Körper sieht mehr und mehr wie die verlorene Heimat selber aus. Rußland wird jener (einzige) Ort, an dem einst eine Liebe zu gelingen schien, die ohne die späteren, quälenden Verklemmtheiten des Exils auskam. Und wie nebenbei hat der ja auch schon siebzigjährige Nabokov in seinem Schwanengesang das Problem gelöst, an dem vor und nach ihm so viele Kollegen gescheitert sind: die Herrlichkeiten der Sinnenstürme zu beschreiben, ohne die Pferde der Peinlichkeit und die Hyänen der Banalität loszulassen. Mit dem Nennen der kräftigen Wörter begnügt sich der brave Pornograph. Der E-Literat wechselt vom Sie zum Du. Darüber hinaus sind die meisten von uns ziemlich ratlos. Tatsächlich ist die Leidenschaft unsrer Triebe, wenn wir sie leben, wörterlos, wortlos, und sie ist, mögen wir uns im Rausch der Erfüllung noch so einzig und individuell fühlen, belämmernd allgemein. Seit dem Holozän tun wir alle dasselbe. Nicht grundlos scheitern wir beschreibend dann da, wo es keine Wörter gibt und fünfeinhalb Stellungen. Die Literatur ist nicht das Leben. Erst der Blick aus dem Vorhof des Todes zurück auf das ferne Leben ermöglicht plötzlich und selbstverständlich, *alles* auszusprechen.

Nun, wo sie es nicht mehr tun kann, darf Ada – die zarte, freche, hübsche Ada – all die ungeheuerlichen Wörter sagen, lustvoll, sehnsuchtsvoll, trauervoll. Noch das heftigste Wort zerschmilzt ihr wie ein Schokoladenbonbon auf der Zunge.

Man is but an ass (Shakespeare) Einen gemeinsamen Nenner der Romane (der großen amerikanischen vor allem) teilte mir mein Gedächtnis allerdings auf der Stelle mit: daß sie immer erneut Helden haben, die Brüder oder wenigstens Vettern sein könnten. Kinbote, Pnin, Humbert Humbert. Ältlich werdende, tölpelige, akademische Herren mit sanft oder heftig perversen Neigungen, stets latent und oft manifest gekränkt, weil das Leben mit ihnen Fußball spielt und nicht sie mit ihm. Sie führen einen zum Scheitern verurteilten und, wäre er nicht so tragisch, lachhaften Kampf mit dieser Welt: wollen ihr die Richtigkeit ihrer Deutungen einreden und ignorieren dann mit wilder Verleugnungskraft, daß die Welt sich nicht im geringsten um sie kümmert. Ein Kampf von als Titanen verkleideten Zwergen mit einem Gegner, der in seiner fühllosen Kraft diesen Kampf noch nicht einmal bemerkt. Sie kommen nicht draus, und sie nehmen nicht teil. In ihre *struggles* verfangen, tun sie wenig, das Leben anderer Menschen zu verstehen. Liebenswert zu erscheinen gar. Sie *sind* nicht liebenswert, dazu sind sie zu neidisch, zu gierig, zu berechnend und zu verlogen. Wenn sie nicht ein Buch bevölkerten, Kunst also, sondern unser wirkliches Leben, würden wir sie, hätten wir sie unsern Lieben zu Hause zu beschreiben, ohne zu zögern Arschlöcher nennen. Wir dürfen im übrigen annehmen – aus naheliegenden Gründen sagt uns Mr. Kinbote nichts darüber –, daß John Shade seiner Frau seinen späteren Kommentator mit genau diesem Wort beschrieben hat, nach dem ersten Treffen in der Uni-Mensa, Kinbote trefflich Konversation machend über seinen Vegetarismus.

Nabokov hatte – sonst hätte er das Modell nicht mehrfach gebraucht – eine riesige Freude an seiner Erfindung und ein wohl geradezu existentielles Bedürfnis, seine Geschichten durch solche und nicht durch »objektivere« Augen zu sehen. Das Arschloch als Ich-Held vor allem (wie in *Fahles Feuer* und *Lolita*) öffnet einer produktiven Subjektivität die Tür und erlaubt einen Kinderblick aus den Augen eines Erwachsenen, eine Naivität zweiten Grades, eine neue Unschuld der in unserer Deutungshierarchie fest etablierten Phänomene. Das Sicherste kann ungewiß werden, und das Irrste zur Wahrheit. Jeder Realismus einer selbstsicheren Sehweise ist, durch die eigne methodische Klugheit, unmöglich geworden (der Anschein des Wissens verbirgt nicht nur in der Literatur nur allzuoft die Dummheit).

Pnin, Hum und Kinbote sind also, was sie sind: Das heißt aber nicht, daß ihr Schöpfer sie nicht liebte! Im Gegenteil. Flaubert war Madame Bovary, und auch Nabokov sieht seine *assholes* mit der Liebe des Schöpfers als positive Helden. Aus dem Stoff, aus dem Shade gemacht ist, läßt sich kein Buch machen, wenigstens keins, das von den Herrlichkeiten des verlorenen Zembla spricht. Die Normalität sprüht keine Funken, in der Kunst schon gar nicht. Nabokov liebt nicht Shade, dem er eine Reihe eigener

Züge zuweist, er liebt Kinbote. Natürlich ist es eine Liebe voller Ambivalenz (die ein beherrschendes Gefühl jeder »großen« Literatur ist) und schließt den Haß, den Ekel, den Widerwillen ein. Aber jene tiefen Geständnisse aus den Geheimbereichen der Seele, die auch der geständniskeusche Nabokov machen will und muß (um derentwillen er schreibt), sind überhaupt erst mit so einem Helden möglich. Über Homosexualität, Nymphomanie, Inzest, Lüge, Verrat, Wahnsinn, Dummheit, Mord, Selbstmord – weiß Gott existentielle Themen – kann auch ein Nabokov nur sprechen, wenn er einen verfremdenden Filter zwischenschaltet. Leser und Autor wären sich sonst unerträglich nahe. Der Narr – Nabokovs Helden sind Narren unsrer unseligen Gegenwart – darf sagen, was uns Normalen verboten bleibt. Die zwischen harmloser Verschrobenheit (Pnin) und manifestem Wahnsinn (Kinbote) oszillierenden Nabokovschen Narren sind, methodisch notwendig, monströse Komödienfiguren, ins Groteske überhöhte oder erniedrigte Menschen-wie-du-und-ich, und Nabokov holt denn auch alles, was an schrecklicher Komik und komischem Schrecken möglich ist, aus der Unfähigkeit seiner Helden heraus, unsre gemeinsame Welt, die »Wirklichkeit«, auch nur annähernd richtig zu deuten. Wir Leser, wie »normal« auch immer, werden gnadenlos ihrer Sehweise ausgesetzt. Stets ahnen wir zwar das »eigentliche« Leben der andern, der Nicht-Verrückten, *unser* Leben sozusagen, aber Nabokov zwingt uns, den Irrwegen seiner Helden zu folgen, die die Heerstraße der Normalität nur zufällig zuweilen kreuzen. Ein bißchen gleicht seine Methode der jenes zauberhaften Theaterstücks von Tom

Stoppard *(Rosencrantz & Guildenstern are dead)*, in dem Shakespeares *Hamlet* sozusagen seitenverkehrt gezeigt wird, aus der Optik der beiden Totengräber. Die stehen zwei Stunden lang auf der Bühne und deuten sich ihre Welt, falsch natürlich, während für uns unsichtbar Hamlet das tut, was wir wissen, daß er es tut, und nur dann vor unsre Augen tritt, wenn er eben, so wie es im Stück Shakespeares vorgegeben ist, den beiden zu Helden gewordenen Nebenfiguren etwas sagen muß. Genau so könnten wir uns ein *Fahles Feuer* aus der Optik John Shades vorstellen, eine *Lolita*, die, von ihrem frühen Tod einmal abgesehen, von Charlotte Haze erzählt würde, oder von der armen Dolores Schiller selber.

Das Arschloch (ein Begriff, der zugegebenermaßen einige definitorische Unschärfen hat) ist im übrigen eine Figur der Demut. Ein Opfer, ein Armer im Geist, ein Bewohner der Slums der Gefühle. Wie sind heute (wie waren schon zu Nabokovs Zeiten?) überhaupt noch Helden denkbar, die, wie souverän oder leidend auch immer, »den Überblick« haben? Noch einmal herrschen zu können vermeinen, und sei's nur im eignen Kopf? Nach all den Wirrnissen dieses Jahrhunderts, für die die Stichworte Hitler und Joyce genügen mögen? Thomas Manns Feinspitz-Helden haben ihrem Autor doch just wegen dessen Restbeständen an unausrottbarem Besserwissenwollen das Grab geschaufelt! Und die Löwenjäger Hemingways haben ihren Schöpfer aus ähnlichen Gründen erschossen, so daß die beiden, die sich die Stimme des Jahrhunderts dünkten, längst aus unsrer Zeit herausgefallen sind. Andere, geringere, mit ihnen. Kein Autor, der heute lebt, *weiß*. Er hat seinen Geschöpfen nur eins voraus, nämlich daß er aus all dem Nebel in uns und um uns herum ein strukturiertes Buch machen kann.

Tatsächlich ist uns in Nabokovs Büchern der Wahnsinn stets näher als die gesicherte Normalität, gäbe es sie denn. *Alle* Bücher Nabokovs handeln vom Wahnsinn, vielleicht, weil alle Kunst überhaupt von seinen Gefahren und Verlockungen spricht. Ich tue Nabokov nicht Unrecht, wenn ich den uralten Scherz auf ihn anwende: daß das einzige sei, was ihn von einem Wahnsinnigen unterscheide, daß er nicht wahnsinnig sei. Der Scherz gilt für uns alle, und er ist kein Scherz. Nabokov macht Ernst mit ihm, wenn er durch die Augen Kinbotes und Hums blickt. Er demonstriert ihr wirres, komisches, tragisches Arschlochtum mit dem Stoizismus des erfahrenen Chirurgen, der keine Miene verzieht, wenn der Patient, den er aufschneidet, er selber ist. Mit schmerzlich tiefen Schnitten dringt er sofort zum Zentrum der Scham vor, seiner *und* unserer. Ach, wir reden uns ja, uns schützend, etwas ein, wenn wir meinen, die Themen der Scham seien vor allem die Sexualität. Nur weil wir allein zu zweit sein wollen, ohne Mitwisser. Aber jeder und jede ist stolz, nicht beschämt, daß die Popos so herrlich wippen. Jene von uns zuweilen so eifrig beschworenen Tabus, denen wir die Maske vom Gesicht reißen wollen, sind oft genug vermeintliche nur. Das, wessen wir uns wirklich und zutiefst schämen – Verrat, Perversion, Haß, Neid, Gier: die Themen Nabokovs –, ist tief in uns begraben. Das sagen wir keinem, auch uns kaum je. Nabokov ist einer jener wenigen Autoren, die stracks darauf zuzugehen vermögen. Und wir sind von seinen *entsetzlich* peinlichen Helden (Männern eigentlich immer) so entsetzt und hingerissen, weil wir uns in ihnen erkennen. In jedem von uns (uns Männern wenigstens; gibt es Nabokov-Leserinnen?) steckt ein Pnin, und jeder von uns steckte gern in Ada. Das erklärt auch die seltsame Koalition der sonst so verschiedenen Nabokov-Liebhaber der ersten und zweiten Stunde. Diese gemeinsamen Aha-Erlebnisse über die unendlichen Ebenen unserer Länder hinweg. Seit Jahrzehnten starre ich in Nabokovs Spiegel, und seit dem ersten Tag starrt Marcel Reich-Ranicki zurück.

Les gens sont des cons (Beckett) Natürlich war Nabokov, der ein ziemliches Ekel sein konnte, kein Kinbote, kein Pnin und schon gar kein Humbert Humbert. Karl May war ja auch kein Trapper, und E.T.A. Hoffmann kein Kater. Die Fähigkeit zur Beschreibung eines Defizits, falls es denn überhaupt eines ist, ist gewiß weit mehr als nur der erste Schritt zu seiner Überwindung. Man kann nicht das sein, wovon man so souverän zu sprechen vermag. Sowieso ist jedes ausgesprochene Wort ein Abschied von dem, was es bezeichnet. Heimatmuseen gibt es nur da, wo keine Heimat mehr ist. Nur die schweigsame Kuh und der stille Löwe *sind*. Nabokovs Bücher sind alles andere als Bekenntnisliteratur (ihre Qualität ist im Gegenteil just ihre klare Distanz zwischen Autor, Story und Leser) und autobiographisch nur insofern, als sie – was denn sonst? – ein Ergebnis gelebter Erfahrung sind. Nabokov war ein Erinnerungsmonster, und ohne Zweifel führt jedes von ihm niedergeschriebene Wort durch eine uns unsichtbare Nabelschnur zu einem Stück gelebtem Leben. Ein paar hunderttausend Mosaiksteine aus dem Steinbruch der Wirklichkeit. Das Ganze aber, das Buch, ist die blanke Fiktion, aus der wir ihren Schöpfer betreffende Schlüsse nur mit jener Vorsicht ziehen dürfen, die bedenkt, daß diese Schlüsse in aller Regel auf *uns* zurückfallen. *Wir* denken, was wir denken, daß *er* es denkt. Nabokov liebte die falschen Fährten und die Leserfallen, und es gibt kaum eine Seite, wo er nicht eine legt oder stellt.

Trotzdem ist natürlich auffallend, wie sorgsam er sich auch außerhalb seines Werks abgeschottet hat. Nie wollte er, daß wir Einblick in die Vorstufen seiner Bücher bekamen: warf seine Karteikarten weg, wenn das Buch fertig war. Auch auf seinem Lebensweg verwischte er die Spuren, kaum hatte er den Fuß wieder vom Erdboden weggehoben. Legte dafür falsche. Logisch, daß die Gerüchte so wucherten, bis er ein Enkel des Zaren war: sein Vater dessen illegitimer Sohn. Es war ein Familienmythos, seit Omas Zeiten (die sechzehn Kinder und noch viel mehr Liebhaber hatte, die Rache dafür, daß sie den Geliebten *ihrer* Mutter hatte heiraten müssen, eine seitenverkehrte Lolita-Story) von allen Nabokovs lebhaft diskutiert. Auch Vladimir, der darüber lachte, konnte dennoch – Zembla *live*! – ausführlichst über die Nasen der Romanoffs und die seine philosophieren, und zuweilen war er auch, in ernstem Scherz, ein Nachfahre Dschingis Khans. *Avus semper incertus*, und Oma Maria *kannte* den Zar. Dennoch gab es wohl eher nichts zu verbergen, aber das verbarg Nabokov ein Leben lang.

Das eigene Hirn ist die Hölle, die Hölle ist das eigne Gehirn. Nur der Tod schafft einen Ausgang, um den Preis des Weiterlebens. Man kann Löcher in die Kerkermauern zu schlagen versuchen, die Ohren auf die Steine legen – was geht dort draußen vor? –, Kisten und Tische besteigen und durch Luken spähen: Dennoch erfährt man nie mit der wünschbaren Präzision, wie die Welten der andern aussehen. Ob sie auch Höllen sind, ähnliche, andere. Die Kommunikation ist ein Irrsinn, den wir nur aushalten, indem wir ihn ignorieren. Wir tun so, als seien die von uns gebrauchten Wörter für alle deckungsgleich, während sie doch eher Schrotkugeln gleichen, die wir in den riesigen Himmel der Kommunikation schießen, in der Hoffnung, einmal doch den Albatros des Verstandenwerdens zu treffen, oder wenigstens eine Taube des Halbwegsverstehens. Nabokov, in seinen Büchern, machte diesen alltäglichen Irrsinn immer erneut zum Thema: am direktesten in *Fahles Feuer*. Im wirklichen Leben saß er hinter den Panzerwänden seiner Arroganz *(»What have you learned from Joyce?« – »Nothing.«)* und rief hie und da ein herrscherliches Wort hindurch. Vielleicht hatte er das Gefühl, daß ihn eh niemand verstand. Vielleicht war er gar nicht arrogant, sondern nur allzu lange daran gewöhnt, daß das, was er sagte, sowieso nicht so ankam, wie er es meinte. Die Antworten zu seinen Interviews schrieb er Wort für Wort nieder, auch das Spontane *(»Have you ever been psychoanalyzed?« – »Have I been* what?*«)*, und so sehen sie auch aus. *Overwritten*, so unmöglich das bei Gesprächen auch sein mag, und verkrampft. Klug natürlich dennoch.

Und stets aus der Sicht eines Mannes, dem die Frauen fern und fremd geblieben zu sein scheinen. Herrlich, bedrohlich, aufregend: und von einem andern Stern. Nabokovs Frauen sind nie Arschlöcher, o nein, das nie!, sie sind aber alle einigermaßen blaß, verglichen mit der donnernden Präsenz der Männer. Eigentlich nur Ada, dem fernen Gruß aus dem wiederhergestellten idealen Rußland, gehört die Liebe ihres Schöpfers. Sonst? Entweder sind sie *sehr* normal, unerträglich banal auch für den dem tätigen Leben zugetanen Leser, oder von Meisen bedroht (Aqua in *Ada*, um nicht von Marina zu reden), denen die Komik der Vögel der männlichen Helden abgeht. Ist Lolita eine Frau?

Schon lange jedenfalls möchte ich einen Aufsatz schreiben, der *Die schrecklichen Mütter der Dichter* hieße. Guess why. Goethes Mama hätte darin einen Ehrenplatz, die Rimbauds, und jene Gottfried Kellers. Vielleicht käme doch auch die Nabokovs vor, wenigstens in einer Fußnote?

Lolita bzw. Mündliche Mitteilung meiner Frau Als ich dann auch *Lolita* nochmals lesen wollte, in den Ferien, hatte sich meine Frau das Buch längst geschnappt. Las ihrerseits, und als sie fertig war, sagte sie etwa folgendes zu mir: Nabokov, sagte sie, übt Terror auf den Leser aus: um ihn daran zu hindern, das Gelesene zu interpretieren. Er unterbricht absichtsvoll das Spiel des freien Assoziierens, das sich gewöhnlich beim Lesen eines Romans einstellt (wenn es auch diffus bleibt und nicht auf den Begriff gebracht werden muß), er zerstört das begleitende Denken des Lesers geradezu, und der steht immer erneut blöd da mit seiner Illusion, in der er sich in der Identifikation mit dem Schreiber eine Weile lang gewiegt hat. Die dann aber geradezu zynisch abgebrochen wird. – Wie meinst du das?

sagte ich. Willst du damit sagen, daß? – Nein, sagte meine Frau. Der Leser steht immer erneut enttäuscht und verärgert da, ist er doch seiner Freiheit beraubt, selber mitzuspielen und sich zu beteiligen. – Aha, sagte ich. Und? – Heißt das nicht, fuhr meine Frau fort, sich und mir Wein einschenkend, daß es dem Meister tatsächlich gelingt, den Riß, den er in sich erfahren hat – durch das Trauma eines nicht zu verarbeitenden Verlusts –, ständig fühlbar zu belassen? Genau dagegen, durch beständiges Interpretieren, das heißt begriffliches Verstehen-Wollen, wehrt sich der Leser ja: sagt beständig zu sich selber, das sei ja alles »pervers« oder »amoralisch« oder was für Kategorien wir da auf der Pfanne haben und die wir ja tatsächlich auch bitter benötigen, um die gestörte Ordnung wiederherzustellen. Aber Nabokovs Botschaft – meine Frau sah mich mit jenem Blick an, der mir sagte, daß jetzt die ihre kam – ist vielleicht gerade die, daß diese Ordnung nicht wiederherstellbar ist, das heißt, daß der Verlust nicht zu verarbeiten war, oder nur in dieser Form, in der Lolita als eine fleischgewordene Metapher für den Verlust erscheint. – *Wow*, sagte ich. Das schreibe ich mir auf, sonst weiß ich das morgen früh nicht mehr. Während ich schrieb, trank meine Frau ihr Glas leer und schaute zum Horizont hin, der das Meer war. So etwa? sagte ich. – Sie schaute auf meinen Notizzettel, nickte und zitierte dann den Satz Nabokovs, an den ich mich weiter vorn auch schon erinnert habe: daß seine private Tragödie, die niemanden etwas angehe, der Verlust seiner Sprache sei etc. Anders als ich unterstrich sie beim Zitieren – sie hat das Gedächtnis eines Elefanten – das Wort *überschreiten*. – Ja, sagte ich. Kenn ich. So deutlich sagt er's nicht oft. – Allerdings. Sie war jetzt ziemlich im Schuß, von der untergehenden Sonne erleuchtet. Im Nachwort zu *Lolita* ist eine massive Kränkung spürbar, und die Reaktion auf die Kränkung des Verlusts ist seine Arroganz. Seine demonstrative Hybris, die ihn über alle Interpretationen seiner Leser erhaben erscheinen läßt. Ich mußte an Ossi denken – sie meinte einen Freund von uns, einen Wirt hoch oben am Yukon, Autor eines Buchs mit dem Titel *Die Verbesserung von Mitteleuropa* –, dem es trotz ähnlichen Anstrengungen auch nicht immer gelingt, sich den Regeln des Menschseins zu entziehen. Nein, ich will sagen, der einen Regel, daß eine Verwundung wirklich wund macht.

Ich fühlte mich als Leserin, fuhr sie, als ich nichts sagte, nach einer Weile fort, meiner Phantasie und meiner Mitwirkung am Geschehen beraubt, ähnlich wie Lolita von Humbert quer durch Amerika geschubst wird. Der hätte sie gern als eine *puella aeterna*, sie ist aber just keine puella mehr, allerdings auch noch keine Frau, sie ist eine Daphne (weißt du noch, da wo Apoll satyrisch röhrend hinter Daphne drein rennt, und sie verwandelt sich in einen Oleander, und bis heute rätseln wir, ob in einen roten oder einen weißen?), die für die Phantasien, die ihre Entwicklung zur Frau begleiten, viel Raum bräuchte. Humbert Humberts perverser Triumph ist es, daß er diesen Phantasieraum ständig verwundet, indem er ihr seine konkrete Begierde aufzwingt. Ein Triumph, aber ein grauenvoll schrecklicher, kaum auszuhalten. Der Leser atmet von dem Augenblick an auf, da Lolita sich von Humbert befreit und ihm entwischt. Der zweite Teil des Romans, da wo er sie und Q verfolgt, ist dann guter Chandler. – Chandler? sagte ich. Da kann ich dir zum ersten Mal nicht so ganz folgen. – Na ja, sie lächelte, es ist spannend, und man atmet endlich frei.

Aber sie war noch nicht fertig. Humbert Humbert mißbraucht also Lolita, sagte sie fast sofort, als habe sie tatsächlich mit ihm ein Hühnchen zu rupfen. Gut. Mord und Totschlag sind in der Literatur die Regel, nicht die Ausnahme, und wir Leser nehmen sie eigentlich stets mit Wonne hin. Aber dem Schriftsteller Nabokov gelingt der fast unglaubliche Kunstgriff, Übergriffe auch auf den Leser auszuüben, indem er eben den Schleier, den wir interpretierend immer erneut zwischen uns und den Wahn Humberts ziehen, gnadenlos zerreißt, immer erneut. Hat Nabokov mit dem Buch nicht eine Bewältigung seines Traumas versucht, indem er uns Leser die wütende Hilflosigkeit spüren läßt, die er erfahren haben muß, als ihm der Übergriff der Emigration jede freie Gestaltung seiner Zukunft raubte? Flaubert war Madame Bovary, hast du vorhin gesagt. Na schön. Dann aber ist Nabokov noch allemal Lolita.

Aber, sagte ich. Aber wenn Nabokov Lolita ist: Wer ist dann Humbert Humbert?

Ja, sagte sie. Wer?

Das Schicksal? Ich sah sie an. Nabokovs unbegreifliches Schicksal, das wie ein unerklärlicher Orkan über ihn herabtoste und ihn beutelte, bis er über und über verwundet war?

Wir schwiegen und bewunderten den Sonnenuntergang, tranken und sprachen von anderem, und auf dem Heimweg dachte ich, was für ein Glück, zu *Lolita* habe ich nun schon was Besseres, als ich's selber denken könnte. Jetzt muß mir nur noch der Rest des Aufsatzes einfallen.

Rest des Aufsatzes So will ich nur noch sagen, daß jeder Leser, der dies mit Leidenschaft tut, im Lauf der Jahre drauf kommt, daß nur wenige Autoren wirklich *seine* sind. Und er ist *ihr* Leser. Und wenn er ehrlich und aufmerksam mit sich selber ist, bemerkt er auch, daß er da ein seltsames Gemisch beisammen hat, keineswegs das, was der – wie auch immer progressive – Kanon uns als das Bedeutende vorstellt. »Große« stehen da seltsam gleichwertig neben »Kleinen«. So daß wir die Liste unsrer wahren Lieblinge in der Regel schamvoll geheimhalten. Zu Recht, denn die Widersprüche der eigenen Seele würden schmerzlich offenliegen. Auch ich würde nie sagen, daß auf meiner Liste Flann O'Brien und Kafka, Joseph Conrad und Stendhal, Chandler und Robert Walser, Klaus Hoffer und Gabriel Garcia Marquez friedlich nebeneinanderstehen. Ja, und eben auch der amerikanische Nabokov. Keineswegs aber, zum Beispiel, Joyce, Jean Paul, Kant, Gabriele Wohmann und T. S. Eliot.

Man erkennt sie übrigens daran, jene Autoren, die einen gewählt haben oder man sie, daß man ganz wirklich und ohne jedes Gefühl einer Pflicht *alles* von ihnen zu lesen versucht, auch das Nebensächliche und das Nebensächlichste. Wir lieben ihre Stimme, egal beinah, was diese sagt.

Über Joseph Conrads Herz der Finsternis

»Der Mensch ist ein bösartiges Tier. Seine Bösartigkeit muß organisiert werden. Das Verbrechen ist eine notwendige Bedingung der organisierten Existenz. Die Gesellschaft ist ihrem Wesen nach kriminell, sonst würde sie nicht existieren. Der Egoismus rettet alles – absolut alles –, was wir hassen, was wir lieben. Und alles bleibt so, wie es ist. Ebendies ist der Grund, warum ich die extremen Anarchisten achte. ›Ich erhoffe die allgemeine Ausrottung‹ – sehr gut. Das ist gerecht, und, mehr noch, es ist klar. Wir gehen mit Worten Kompromisse ein. Es hilft uns auch nicht weiter. Es ist wie ein Wald, in dem niemand den Weg kennt. Man ist verloren, während man noch ruft: ›Ich bin gerettet!‹«

JOSEPH CONRAD *in einem Brief an Cunnighame Graham, 2. 2. 1899*

Die Erzählung *Herz der Finsternis*, die man auch einen kurzen Roman nennen mag, ist ein ganz diesseitiges, durch und durch realistisches Buch – das wahrhaftige Abbild einer in dieser Form untergegangenen Wirklichkeit – und gleichzeitig eines, das direkt aus dem Unbewußten heraus zu sprechen scheint, und direkt zu unserem. Es ist besonnen, es ist genau, und es gehorcht dennoch, von Gefühlen glühend, radikal und ausschließlich den Gesetzen unserer Seelen, die sich, zeitlos und archaisch, nicht um die zeitverhafteten Regeln der Außenwelt kümmern. *Herz der Finsternis* beschreibt eine Reise, die man Schritt für Schritt wiederholen könnte, und ist dennoch ein Traum, wie im

Traum geschrieben, mit der Sicherheit eines Traums, der bekanntlich keine »Fehler« macht. Es ist der Bericht eines im wachen Leben erlittenen Albs, den Conrad nur mit Glück und für sein restliches Leben angeschlagen überstand. *Herz der Finsternis*, das die letzte Reise Conrads beschreibt, ein Abenteuer, das ums Haar tödlich ausgegangen wäre, ist ein besonderes Buch auch in seinem an Höhepunkten reichen Werk. Gewiß sind alle Bücher Conrads überrumpelnd »notwendig« – andere konnte er, der es in Fragen des künstlerischen Ernstes und der schöpferischen Skrupel mit Meistern wie Tolstoi oder Flaubert aufnahm, gar nicht schreiben. Eines der Kennzeichen dieses ungewöhnlichen Werks ist just seine unabweisbare Notwendigkeit. Jede Geschichte konnte nur so werden, nicht anders, und jeder glaubt man, daß sie genau so geschehen sei. »Alles ist möglich«, schrieb er im Vorwort seines kurzen Romans *The Nigger of the ›Narcissus‹*, »aber die Wahrheit liegt nicht darin, daß die Dinge möglich sind, sondern in ihrer Unentrinnbarkeit. Sie ist die einzige Gewißheit; sie ist das Wesen des Lebens selbst – wie das der Träume.« Dennoch nimmt *Herz der Finsternis* eine Sonderstellung ein. Es ist eins der wenigen Bücher und gewiß das erste, das wie in Trance geschrieben wurde, in einem einzigen Rausch der Schöpfung und ohne die sonst üblichen monatelangen Pausen des Haderns und Zweifelns. Die eruptive Befreiung von einem lastenden Druck. Wie durch den Trichter einer Sanduhr rasten Conrad die Wörter auf ein schwarzes Zentrum zu, für das er, durch den Mund seines bewunderten und gehaßten Helden Kurtz, nur den Begriff »Das Grauen« fand. Eine erlebte und gelebte Geschichte, die in den neun Jahren, während denen sie in Conrad ruhte – und er sich mit anderen Büchern abquälte –, allen Ballast des Zufälligen abwarf, so daß sie, als er sie plötzlich und ohne Vorwarnung schrieb, nur noch aus Elementen bestand, die die Kraft eines Mythos angenommen hatten. Als Conrad 1899 seine Erlebnisse im Kongo formulierte, war er ein seßhafter Mann geworden und beinah schon so etwas wie ein berühmter Schriftsteller. Nicht zuletzt hatten ihn allerdings die Gesundheitsschäden, die ihm das Kongo-Abenteuer eingebrockt hatte (Dysenterie, Fieberanfälle), dazu gezwungen, seine Reisen nur noch im Kopf zu unternehmen. Nicht mehr auf wirklichen Schiffen zu wirklichen, zuweilen abstrus abgelegenen Zielen hin.

Er war ein besessener Reisender gewesen, und nun war er ein besessener Schreiber geworden. Er konnte zwanzig und mehr Stunden hintereinander am Schreibtisch sitzen und arbeiten. Die wilde Bewegung, unbewegt am Tisch sitzend, wurde sein Gesetz, so wie, bis zu seinem sechsunddreißigsten Lebensjahr, die reale Bewegung sein Gesetz gewesen war. Kein Weg war ihm zu weit gewesen, zu beschwerlich. Kein Ort der Erde schien weit genug von jenem Ort seiner Kindheit entfernt zu sein, wo er seine ersten fünf Jahre, seine wie ein Glücksversprechen erinnerten frühen Jahre verbracht hatte und nach dem er sich, trotz oder wegen seiner wilden Flucht, lebenslang und hoffnungslos sehnte. Ja, nach keiner Heimat sehnt man sich heftiger als nach der, die man nicht gehabt hat. In der irrealen Hoffnung, das einst kaum gesehene oder gar – in einer in Tat und Wahrheit schwierigen Wirklichkeit –

nur geahnte Paradies spät dennoch herstellen zu können, suchen manche buchstäblich bis zu ihrem Tod nach jenen längst verklungenen Tagen, jenem versunkenen Ort. Erfolglos alle, erfolglos allein schon deshalb, weil die zerrinnende Zeit die Hauptbeteiligten, Vater und Mutter, notwendig mit sich gerissen hat. Joseph Conrad jedenfalls brach so schwungvoll in die weite Welt auf, daß er aufpassen mußte, nicht unversehens von der andern Seite der Erdkugel her auf seinen Kindheitsort zu stoßen. Wahrscheinlich wollte er das. Sicher jedenfalls war seine Flucht, die ihn sogar in eine andere Sprache hineinführte, die Kehrseite der Medaille, die Kindheitsgeborgenheit heißt. Das Meer dann – er weist uns selber darauf hin – wurde ihm zu der sanften Hügellandschaft seiner entschwundenen Heimat. Ein erfundenes Polen aus Wasser. Das Meer, das auch bei Conrad grausam sein kann, zeigt bei ihm dennoch nie die absolute Tödlichkeit, die es bei Melville und im wirklichen Leben hat. Es schützt auch, es trägt. Nein, die gefährdetsten Momente sind die, da Conrads Helden sich am weitesten vom Meer entfernt bewegen. Auch im wirklichen Leben Conrads war das so. Das Herz der Finsternis, ein geographisch bestimmbarer Ort am Fuß der Stanley-Fälle, liegt so ziemlich in der Mitte Afrikas, in einem undurchdringlichen Urwald, nahezu zweitausend Kilometer von der Küste entfernt. Hier ist der Mensch ausgeworfen und ohne Rettung, nicht auf hoher See, und herrsche auf ihr auch der schrecklichste Taifun.

Joseph Conrad, der eigentlich Józef Teodor Konrad Korzeniowski hieß, wurde 1857 in Berditschew geboren, einem Städtchen, das einst in Polen gelegen hatte und nun zum vom Zaren beherrschten Gouvernement Kiew gehörte. So stolperte er mit seinen ersten Schritten schon in die gefährliche Welt der Politik – er mied sie später und verlor sie dennoch nie aus den Augen –, denn sein Vater war ein Revolutionär, der alles Russische haßte und, als Józef fünf Jahre alt war, wegen seiner Beteiligung am Aufstand von 1861 in die Verbannung geschickt wurde. Diese war nicht Sibirien, der sichere Tod, sondern ein Ort auf dem Weg dahin, nördlich von Moskau. Er reichte aus, seine Frau umzubringen und ihn zu ruinieren. Józef war sieben Jahre als, als seine Mutter, und elf, als sein Vater starb. Er hatte, krank, nach Warschau zurückkehren dürfen, ins geliebte Polen, und der kleine Józef ging ganz allein hinter dem Sarg des toten Vaters – das Erlebnis prägte sich ihm unauslöschlich ein –, ganz allein: und hinter ihm, in einem gehörigen Abstand des Respekts, schier die ganze Stadt. Der Vater war ein Volksheld geworden, den das Gedächtnis der von der Geschichte mißhandelten Polen noch lange nicht vergaß. Józef wurde dann von einem Onkel großgezogen, einem großzügigen und klugen Mann, der ihm zweifellos recht eigentlich das Leben rettete. Dennoch floh er aus diesem Polen, das soviel Elend über seine Kindheit gebracht hatte, so früh er nur konnte, mit sechzehn Jahren und dem durchaus absonderlichen Plan, ein britischer Seemann zu werden. Er wurde es. Er lernte Englisch und erwarb 1886 das Kapitänspatent. Das Schicksal, das die ihm eigene Ironie an Conrad besonders eifrig auslebte, wollte dann, daß dieser, nach so vielen Mühen, ein einziges Kommando innehatte, oder anderthalb, wenn man die paar hundert Kilometer Flußfahrt dazurechnet, auf denen

Conrad jenen Schrottdampfer befehligte, der der zerbrechliche Held von *Herz der Finsternis* ist. Der Kapitän war krank geworden, und der zu der Zeit nicht ganz so kranke Conrad, der auf seiner ersten Fahrt den Fluß hätte kennenlernen sollen, sprang für ihn ein. Vorher, 1888 und 1889, hatte er auf der Kommandobrücke eines Seglers gestanden, der zwischen Mauritius, Bangkok und Australien Kunstdünger und Zucker transportierte. Aber weil er in Port Louis um die Hand einer jungen Dame angehalten hatte, die diese bald darauf einem andern überließ, wollte er nicht mehr dorthin fahren und gab sein Kommando auf. Vielleicht hatte er noch triftigere Gründe. Jedenfalls kehrte er plötzlich nach London zurück, begann *Almayer's Folly* zu schreiben und suchte eine neue Stellung. Diese wurde seine Fahrt mit der »Roi des Belges« den Kongo hinauf.

Er war nicht mehr der erste Weiße, der das tat, aber er gehörte immer noch zur Generation der Pioniere. Lange Jahre, Jahrhunderte, hatte die Unzugänglichkeit des Kongo-Gebiets seine Ureinwohner geschützt. Es bestand aus Wald, Wald und nochmals Wald, und der riesige Strom, der die Wasser eines ganzen Flüssesystems zum Meer führte, stürzt auf seinen letzten Kilometern in riesigen Fällen zu diesem hinunter, so daß es unmöglich war und ist, mit Schiffen in ihn einzufahren. Erst hinter den Fällen, die nach Livingstone benannt sind, obwohl dieser sie nie gesehen hat, öffnet sich der Strom und führt ins Innere des Landes, bis endlich jene andern, von Henry Morton Stanley entdeckten Fälle ihn erneut unschiffbar machen. So wurden zwar die Küstengebiete früh entdeckt – die Portugiesen errichteten ihre erste Handelsstation am Ende des

15. Jahrhunderts –, ins Innere jedoch drangen die europäischen Kolonialisten erst im späten 19. Jahrhundert, wenige Jahre vor Joseph Conrad nur. Zwar waren die Briten, der in der Nähe von Liverpool geborene Wahl-Amerikaner Stanley allen voran, die kühnsten Forscher gewesen – die Geschichte des Kongo schrieben dann aber die Belgier, schrieb *ein* Belgier, König Leopold II. nämlich, ein würdig aussehendes Monster in Frack und Zylinder, dem es gelang, jahrzehntelang die Öffentlichkeit an der Nase herumzuführen und seinen privaten, mit äußerster Grausamkeit geführten Ausbeutungskrieg als honorigen Handel, Forschung und Philantropie hinzustellen.

Es ist nur auf den ersten Blick verblüffend, daß der Kongo, das wahre Herz Afrikas, so viel später als sozusagen alle andern Regionen des Kontinents erforscht wurde. Er war schreckerregend unzugänglich, ungesund und gefährlich. Vor allem aber löste er in niemandem jenen von unsern eigenen Mythen und Träumen genährten Forscherdrang aus, der, von Mungo Park bis Stanley, noch jeden Afrikaforscher zu seinen kühnen Taten antrieb. Kein europäisches Denken stand in irgendeinem Zusammenhang mit dem Kongo. Er war kein Nil, an dem die Wiege unserer Zivilisation stand und dessen Quellen schon Ptolemäus in einem seltsamen Knäuel inmitten von Seen und schneebedeckten Bergen gezeichnet hatte: verblüffend genau. Er war auch kein Niger, an dessen Ufern die Alten bereits, und zu Recht, das sagenhafte Timbuktu vermuteten. Er war einfach eine Menge unbekanntes Wasser, das irgendwo ins Meer floß. Und so wurde er tatsächlich durch ein Mißverständnis erforscht, ein sehr bezeichnendes, weil nämlich ein Forscher, und gleich der damals prominenteste von allen, Dr. David Livingstone, hoch oben in den Savannen um den Mweru-See ein nordwärts fließendes Gewässer entdeckt hatte, von dem er bald einmal felsenfest glaubte, es sei der so lange gesuchte junge Nil. Er selber konnte seine Hypothese nicht mehr überprüfen, starb 1873, aber sein um eine Generation jüngerer Freund, Schüler und Nachfolger Stanley (»Dr. Livingstone, I presume«) tat es, fuhr den vermeintlichen Nil hinunter und landete, statt in Kairo und Alexandria, an der afrikanischen Westküste. Der Nil hatte seine letzten Rätsel noch nicht enthüllt. Aber der Kongo war entdeckt.

Um genau zu sein und um die völlige Ahnungslosigkeit anzudeuten, in der, mindestens damals, unterschiedliche Kulturen miteinander lebten: den Arabern, vor allem den dynamischen Handelsherren von Sansibar, war der Kongo keineswegs fremd. Sie drangen seit langem und regelmäßig ins Innere Afrikas ein, kauften und verkauften, jagten Sklaven – bis in Conrads Tage und als letzte überhaupt – und begleiteten endlich auch Stanley den vermeintliche Nil hinunter. Diese Fahrt, die nur allzuoft ein Marsch durch undurchdringlichen, sumpfigen Urwald war, wurde eines der mörderischsten Unternehmen der an Katastrophen reichen Erforschungsgeschichte Afrikas, übertroffen wohl nur von der absurden Hilfsexpedition für Emin Pascha von 1887, die wiederum von Stanley geleitet wurde – er war inzwischen ein wohl nicht nur ahnungsloser Angestellter Leopolds II. geworden – und in denselben Wäldern 400 Opfer forderte, die unter den unglaublichsten Umständen zugrunde gingen. Aber schon bei der Fahrt, die den Kongo überhaupt erst als Kongo definierte, war es ein rechtes Wunder, daß einige Teilnehmer, unter ihnen Stanley, ihr Ziel oder wenigstens ein Ziel erreichten. Die, die nach drei Jahren das Meer endlich zu Gesicht bekamen, hatten 7500 Kilometer zurückgelegt. Sie hatten, wenn Stanleys Zählung korrekt ist, 92mal mit Eingeborenen gekämpft, von denen viele – zu Recht, zu Unrecht – als Kannibalen galten. Sie waren in Ehren empfangen worden und hatten andere Male ihr Leben nur mit Mühe und Not gerettet. Und als sie endlich, endlich der Westküste näher kamen – die Idee, auf dem Nil zu fahren, hatten sie schon lange aufgegeben; es war ihnen klar, daß ihr Gewässer nur der Kongo sein konnte –, als sie auf die ersten Spuren europäischer Zivilisation stießen, waren diese, was sonst?, Gewehre. Die vermeintlichen Steinzeitmenschen schossen zurück. Die Aufrüstung Schwarzafrikas hatte begonnen. Sofort wurden auch alle Glasperlen und Messingdrähte wertlos, der ganze Eintauschschrott, und die Expeditionsteilnehmer litten, weil die einheimischen Händler auf modernen Zahlungsmitteln beharrten, mehr und mehr Hunger. Als sie das Meer beinah schon riechen konnten, brachten die 32 Katarakte der Livingstone-Fälle einige wirklich, die andern beinah um. Völlig erschöpft erreichten die Übriggebliebenen die Handelsstation Boma am breiten Unterlauf des Flusses, wo Joseph Conrad ganze dreizehn Jahre später eintraf, um die Reise in umgekehrter Richtung zu machen. Das tollkühnste aller Abenteuer war bereits so etwas wie Routine geworden, und eine ganze Reihe von Dampfschiffen verkehrte inzwischen zwischen dem Stanley-Pool – dem heutigen Kinshasa – und dem Landesinnern.

Joseph Conrad kam als ein Angestellter der »Compagnie du Congo pour le Commerce et l'Industrie« bzw. ihrer Filiale, der »Société Anonyme Belge pour le Commerce du Haut-Congo«, der die Muttergesellschaft sowohl die »Florida«, Conrads im Stanley-Pool abgesoffenes Kommando, als auch die »Roi des Belges«, auf der er dann seine Reise unternahm, überlassen hatte. Im Grunde war es egal, wessen Angestellter er war: sowieso gehörte der Kongo dem König von Belgien, Leopold II., als Privatbesitz, und entsprechend benahm sich dieser so honorig aussehende Monarch. In der blutigen Geschichte der kolonialistischen Ausbeutung hat er sich die Hände blutiger als so ziemlich alle andern gemacht. In einem in der Rückschau grandios wirkenden Coup war es Leopold 1885 an der Kongo-Konferenz von Berlin gelungen, die rivalisierenden Großmächte – Deutschland, Frankreich, England und die USA – gegeneinander auszuspielen und ihnen als Lösung vorzuschlagen, ihm jenes von Europa aus immer noch undeutlich sichtbare Gebiet zu überlassen. So wurde der »Freistaat Kongo« gegründet, ein Gebilde, das nicht etwa eine Kolonie Belgiens war, sondern Leopolds persönlicher Kontrolle unterstand. Wenn jemand mit Recht »L'état c'est moi« sagen durfte, dann er. Und auf der Stelle begann er, das unerwartete Geschenk der sich und nur sich auf die Finger schauenden Großmächte auszuschlachten, still und heimlich, und dies auf eine so brutale Art, daß dreißig Jahre später, als seine Untaten deutlich wurden, die Welt entsetzt aufheulte. Leopold hatte den Kongo in ein Konzentrationslager verwandelt, in dem kein Recht oder nur das des skrupellosesten Freibeutertums herrschte. Die

Eingeborenen wurden zu Zwangsarbeit gezwungen, gequält, gefoltert, ermordet. Tausenden wurden lebendigen Leibs die Hände abgehackt, allein weil die Compagnie ihren Beamten für jeden getöteten Rebellen eine Prämie zahlte und die Hände als Beweis forderte. Es galt nur der Profit, auf jeder Stufe der Beteiligung, und natürlich machte der skrupellose Monarch, der den Kongo zeit seines Lebens nie betrat, den größten Gewinn. Niemand kann heute sagen, wieviel, aber als er 1907 starb – nicht gerade in Ehren, denn seine Untaten waren ruchbar geworden, aber rechtzeitig, bevor er von irgendwem zur Rechenschaft gezogen werden konnte –, gehörten ihm unter anderem Liegenschaften überall in Europa im damaligen Wert von achtzig Millionen Dollar.

Dabei hatten er und seine Helfershelfer eine Reihe von Strategien entwickelt, unerwünschte Zeugen fernzuhalten. Es gab verschiedene Zonen, und in der, die dem internationalen Handel zugedacht war, herrschte immerhin ein Anschein von Recht. Die wirkungsvollste Strategie aber war, nur Männer zu engagieren, die sich, von der Aussicht auf schnellen Gewinn getrieben, so sehr in die Untaten verwickeln ließen, daß sie später darüber zu schweigen vorzogen. (Stanley, ein harter Bursche, aber kein genuines Ungeheuer, gehörte zu ihnen.) Aber natürlich ließ es sich dennoch nicht vermeiden, daß einzelne zuviel sahen, zuviel errieten. Joseph Conrad wurde einer von ihnen, einer der ersten, und wir verstehen besser, als er es damals tat, wieso Camille Delcommune (der im Roman als der Leiter der »Zentralstation« auftritt und der Niederlassung der S.A.B. in Kinshasa vorstand) ihn auf der Stelle wieder loswerden wollte. Mit der untrüglichen Witterung des Ausbeuters hatte er beim ersten Gespräch schon Conrads hohe Moral erkannt; Moral aber, gar eine hohe, durfte man in seinen Diensten keine haben. So war er gottfroh, daß die »Florida«, Conrads vertraglich zugesichertes Kommando, leck im Fluß lag und daß er sonst nichts für ihn zu tun hatte. Nur, er machte seine Rechnung ohne den Wirt, denn in seiner Handelsstation machte Conrad die Bekanntschaft des Mannes, der später bei der Aufdeckung der Untaten Leopolds II. eine der bedeutendsten Rollen spielen sollte: Roger David Casements, eines sechsundzwanzig Jahre alten Iren, der beim Bau der Eisenbahn von Matadi zum Stanley-Pool hinauf mitwirkte. Die beiden verstanden sich auf Anhieb, führten lange Gespräche, und es ist keine Frage, daß Casement dem Neuankömmling die Augen geöffnet hat. Er jedenfalls hatte sie bereits weit offen, kam später, als die Belgier ihn loswerden wollten, in einer offiziellen Funktion, nämlich als britischer Konsul, in das Höllengebiet zurück und sammelte mit der Zeit ein so erdrückendes Material, daß der Bericht, den er 1904 veröffentlichte, der Anfang vom Ende des Freistaats wurde. Conrad, dessen zwei Jahre zuvor erschienenes Buch von den Lesern durchaus verstanden worden war – nämlich als realitätsgerechtes Pamphlet gegen die kolonialistische Ausbeutung – und das sie darauf vorbereitete, den Beweisen Casements zu glauben, blieb diesem lebenslang verbunden: bis die Engländer ihren ehemaligen Konsul 1916 wegen seiner Beteiligung am irischen Unabhängigkeitskampf hinrichteten.

Joseph Conrad, der nach seinem kurzen Gastspiel als

Kapitän im Indischen Ozean von sich glaubte, er steige auf jedes Schiff, egal wohin es fahre, setzte in Wirklichkeit Himmel und Hölle in Bewegung – sogar seine Tante Marguerite Poradowska, eine in Brüssel lebende Literatin –, um ein ganz bestimmtes Kommando zu bekommen, eins zudem, das gewiß kein anderer Kapitän der britischen Handelsmarine angenommen hätte: ein Schiff auf dem Kongo. Es war die Erfüllung eines Kinderwunsches. Das Innere Afrikas war jener besonders weiße Fleck auf der Landkarte, nach dem sich der kleine Józef träumend gesehnt hatte, und der Kongo, als er dann entdeckt war, jene Schlange, die ihn so sehr faszinierte. Daß der Wunsch und seine Erfüllung dann so heftig auseinanderklafften, macht die affektive Spannung aus, mit der er seine Reise unternahm und später sein Buch schrieb. Er versuchte darin, sich den Kinderwunsch trotz allem zu erfüllen, die unerwartete Wirklichkeit dennoch mit aller Schärfe zu sehen *und* diese als eine Leinwand für die anders nicht artikulierbaren Schrecken seiner Seele – aller Seelen? – zu benützen. Als Metapher für das anders offenkundig nicht faßbare Tosen unnennbarer Gefühle. Es war die Quadratur des Kreises, und Conrad hielt später denn auch, anders als wir, seine Geschichte für gescheitert. »Zu symbolisch« nannte er sie, der allerdings mit seinen eigenen Schöpfungen nie zufrieden war.

Wenn man nicht allzu genau hinsieht, kann man sagen, daß Conrad alles so erlebt hat, wie es in seinem Bericht zu lesen ist. Das stimmt zwar nicht – es gibt Abweichungen, und sie sind an einzelnen Stellen markant –, aber wir sollten immerhin nicht vergessen, daß just die makabersten

Episoden keine Erfindung sind. Die schwarzen Zwangsarbeiter starben tatsächlich so hilflos, wie das die Szene im Totenhain festhält, sie *wurden* in Ketten gehalten und führten sinnlose Arbeiten aus, und das Elfenbein *wurde* ihnen zu den unwürdigsten Bedingungen entrissen. Tausendfünfhundert Prozent Gewinn war keine Ausnahme. Man kann und muß *Herz der Finsternis*, obwohl darin die Gesetze der Literatur und nicht die der journalistischen Dokumentation herrschen, als die »Wahrheit« lesen. Wie Marlow, sein Alter ego, bekam Conrad sein Kommando, weil sein Vorgänger, ein Däne namens Freiesleben (Fresleven im Buch) von Eingeborenen umgebracht worden war. Wie Marlow fuhr er auf einem französischen Schiff, der »Ville de Maceio«, bis Boma, und von dort – ebenfalls mit einem schwedischen Kapitän – nach Matadi am Fuß der Fälle. Auch er marschierte dann auf der von Stanleys Arbeitskommando kurz zuvor gebauten »Straße« zur Station am Stanley-Pool hinauf, zu den paar Häusern, die noch nicht mal Leopoldsville, geschweige denn Kinshasa hießen – sein »Tagebuch« hält seine Erlebnisse fest –, traf unterwegs denselben angedudelten Straßenaufseher mit seinen arabischen Begleitern, fand ebenfalls einen Erschossenen am Wegrand, hatte seine Probleme mit einem fettleibigen Begleiter namens Prosper Harou, der getragen werden mußte und bald einmal von den Trägern in ein Dickicht geworfen wurde, hielt seinen eingeborenen Begleitern eine ähnliche Rede in einem mimischen Englisch, kam endlich – viel zu spät, nach Delcommunes Ansicht – in der »Zentralstation« an, fand dort sein Schiff nicht vor und fuhr trotzdem den Fluß hinauf. Er erreichte die Handelsstation am Fuß der Stanley-Fälle, lud einen todkranken Agenten namens Klein ein, der auf der Rückreise starb, wurde selber schwer krank und mußte den Kongo, für den Rest seines Lebens angeschlagen, nach nur sechs Monaten wieder verlassen. (Die wesentlichsten Abweichungen sind: Conrad mußte sein Schiff, die »Florida«, keineswegs eigenhändig vom Flußboden hochhieven und reparieren. Er fuhr statt dessen auf der »Roi des Belges«, einem 17,5-Tonnen-Kahn, den Fluß hinauf, nun, da dieses Schiff – das bis in alle Einzelheiten dem des Buchs entspricht – ja einen Kapitän hatte, als ein irgendwie überflüssiger Gast, dessen einzige Aufgabe es war, den Fluß kennenzulernen. So entstand das *Up-river-Book*, eine Navigationshilfe für künftige Fahrten, zu denen es dann nie kam. – Der Fluß war auch nicht mehr *ganz* so einsam. Andere Schiffe fuhren auf ihm. Aber nur dreizehn Jahre nach seiner Entdeckung hatte er seine Wildheit noch nicht verloren. – In der »Innern Station« endlich lag zwar tatsächlich ein Herr Klein im Sterben, der Namensgeber von Kurtz: er war aber nicht der Grund der Reise, und er war schon gar nicht das herausragende Monster, als das Kurtz geschildert wird. Er war wohl einfach ein normal skrupelloser Agent, weiter nicht auffallend. Die Forschung hat denn auch mehrere andere Vorbilder für Kurtz aufgetrieben – an sadistischen Mördern herrschte im Kongo kein Mangel –, aber ich denke, daß Kurtz in seiner verführerischen Ungeheuerlichkeit der Einbildungskraft Conrads entsprungen ist. – Entsprechend erfunden sind also auch alle Kämpfe mit den Eingeborenen. Die wirkliche Reise verlief konfliktfrei. – Und schließlich sind die beiden Frauen, die wie Irrlichter diese

Männerwelt verstören und erleuchten, erdichtete Gestalten. Die schwarze Geliebte von Kurtz und seine europäische Verlobte. Und wenn die beiden Nornen des Beginns, die strickend und wissend Marlows Schicksalsfäden in Händen halten, reale Vorbilder hatten, so waren diese doch gewiß argloser gewesen.)

Wahrheitsgetreuer Bericht also, erlebt und erlitten. Um so mehr bestürzt uns beim Lesen der Geschichte, daß jede Einzelheit mit einer Spannung aufgeladen ist, die über einen Tatsachenbericht weit hinausgeht. Von Anfang an, und zunehmend stärker, steht die Reise unter einem Druck, der sich mit den realen Gefahren einer solchen Unternehmung allein nicht erklären läßt. Marlows Erzählung, auf dem nachtschwarzen Deck der »Nellie« zu unsichtbaren Zuhörern gesprochen – als ob die Nacht selber erzählte –, »bedeutet« unübersehbar etwas. Ja, die »eigentliche« Geschichte, was immer sie sei, strömt bald so wuchtig daher, daß sie die Oberflächenstory wegzuspülen droht. Plötzlich nimmt man lesend nicht mehr oder nicht mehr nur an einer wie auch immer abenteuerlichen Reise ins Innere Afrikas teil, sondern wird Zeuge einer viel intimeren, existenziellen Unternehmung. Schon Conrads Zeitgenossen sahen nicht nur die antikolonialistische Botschaft der Erzählung, sondern auch ihre symbolische Aufladung, und so gab es sogleich – und gibt es bis heute – viele Deutungsversuche, die auch diese zweite Ebene verstehen wollten und wollen. So ist Marlows Fahrt gewiß zu Recht als eine Reise in die Zeit beschrieben worden, zurück zu den Ursprüngen, aus der unsere Triebe kanalisierenden Zivilisation in eine Welt, die keine Schranken und Fesseln kennt, in der ekstatische Erfüllung und gräßlichste Grausamkeit eins sind, als ein regelrechter Gang ins Innere der Erde hinunter, ins Totenreich, als eine Reise zu den Schatten der Hölle, des Paradieses vielleicht gar, zu unsern Urahnen, die wir nicht mehr verstehen, ja, als solche kaum noch erkennen. Als ein Gang zu den Müttern, im metaphorischen und wohl auch im ganz konkreten Sinn, zur Mutter, zur archaischen Mutter – die, alles spendend und alles vermögend, dem Kind alles und jedes ist –, eine Reise in jenen »dunklen Kontinent« ganz allgemein, von dem, in einer für dieses Buch zum mindesten überrumpelnd stimmigen Metapher, Sigmund Freud einst sprach, zu den Frauen also, ihrer geheimnisvollen Sexualität. Tatsächlich spiegelt ja sogar die Landschaft dieser von den heftigsten Trieben handelnden Geschichte – eines, wenn der schreckliche Begriff für einmal erlaubt sei, Männerbuchs par excellence – diese geheime oder wohl sogar offenkundige Bedeutung. Sie kann, warum nicht?, als eine ins Gigantische vergrößerte Frau gelesen werden. Marlow fährt staunend und immer erregter mit seinem Jammerkahn auf einem erst breiten, dann immer schmaler werdenden Fluß jenem einen Punkt entgegen – die Ufer rechts und links rücken ihm drohend immer näher –, an dem es nicht mehr weitergeht, es sei denn, er dringe in das Pflanzengewucher ein. Aber Marlow tut nicht, was Kurtz tut. Er bleibt auf dem Schiff. Er erkennt nicht, oder nur schattenhaft, was in den Gebüschen vorgeht. Von seiner Kommandobrücke aus, von der einen Rest Schutz spendenden Reling aus späht er in das Blättergewirr, einem Jungen ähnlich, der sich hinter die sieben Schleier des Elternschlafzimmers geschlichen hat. Er nimmt auch so ziemlich das gleiche wahr: hie und da ein Stück Haut, im diffusen Nachtlicht aufblitzend, eine Fratze, ein Stöhnen, einen Schrei. Bewegungen. Stille dann wieder. Joseph Conrad erzählt eben *keine* Fahrt ins Herz der Finsternis, sondern die Geschichte des Mißlingens dieser Expedition. Marlow wagt den letzten Schritt nicht, und er wagt ihn nicht, weil er – zu Recht, zu Unrecht – zu wissen glaubt, daß er tödlich wäre. Für ihn, und gewiß auch für Conrad, stirbt Kurtz nicht an einem zufälligen Malariaanfall ohne Medikamente. Er stirbt, weil er sich seinen »unsagbaren Riten«, was immer sie seien, nicht gewachsen zeigt.

Wahrscheinlich stoßen wir hier auf den Punkt, an dem Conrad sich scheitern fühlte und wo er zu dem befremdlichen Schluß kam, sein *Herz der Finsternis*, ein Meisterwerk aus einem Guß, sei ihm mißlungen. Auch er sah, zu einer abenteuerlichen Schreibreise aufgebrochen, an ihrem Ende nur diffuses Blättergeflirre. »Das Grauen!« Das mußte ihm, der auf Erkenntnis aus war, eine unbefriedigende Auskunft sein. Sie blieb dennoch die, mit der er, Marlow und wir Leser uns begnügen mußten und müssen. Auch Conrad machte wohl schreibend die alltägliche, wiewohl naturgemäß zumeist unbemerkt bleibende Erfahrung, daß man nicht sieht, wenn jene trickreiche Instanz, Abwehr genannt, es so will. Man kann noch so lange auf das Offenkundige starren: für das »Eigentliche«, das Ziel des Starrens, bleibt man blind.

Auch Marlow sieht also nicht in die innerste Kammer des Herzens der Finsternis hinein. Aber sonst ist er durchaus sehend. Seine lichte Qualität ist just, daß er Kurtz keinen Augenblick lang auf den Leim kriecht. (Der lächerlich-rührende Russe, diese Reinkarnation Conrads als junger Mann, tut das stellvertretend für ihn.) Marlow bewundert zwar Kurtz – er beneidet ihn rasend um seinen Mut, den Erkenntnisschritt ins Wilde hinein gewagt zu haben –, aber er bemerkt von allem Anfang an auch die elende Hybris dieses Manns, seine maßlosen Größenphantasien, seine alles an sich reißende Gier. Daß er alles haben will, buchstäblich alles: so wie das einem kleinen Kind zuweilen einfallen mag, oder oft, oder ausschließlich, einem Erwachsenen aber für immer verwehrt ist. Kurtz' Leben nimmt sich für Marlow, und auch für uns, wie eine Orgie aus, aus der es kein Herauskommen mehr gibt, in der er seinen Trieben ausgeliefert bleibt, auch wenn die herrliche Ekstase in tödlichen Horror umschlägt, denn in der Wildnis lebt man nicht, um Marlow zu zitieren, »an zwei gute Adressen vertäut, mit einem Metzger um die eine, einem Polizisten um die andre Ecke«. So ist also diese Geschichte der Menschentriebe vielleicht doch eher eine unserer unersättlichen Gier als eine der Sexualität. Oder dieser nur auch, so nebenher – so wie der wuchtige Auftritt der vor Sinnlichkeit strotzenden schwarzen Prinzessin doch nicht mehr als eine Episode ist. Denn Kurtz ist in *allem* grenzenlos. Er sucht seine Erfüllung überall, so wie umgekehrt die Wildnis überall hingreift. (Auch auf dem Schiff sind die Kannibalen schon. Verzichten nur vorläufig darauf, Marlow und die Pilger zu essen, vermutlich, weil diese so unappetitlich aussehen.)

Vielleicht also handelt die Erzählung doch nur – nur! – davon, noch einmal mit der Mutter zu verschmelzen, von ihr, der Mutter Wildnis, nochmals alles zu bekommen: jenes Alles, das einst, in der Wirklichkeit, von einem Tag auf den andern so schmerzlich gefehlt hatte. Wie muß der kleine Józef sie vermißt haben, seine wirkliche Mama, die so jäh verschwand, während er sie doch mit jener nur in den Kindheitstagen möglichen grenzenlosen Hingabe liebte. Wie traurig war er da gewesen, und wie wütend! Ihn einfach so sitzenzulassen! Und tatsächlich oszilliert das Grundgefühl von *Herz der Finsternis*, der affektive Generalbaß, zwischen trauergetränkter Sehnsucht und Aggression. Zwischen jenem »grenzenlosen Leid« der Wilden, das Marlow einmal diagnostiziert, und dem überrumpelnden »Schlagt sie tot, die Bestien« von Kurtz. Die Weigerung Marlows, in den Urwald zu gehen, könnte dann auch seine Panik widerspiegeln, noch einmal den tödlichen Schrecken der Trennung, dieses Trauma aller Traumata, erleben zu müssen.

Marlow bleibt sich stets bewußt, daß Kurtz' Gier, Hemmungslosigkeit und Größenwahn nicht nur unmenschlich, sondern auch lächerlich sind. »Ihr hättet ihn hören sollen, wie er ›Mein Elfenbein‹ sagte«, berichtet er seinen Freunden. »Oh, ja, ich hörte ihn. ›Meine Braut, mein Elfenbein, meine Station, mein Fluß, mein –‹, alles gehörte ihm. Ich hielt den Atem an und wartete darauf, daß die Wildnis in ein gewaltiges Lachen ausbrach, das die Fixsterne an ihren Himmelsorten erbeben ließ. Alles gehörte ihm – aber das war ganz einfach Quatsch.« Und dann, beiläufig: »Es ging darum, herauszufinden, zu was *er* gehörte, wie viele Mächte der Finsternis ihn für sich beanspruchten.« Marlow sieht Kurtz, anders als alle andern in diesem Irrenhaus namens Kongo, als ein getriebenes Opfer, nicht als ein souverän Handelnder. Der Trieb treibt Kurtz, auch wenn dieser denken mag, er beherrsche ihn. Und der Trieb treibt ihn offenkundig nicht einfach nur auf das Lager der schönen Schwarzen, sondern zu den grausamsten Perversionen. Kurtz hat, einem Süchtigen gleich, keine Kraft, sich zu widersetzen. Mordet und wütet wie unter Zwang. Ist Kurtz etwa gar ein Porträt des leibhaftigen Königs Leopold?

Marlow rettet sich, weil er die Tödlichkeit der grenzenlosen Gier erkennt. Anders als Kurtz weiß er um die Qualität der Distanz. Der Grenzen. Er hat da Humor, wo Kurtz gnadenlos humorlos ist. (Die ganze Story wird, in all ihrer Tragik und Gefährlichkeit, von einer leise schwebenden Komik getragen.) Er sieht schließlich nur eine Lösung: den Rückzug in die Zivilisation, in die keineswegs heißgeliebte Kultur Europas, deren Leistung es aber ist, die Triebe so zu bändigen, daß sie einen nicht mehr auf der Stelle umbringen können. Daß man nicht mehr sofort zum Mörder wird. Die schwarze Prinzessin war nicht auszuhalten. Zu groß die Verführung, zu gewaltig die Wucht ihrer Sexualität. Die weiße, ihre zivilisierte Spiegelung im Brüssel des 19. Jahrhunderts, ist zwar immer noch ein dunkler Kontinent: immerhin ein halbwegs erforschter und einigermaßen domestizierter. Es ist eine fatale Wahl: die zwischen den schrankenlosen Leidenschaften, die den Tod bedeuten, und einem gedämpften Leben in einer Totengruft. Die Reise ins Herz der Finsternis endet mit einer Flucht. Aber auch zu Hause wirkt das Trauma noch nach. Neun Jahre später heißt die Diagnose immer noch »Das

Grauen«. Marlow muß es sich nochmals von der Seele reden, immer noch tief bewegt, auch wenn er wie ein Buddha im Bug des Boots sitzt.

»Der Mensch ist ein bösartiges Tier«, befand Joseph Conrad. Er sah nur in unserer Kultur, in der britischen vor allem, eine Möglichkeit, die alles überschwemmenden Triebe der Menschen wenigstens einigermaßen zu kanalisieren, so daß ein soziales Leben und Überleben möglich wurde. Seine Kindheit – Pathos, Chaos, Leid – hatte ihn alles Revolutionäre hassen gelehrt. Aber er traute der Ordnung der Kultur, so sehr er sie anstrebte, nicht im geringsten. Er war zwar kein Wilder mehr, keiner mehr aus dem Herzen der Finsternis, aber er wußte nur allzu genau, wie dünn der Zivilisationsfirnis ist. Er war Royalist und gab sich, wenn er mit seinen Gentlemen-Nachbarn verkehrte, als eine Art polnischer Landedelmann. Aber er wußte, daß jedes Leben aus den schreiendsten Widersprüchen besteht und daß keine soziale Organisation verhindern kann, daß wir Menschen uns als einsam und ausgeworfen erleben. »Es ist ein Wald, in dem niemand den Weg kennt. Man ist verloren, während man noch ruft: ›Ich bin gerettet!‹«

Über Gottfried Kellers Fähnlein der sieben Aufrechten

»Und wenn mir jede Abendwolke eine Fahne
der Unsterblichkeit,
so sei mir auch jede Morgenwolke
die goldene Fahne der Weltrepublik!«
GOTTFRIED KELLER, *Der grüne Heinrich*

Warum gerade das Fähnlein der sieben Aufrechten?

Ja: wieso just das *Fähnlein der sieben Aufrechten*? Verdankt Gottfried Keller seinen Platz auf dem Olymp nicht viel eher dem *Grünen Heinrich* – dem sowieso –, einigen wunderschönen Gedichten wie der »Winternacht« (»Nicht ein Flügelschlag ging um die Welt«), anmutigen Erzählungen wie *Romeo und Julia auf dem Dorfe*, dem zarten *Sinngedicht* oder dem *Martin Salander*, der auf uns gewiß auch so spröde wirkt, weil er das Elend, das das wuchernde Kapital anrichtet, zu einer Zeit benennt, die wir gern die gute alte nennen? Vermutlich sind das ja tatsächlich seine Meisterstücke; waren es immer schon. Aber zu seinen Lebzeiten kannte ein aufmerksamer Freund des Wahren, Guten und Schönen doch eher (und vermutlich überhaupt nur) jenes verflixte *Fähnlein* sowie einige patriotische Gesänge (»An mein Vaterland«). Ein paar Zeitungspolemiken vielleicht noch. Viel mehr nicht. Als Gottfried Keller im eisigen Winter von 1879, gute zehn Jahre vor seinem Tod, die trauerdurchtränkte Geschichte seiner Kindheit und Jugend nochmals neu schrieb – die zweite Fassung des *Grünen Heinrichs* –, soll er sein Arbeitszimmer mit den dreihundertsechzig Bänden der Erstausgabe von 1853/55 geheizt haben, die er von seinem Verleger Vieweg zurückgekauft hatte. Die Auflage hatte ganze tausend Stück betragen! Man darf also vermuten, daß die Ehrungen, mit denen Keller an seinem fünfzigsten Geburtstag überschwemmt wurde (Volksfest, Ehrendoktor, Musiken), durchaus ohne Kenntnis seines Werks stattfanden. Die Zürcher ehrten den engagierten Patrioten (*ein* Ausweis dieser Vaterlandsliebe schien eben das *Fähnlein* zu sein) und gewiß auch den verlorenen Sohn, denn daß Keller, nunmehr ein Mann des Staats von unbestrittener Integrität, kurze Jahre zuvor noch ein saufender und, aus bürgerlicher Sicht, arbeitsscheuer Hallodri gewesen war, wußten alle nur allzugut. Er war als leuchtendes schlechtes Beispiel eine lange Zeit einen Weg gegangen, den mancher brave Zürcher insgeheim zu gern auch einmal betreten hätte. Daß er anderswo als Dichter Ruhm erlangt hatte, war ihnen, wenn es an ihre Ohren drang, durchaus nicht unangenehm. Warum nicht? Sie aber hatten den realen Keller vor Augen: dessen Unangepaßtheit sie gereizt hatte, und dessen Läuterung ihnen als ein Sieg vorkommen mußte, der nicht frei von puritanischem Moralin war. Sogar seinen ersten Arbeitstag im Amt hatte er verschlafen! Mußte aus dem Bett gerüttelt werden, in das er nicht lange zuvor sturzbetrunken gekrochen war! Er hatte versucht –

sozusagen als Abschied von seinem bisherigen Leben –, Ferdinand Lassalle mit einem Stuhl niederzuschlagen, erfolglos allerdings! Es war nicht seine einzige, jedoch – meines Wissens – letzte Schlägerei. So oder so waren seine Erfolge auf diesem Gebiet bemerkenswert, denn er war höchstens eins fünfzig groß; wohl nicht einmal. Ein Sitzriese jedenfalls, mit Stummelbeinchen, dem die Wut die Kräfte eines Löwen verlieh. Normalerweise allerdings schwieg er, bewegungslos hinter dem Glas sitzend und langsam mit der Gaststube eins werdend. Eine berühmte Anekdote, die die ideale Fassung einer ähnlichen Wirklichkeit zu sein scheint, geht so: Er und sein Freund Arnold Böcklin sitzen im Wirtshaus und schweigen sich an. Trinken hie und da einen Schluck. Kommt einer herein, setzt sich an den Tisch, trinkt und schweigt auch. Nach einer halben Stunde sagt er: »Heiß heut!« Trinkt. Nach einer weiteren halben Stunde geht er. Hebt Keller den Kopf und sagt zu Böcklin: »Gut, daß er gegangen ist, der Schwätzer.«

Mit dem *Fähnlein der sieben Aufrechten* sind Generationen von Schweizer Schulkindern malträtiert worden, bis dieses endgültig zu einer patriotischen Hurra-Geschichte verkommen schien. So daß es heute niemand mehr liest, und wenn, dann durch jene alte Brille, die alle Lektüre verdirbt. So wie andere Mühe haben, den Streichquartettsatz Haydns zu genießen, der für das unselige Deutschland-über-alles geplündert worden ist. Bei liebevollerer und auch genauerer Lektüre ist Kellers Erfolgsstück von damals jedoch fraglos mehr als ein planes Loblied auf die neu errungene Demokratie: kontrapunktiert, wo es dann doch gesungen wird – und schließlich ja mit guten Gründen auch –, die Hauptmelodie mit leiserem Moll.

Es ist eine anrührende Geschichte. Seinen Kontrapunkt vor allem hatte Keller vergessen, als er, sich kurz vor seinem Tod an seine Stimmung von damals erinnernd, in einem amtlich-nüchtern gehaltenen Lebensrückblick schrieb, das *Fähnlein* sei der »Ausdruck der Zufriedenheit mit den vaterländischen Verhältnissen« gewesen, »die Freude über den Besitz der neuen Bundesverfassung (...) Es war der schöne Augenblick, wo man der unerbittlichen Konsequenzen, welche alle Dinge hinter sich herschleppen, nicht bewußt ist und die Welt für gut und fertig ansieht.« Er verwechselte, aus dem grauesten Alter zurückblickend, 1848 (die Zeit, in der das *Fähnlein* spielt) mit 1860 (dem Jahr, in dem er es schrieb), vielleicht gerade weil er viele politische und poetische Träume hatte aufgeben müssen.

So oder so hatte ihm sein Stück bald überhaupt nicht mehr gefallen. »Das Fähnlein, kaum 18 Jahre alt«, schrieb er 1877 an Theodor Storm, »ist bereits ein antiquiertes Großvaterstück«: alle Schuld seiner armen Geschichte anlastend, wo ihm doch in Tat und Wahrheit eher die Welt mißfiel, die diese jäh so alt aussehen ließ: »Die patriotisch-politische Zufriedenheit, der siegreiche altmodische Freisinn sind wie verschwunden, soziales Mißbehagen, Eisenbahnmisere, eine endlose Hatz sind an die Stelle getreten.« Das zwanzigste Jahrhundert hatte begonnen, tief im neunzehnten noch. Die Schweiz ganz allgemein und Zürich im besonderen waren in einen Gründerboom hineingeraten, der sich bis heute stets nur beschleunigt hat und auch damals schon auf die Beteiligten atemberaubend wirkte. Keller wollte sein Werk natürlich als ein aktuelles gelesen wissen – welcher Schriftsteller sieht sich selber mit Vergnügen dabei zu, wie er aus seiner Zeit herausfällt! –, und das mußte beim *Fähnlein* tatsächlich bald einmal scheitern. Es driftete in das verklärte Morgenlicht einer fernen und immer idealer wirkenden Schweiz ab. Heute, wo wir es ungehemmt historisch lesen dürfen, wärmt uns diese frische Sonne wieder, und wir erkennen auch ohne jede Häme, daß sie zuweilen ein Theaterscheinwerfer ist.

Im übrigen gefiel Gottfried Keller selten etwas von dem, was er geschrieben hatte. Er selbst gefiel sich nicht, und es tut immer erneut weh zu lesen, wie dieser überströmende, begabte Mann, der die Welt und die Menschen auf ihr so heftig zu lieben versuchte, sich selbst als einen lebenslangen Versager erlebte. Was er tat, galt ihm wenig, und was er war, noch weniger. Gewiß entsprach diese beständige Abwertung einem Muster, das er schon mit der Muttermilch eingesogen hatte. »Nicht daß ich dich von deiner Kunst abhalten will«, schrieb die Mutter dem gerade erwachsenen Sohn und wollte natürlich genau das, »aber meine mütterliche Meinung darf und muß ich dir doch sagen. Frau Dekan« – eine heimatliche Autorität, schnell zu Hilfe geholt – »glaubt indessen auch nicht, daß du ein ausgezeichneter Künstler geben könntest, sondern auch nur mittelmäßig.« Ach je. Diese Stimme hatte Keller, mit wenig variierten Inhalten, bis zu seinem 45sten Lebensjahr im Genick, denn ein fatales Gemisch aus ökonomischer Notwendigkeit und diffuser Schuld zwang ihn, mit der Mama, so lange diese lebte, einen gemeinsamen Haushalt zu führen. Nur die Auslandsaufenthalte – Keller verbrachte neun Jahre in Deutschland – trennten ihn von ihr. Und da war ja auch noch Regula, seine Schwester, die so prosaisch war wie Gottfried poetisch. Das einzige, was sie von seinem Werk mitgekriegt hatte, war, daß sie im *Grünen Heinrich* nicht vorkam: Wie die Mutter hatte sie das Buch als eine private Familienchronik von nicht erkennbarem öffentlichen Interesse gelesen.

Aus Zürich ist noch kein Ikarus gestartet. Wenn einer schon einmal mit den Schwingen flattert, sieht er auch gleich – billigend eigentlich – seinen Absturz voraus. *Ein* Gemeinsames gibt es in der Schweizer Literatur, zu der die Zürichs viel beigetragen hat: daß sich alle klein machen. Salomon Gessner, der im tätigen Leben die *Neue Zürcher Zeitung* gründete und leitete, schrieb Idyllen! Keller dann bildete die kollektive Überzeugung, nur kleine Themen mit kleinen Formen darstellen zu dürfen, sogar in seinem Körper ab. (Robert Walser, wiederum eine Epoche später, wird als ein ewiges Kind geschildert – keinem jedenfalls ist das Verschwinden zu Lebzeiten besser geglückt.) Aber schon Kellers Leben, noch halbwegs sichtbar, war alles andere als ein Sieg. Gewiß fehlte ihm, der zu den herrlichsten Flügen in den blauen Azur bestimmt schien, von Anfang an ein Dädalus. Der wirkliche Vater war viel zu früh gestorben, und jener metaphorische Papa, den wir Gesellschaft nennen und den man sich ja auch fördernd und freundlich erträumen darf, zeichnete sich dann doch eher durch jene soziale Kontrolle aus – alle Augen auf gleicher Höhe, auf das gleiche gerichtet –, die wir puritanische Bauern oder bäuerische Puritaner auch heute noch für nötig halten, um jenes höhere Unwohlsein zu erreichen, in dem allein wir uns wohl zu fühlen erlauben dürfen. Es paßt denn auch ins Bild, daß Keller früh schon regelrecht hinfällig wurde, schließlich kaum mehr gehen konnte und vom wohlmeinenden Böcklin Schritt für Schritt in die Wirtschaft geschleppt werden mußte.

Ungestraft abheben durfte auch damals nur, wer auf Geld aus war. Keller hat denn auch ein Leben lang vom Geld geschrieben: Wenn man will, kann man den *Grünen Heinrich* als eine Geschichte der Ökonomie lesen, die Geschichte *seiner* Ökonomie. Wie jene böse und unbegreifliche Macht über sein Leben siegte. Und auch im wirklichen Leben rieb er sich immer wieder an den Geldmenschen. Am heftigsten an Alfred Escher, dem wie einem gleichaltrigen, gänzlich anderen Bruder im Aufwind der von ihm mitformulierten neuen Spielregeln der jungen Demokratie so ungefähr alles zu Gold wurde, was er anfaßte. Keller, dem Escher mehrmals aus der Patsche half und der 1861 tatkräftig mithalf, daß er den Staatsschreiberposten bekam, brachte es erst in seinen letzten Jahren zu ein bißchen Vermögen. Konnte dann immerhin seine Schulden bezahlen, von denen er keinen Rappen vergessen hatte. Als er allerdings das *Fähnlein* schrieb, in dem die unverbrüchliche Freundschaft eines Armen zu einem Reichen dadurch heftig auf die Probe gestellt wird, daß der arme Sohn die reiche Tochter küßt und diese das mag, lebte er noch in einer offenen und durchaus bedrückenden Armut, die nur dadurch gemildert wurde, daß er geflickte Hosen und saubere Hemden trug. Und, weil er ein Künstler war, ein bißchen so wirkte, als wolle er so leben.

Warum also das *Fähnlein*? Als Keller (1819) geboren

wurde, war Goethe noch schwer in Form und beobachtete in Jena Planeten, und als er starb (1890), krähte Hitler schon in seiner Wiege. In seiner Kindheit führte ein verwunschener Weg durch stille Wälder aus einem Zürich, das hinter mittelalterlichen Stadtmauern verkrochen blieb, in das kleine Bauerndorf Glattfelden, dessen Bürger er war. Im Jahr seines Todes fuhren Eisenbahnen, der Wald hatte sich – nicht von selbst – gelichtet, die Stadtmauern waren geschleift. Schornsteine rauchten, die ersten Straßenbahnen klingelten, und er trank seinen Schoppen hie und da im Buffet eines Bahnhofs von großstädtischer Größe. Der junge Keller sah noch jene Ancien-régime-artige Welt, in der die Zeit kaum spürbar zerrann, der alte aber hatte schon viele unsrer Sorgen und, zugegeben, auch unsrer Annehmlichkeiten. Auch er schätzte das neue Gaslicht, das ihm spät nachts heimleuchtete! Aber ein gemaltes Bild schien ihm zeitlebens wahrer als eine jener neuen Fotografien!

Warum also das *Fähnlein*? Weil auch dieses, ähnlich Keller selbst, rittlings zwischen den Zeiten sitzt. Im kleinen den Zeitsprung spiegelt, den Keller in seinem gelebten Leben aushalten mußte. Was mit jenem wundersamen Sieg der Demokratie begonnen hatte (ringsum scheiterten ähnliche Versuche), verwandelte sich unversehens in die schmerzende Erkenntnis, daß diese herrliche Demokratie viele Ungerechtigkeiten überhaupt nicht abschaffte, sondern sogar – ihre schönsten Vorteile nutzend – eine dem geldgierigsten Kapitalismus besonders günstige Staatsform war. Nur zehn Jahre nach dem von idealen Hoffnungen dröhnenden 1848 ging alles bestens in der besten aller

Welten, wenn man nur zu jenen gehörte, die das Wort »frei«, das seit 1291 der Schweizer heiligstes ist, zuallerest auf den Markt bezogen. Mit dem Geist der Verfassung der Vereinigten Staaten war auch die Überzeugung, daß der Tüchtigste naturnotwendig auch das meiste Geld verdient, mit über das große Wasser geflossen.

Die arme Schweiz

Die Schweiz war einst ein armes Land – arm im emphatischen Sinn des Worts –, und sie blieb es bis in die Zeiten, die den Gedächtnissen von heute noch zugänglich sind. Unser aller Erinnerungen reichten bis zu unsern Großeltern zurück. Deren Geschichten leben in uns, als seien sie die eigenen; was vorher war, ist die graue Urzeit. Noch bis in die Vierzigerjahre dieses Jahrhunderts fand sich, in mittelalterliche Täler wie das Lötschen- oder das Saastal abgedrängt, jene alte arme Schweiz. Kalte Kultur, um mit Lévy-Strauss zu sprechen, nicht heiße: seit Jahrtausenden derselbe Schöpflöffel für die Milchsuppe.

Im letzten Jahrhundert gar gab es in der ganzen Schweiz regelrechte Hungerzeiten, um 1815 herum vor allem; aber auch die Zeit vor der Gründung des Bundesstaates (1848) war für viele hart. Mißernten und eine katastrophale Kartoffelknappheit. Das viele Geld der Schweizer ist neues Geld, ganz abgesehen davon, daß auch heute ganze 0,5 Prozent der Bevölkerung 50 Prozent des versteuerten Gesamtvermögens besitzen. Die offene Armut ist immerhin so selten geworden, daß keiner mehr Mühe hat, sie einem

Notleidenden, wenn er einmal einen zu Gesicht bekommt, als sein eigenes Versagen anzulasten.

Als Gott Glück und Pech über die Erde verteilte, schienen die Schweizer, die damals noch nicht so hießen, viele Nach- und kaum Vorteile abbekommen zu haben. Ihr Land bestand fast nur aus Bergen, auf denen nichts wuchs. Bodenschätze gab es auch keine, und weit und breit war kein Meer. Fast logisch, daß es – neben Irland – *das* Auswandererland Europas wurde. Über Jahrhunderte hin war es selbstverständlich, in die Fremde zu gehen. Schweizer waren überall zu finden, in Rußland und in Australien – in Deutschland hießen die Kuhmelker sogar »Schweizer«, wenn sie keine waren –, und ihr Heimweh war sprichwörtlich. Überall klagten ihre Kuhreigen, aber es half ihnen auch nicht viel. Bis hin zur französischen Revolution – und dann wieder zwischen 1815 und 1830 – war vor allem das Reislaufen, der besoldete Dienst in fremden Heeren, die geeignetste und oft auch einzige Möglichkeit gewesen, dem heimatlichen Hunger zu entkommen. Mit den wilden Burschen aus den Bergtälern – auf den Schlachtfeldern wegen ihrer brutalen Rücksichtslosigkeit so gefürchtet, daß zuweilen ihr bloßes Gebrüll genügte, eine Schlacht zu entscheiden – wurde ein regelrechter Handel getrieben, an dem auch einheimische Patrizier mitverdienten, und wie!, und heute noch hält sich der Papst einen friedlichen Restbestand jener einst so zahlreichen Truppen. Später dann wanderten ganze Dörfer geschlossen nach Amerika aus, leere Ställe hinterlassend, und bis zum Ersten Weltkrieg war es normal, daß ein junger Mann aus Brig oder Poschiavo Zuckerbäcker in St. Petersburg wurde oder Bauer in Südamerika. Viele verschwanden auf Nimmerwiedersehen, manche aber kamen auch, alt und wohlhabend geworden, in ihr Heimatdorf zurück und brachten, neben ihrem neuen Geld, andersartige Erfahrungen mit, die sich mit denen der Zuhausegebliebenen vermischten. Toleranz. Noch einer wie Albin Zollinger, ein Schriftsteller ganz dieses Jahrhunderts, verbrachte viele Jahre seiner Jugend auf einer Rinderfarm in Argentinien, weil seine Eltern, jener alten Tradition folgend, dort ihr Glück zu finden hofften; vergeblich allerdings. Und erzählt nicht Gottfried Kellers Alterswerk, der *Martin Salander*, just diese Geschichte? Wie Martin Salander aus Brasilien zurückkehrt, und wie er sich in der neureichen Heimat nur noch mit Mühe zurechtfindet?

Armut sowieso, aber auch Revolte stand gleich am Anfang der Geschichte. Welche andere Nation kann denn von sich sagen, daß sie ganz offiziell eine revolutionäre, um nicht zu sagen terroristische Tat als staatsbildenden Mythos feiert? Jedes Schulkind in Bern oder Aarau kriegt auch heute noch gesagt, daß Wilhelm Tell notwendig und vorbildlich handelte, als er, keine geltenden Gesetze achtend, den mächtigen Landvogt erschoß. Der Mythos ist immer noch kräftiger als das aufgeklärte Wissen, daß es diesen Tell gar nicht gegeben hat. Niemanden in der modernen Schweiz irritiert ja auch in seiner retrospektiven Begeisterung für die uralten Siege, daß seine Ahnen vermutlich just in den schweren Rüstungen der Österreicher steckten – nur die wenigsten Schweizer heißen Melchthal oder Stauffacher und stammen aus der Umgebung des Rütli –, die 1315 im kleinen See von Morgarten vergurgelten. Viele dieser Österreicher kamen aus dem Zürichgebiet oder dem

Thurgau: Schließlich steht auch die Habsburg, Stammsitz derer mit den Unterlippen, in der Nähe von Brugg.

Von Anfang an bis in Gottfried Kellers Tage war diese Eidgenossenschaft ein Bündel autonomer Kleinstaaten – die zuweilen nicht mehr als ein Tal mit ein paar Dörfern waren –, und noch der extreme Föderalismus der von den Zeitgenossen als zentralistisch empfundenen Bundesverfassung von 1848 spiegelt das: mehr, noch mehr war (mitten in der radikalen Begeisterung für die Zentralregierung) nicht durchzusetzen. Bis dahin – vernachlässigen wir der Einfachheit halber die Jahre der Besetzung durch Napoleon – war das einzige gemeinsame Instrument der Eidgenossenschaft die sogenannte Tagsatzung gewesen, eine durchaus selten, an wechselnden Orten stattfindende Versammlung von Regierungsvertretern der Kantone, die keine autonomen Entscheide fällen durften und also bei jeder unerwarteten Wendung der Verhandlungen nach Hause reiten mußten, um sich neue Instruktionen zu holen. Zwar gab es nach 1815, als Napoleon auch sein Waterloo hinter sich hatte und die Schweiz gerade noch einmal darum herumgekommen war, von den Österreichern und den Preußen gefressen zu werden, ein paar zentralistische Einrichtungen mehr – eine hilflose »Bundesversammlung« sollte wichtige außenpolitische Entscheidungen treffen können –, aber eidgenössische Solidarität war auch dann noch selten mehr als eine außenpolitische Notwendigkeit, und oft genug eine rein wirtschaftliche. Ein Luzerner, nur zum Beispiel, konnte keinen Handel treiben ohne den *goodwill* der Urner, durch deren Schluchten die Gotthardstraße führte; und die Basler etwa wandten sich der Eidgenossenschaft, auch als sie längst ihr Mitglied waren, nur dann herzlicher zu, wenn ihre Wirtschaft das dringlich erforderte. Die Zürcher führten mit den Schwyzern Kriege, und manche Gebiete (die Waadt, der Aargau) waren rechtloses Untertanenland, das von den Mächtigen ausgebeutet werden konnte und wurde. Wenn die Kutsche eines Berner Herrn durch Lausanne oder Aarau rumpelte, mußten die Eingeborenen die Kappen von den Köpfen reißen.

Wäre im übrigen, zu Beginn des 14. Jahrhunderts, dieses Interessenbündnis nicht gleich so ungeheuerlich erfolgreich vom Stapel gelaufen: es gäbe die Schweiz heute gewiß nicht. Aber die militärischen Triumphe der improvisiert bewaffneten Bergbauern über die High-Tech-Maschinerie der damaligen Ritterheere hatten eine gewaltige Wirkung auf alle, die davon hörten. Niemand hatte so etwas erwartet. Auf unsre heutigen Verhältnisse übertragen: Etwa gleich verblüfft hätten wir in den Fernseher geschaut, wenn damals, vor ein paar Jahren, die Milizen von Grenada die US-Landetruppen im karibischen Meer ertränkt hätten. Die deutschen Kaiser, mit anderen Problemen beschäftigt, hatten diesen fernen Berglern auch darum immer mehr Freiheiten zugestanden (um deren Bewahrung es nach der Krönung von Rudolph von Habsburg ging), weil deren waldige Täler ganz ausgesprochen dem Arsch der Welt glichen. So waren die gleißenden Ritter plaudernd, sich die schroffen Schlünde zeigend und von den zurückgebliebenen Damen scherzend, auf ihre Disziplinierungsexpedition gezogen: Und plötzlich waren sie tot. Die Nachbarn der unerwarteten Sieger sahen sich nun von diesen aus dem Nichts aufgetauchten Rabauken besser vertreten, und die klassischen Großmächte mußten ihre Militärtechnik neu überdenken. Nach Morgarten waren Ritterschlachten unmöglich geworden, obwohl es dann, weil Militärs träge sind, noch manche gab.

Die Eidgenossenschaft – der Name »Schweiz« ist auch heute noch inoffizielles Kürzel – wuchs rapide an: Waren ihre Mitglieder zuerst nur die Bewohner rund um den Vierwaldstättersee gewesen, so wurde sie bald zu einem Verbund aus acht (1353), dann gar dreizehn Orten (1513), in dem dann nicht mehr die tapferen Gründer, sondern die reichen Städte Bern und Zürich das Sagen hatten. Vor allem Bern versuchte sich in regelrechter Großmachtpolitik (die Welt war damals noch kleiner als heute). Karl der Kühne von Burgund etwa, ein echter Großmächtiger, bekam das zu spüren – er wurde erschlagen –, als er zur gleichen Zeit das gleiche versuchte – noch großmächtiger zu werden –, und zwar just auf Kosten der Berner. So verlor er, wie der seither nie mehr vergessene Reim sagt, bei Grandson das Gut, bei Murten den Mut und bei Nancy das Blut. 1515 allerdings, mit der Niederlage von Marignano, nahm es mit dem immer übermütiger gewordenen Muskelzeigen ein jähes Ende. Die Armee von François I. von Frankreich, die wiederum, diesmal von den Schweizern unbemerkt, einen Technologiesprung geschafft hatte und plötzlich über Geschütze verfügte, die auch trafen, zerfetzte das sowieso kleinere Heer der Eidgenossen. Der Nimbus der Unbesiegbarkeit war dahin. Nun wurde das »Stillesitzen«, das bei Bedarf auch früher schon gepflegt worden war, plötzlich zur ersten außenpolitischen Tugend: das A und O der Schweiz bis heute, nur daß es nun

Neutralität genannt wird. Die Niederlage von Marignano jedoch hat sich im kollektiven Bewußtsein der Nachkommen längst in einen Sieg verwandelt, denn wie könnte die außenpolitische Vernunft, die ihr kleiner Staat seither gezeigt hat, einer Niederlage entsprungen sein?

Eine andere, mindestens so folgenreiche militärische Niederlage ist aus der Erinnerung gar gänzlich gelöscht. Es ist, als hätte es sie nie gegeben. Denn so genau sich alle an Marignano erinnern – wenn auch in einem Triumph des eigenen politischen Willens uminterpretiert –, so radikal haben sie vergessen, daß 1798 französische Truppen in die Schweiz einmarschiert waren, ohne nennenswerten Widerstand zu finden übrigens. Mehr noch, diese – gemessen an Erfahrungen, die man in Kriegen sonst so macht – recht humanen Eroberer verhalfen den Kantonen zu ihrer ersten gemeinsamen Verfassung – jener der »République Helvétique« – und ersetzten das mittelalterliche Gesetzeswirrwarr der einzelnen Orte durch den Code Napoléon.

Natürlich war das Anwendung von Gewalt, und gewiß sorgte Napoleon dafür, daß *er* das Sagen behielt: Dennoch aber hatten die Schweizer plötzlich eine fortschrittliche Verfassung und Gesetzgebung. Keine Grenzen mehr zwischen den Kantonen, und freie Bürger überall. Pressefreiheit. Keine Folter mehr. Unabhängige Gerichte. Das Glück war wieder von außen gekommen. Ja, sogar der unerquicklichste Aspekt der Helvetischen Republik – niemand konnte übersehen, daß alle Freiheiten ihre Grenzen an den Freiheiten hatten, die sich die Franzosen herausnahmen – war für die staatliche Zukunft einer »Schweiz« durchaus förderlich: Wenigstens hie und da – in der gemeinsamen Wut auf die fremden Besatzer – fühlten sich Zürcher oder Berner oder Luzerner als »Schweizer«. Zwar versuchte der Wiener Kongreß (1815), der die – in sich zerstrittene und entsprechend widersprüchlich verhandelnde – Schweizer Delegation mit nachlässiger Verachtung behandelte und der Schweiz dann doch die Neutralität garantierte, manche freiheitliche Errungenschaften wieder rückgängig zu machen: Aber die Zöpfe der Berner und Zürcher Patrizier waren doch schon zu lange ab gewesen – ihre Träger alt oder tot –, und es wurde nie mehr so wie einst. (So reaktionär der Wiener Kongreß im übrigen auch denken mochte: Er bremste auch geradezu monströs altväterliche Ansinnen mancher Eidgenossen, etwa das der Berner, zur dreizehnörtigen Eidgenossenschaft zurückzukehren, oder der Schwyzer, die sogar – in allem Ernst – den territorialen Zustand von 1315 wiederherstellen wollten.) Als später dann die Bundesverfassung von 1848 ausgearbeitet wurde, war die der Helvetischen Republik, auch wenn sie nur wenige Jahre in Kraft gewesen war, nicht vergessen. Sie wurde, neben der amerikanischen und den eigenen Bedürfnissen der radikalen Sieger, zum Modell.

Das *Fähnlein der sieben Aufrechten* spiegelt den Erinnerungsglanz an eine handwerkshafte Paradieszeit um 1848 in die längst erhitzt industrialisierten Sechzigerjahre hinein. Aber das ist eine Idealisierung Kellers. Denn auch in der Schweiz hatte die Industrialisierung deutlich vor 1848 eingesetzt. Ja, um die Jahrhundertmitte hatte sie es darin sogar weiter als die meisten andern europäischen Staaten gebracht. Allerdings mit gravierenden Unterschieden. Denn anderswo, in England vor allem, hatten sich jene grauen Städte mit den rauchenden Schloten entwickelt – Manchester als Prototyp für viele andere –, und Millionen Männer und Frauen, denen noch das Blöken der Schafe ihrer heimatlichen Hügel in den Herzen klang, sahen sich unversehens in jenes städtische Proletariat verwandelt, dessen Anblick Karl Marx zu seinen Überlegungen stimulierte. Auch die Besitzer jener neuen Großunternehmen, die ersten Kapitalisten, hatten keine Verbindung zum Land mehr. In der Schweiz aber entzog die mechanisierte Großindustrie, die nun entstand und längst nicht so groß wie die englische war, der Landwirtschaft keine Arbeitsplätze; verpflanzte ihre Arbeiter auch nicht. Die Fabriken entstanden dort, wo die eh schon arbeitslosen Landleute wohnten. So gingen sie tagsüber in die Fabrik – unter durchaus trostlosen Bedingungen –, trieben aber abends noch ihre Landwirtschaft: wohnten zumeist wie zuvor. Die alten Strukturen blieben mehr oder minder erhalten. Eigentliche Fabrikstädte waren unbekannt.

Für eine allzu rasante Industrialisierung eignete sich das Land auch gar nicht. Es hatte keine Kohle und keine Eisenbahnen, sie herbeizuschaffen. 1848 – in England qualmten die Dampfrösser schon von Norden bis Süden – gab es in der Schweiz ganze fünfundzwanzig Bahnkilometer, die eben in diesem Jahr eröffnete Verbindung zwischen Baden und Zürich, eine ohne die geplante, aber am Geldmangel gescheiterte Fortsetzung nach Basel ziemlich sinnlose Verbindung, deren wichtigstes Transportgut denn auch die Waren einer Badener Spezialbäckerei, die sogenannten spanischen Brötchen, blieben. Es gab nur Wasser, davon allerdings reichlich, und so siedelten sich die Betriebe an den Flüssen an. (Später, als das schweizerische Eisenbahnnetz geplant wurde, sollten zuerst einzig Verbindungen zwischen den Wasserwegen geschaffen werden; erst spät setzte sich die Ansicht durch, ein von den Flußläufen unabhängiges Verkehrsnetz zu schaffen.) Manchmal führten die Flüsse zu wenig Wasser, und dann wurde die Arbeit eingestellt. Dann wieder drehten sich die Räder nur träge, und so wurde eben besonders lange gearbeitet. Diese neuen Industrien – sie stellten vor allem Textilien her – versuchten sich dennoch in einer Art moderner Massenproduktion. Jedenfalls produzierten sie weit mehr als der Binnenmarkt aufnehmen konnte und brauchten den Export. Aber sie erreichten die Standards der europäischen Konkurrenz nicht, noch nicht, und so mußten sie – ähnlich den heutigen Billigproduktländern in Asien, nur in umgekehrter Richtung eben – ihren Schrott für wenig Geld nach Indien liefern, oder in die Levante. (Die traditionellen »Industrien«, die vor allem in der Westschweiz und in Basel ansässig waren, waren keine Industrien im modernen Sinn. Die Uhrmacher von Genf, von Neuchâtel oder aus dem Kanton Bern bauten gute Uhren, aber sie stellten sie weitgehend in Heimarbeit her, oder in kleinen Werkstätten, die oft auch auf dem Land anzutreffen waren. Ähnlich die Seidenbändel aus Basel.)

Was sonst noch in der Schweiz produziert wurde, ließ sich überhaupt nicht exportieren. Es gab ein bißchen Metallindustrie, oder Wein, den die Schweizer, weil die umliegenden Länder jeden Export unterbanden, selber trinken mußten. Sogar die Viehzucht spielte noch eine geringe Rolle. Es gab viel weniger Kühe! Das Emmental zum Beispiel versuchte sich mit dem Weben von Leinwand aus selbstgezogenem Flachs durchzubringen, und noch 1850 machte sich Jeremias Gotthelf, zugegeben ein sehr konservativer Herr, in seiner *Käserei in der Vehfreude* über das neue kommerzielle Käsen lustig. Tatsächlich waren die genossenschaftlich geführten Betriebe eben erst gegründet worden. Gotthelf aß damals seinen ersten Emmentaler, und er schmeckte ihm – anders als anderen – nicht besonders.

Hätte es im übrigen jenen Menschenhandel, dessen Reste mit der 1830er-Revolution verschwanden, nie gegeben: die Schweiz wäre vielleicht eine Art Binnen-Irland geblieben. Armut, grünes Gras, aber alles unverändert wild und schön. Ein Traum von ambivalentem Reiz. Die Söldnerverträge hatten ja nicht nur bares Geld gebracht. Sie hatten auch, dank der Klauseln, die mit diesen Abmachungen verbunden waren, den Absatz schweizerischer Waren im Ausland erst ermöglicht. Und aus dem Menschenhandel stammte ein guter Teil des Kapitals, das jetzt die Industrialisierung finanzierte.

Noch 1847 wußte niemand, daß »1848« 1848 stattfinden würde

»1848« verlief in der Schweiz »glücklich«, anders als in allen Ländern ringsum. Zwar ging es auch nicht ohne Gewalt ab – mehr als zweihundert Tote in den Vierzigerjahren erinnerten die Überlebenden daran, daß die Verwandlung ihres Lands aus einem ständisch regierten Kleinstaatenbündel in eine moderne Demokratie doch auf Erden und nicht im Paradies stattgefunden hatte –, dennoch aber setzte sich die neue Verfassung legal oder mindestens nahezu legal durch. Sie war der Beschluß der gewählten Vertreter der alten, noch souveränen Kantone und wurde danach durch eine Volksabstimmung – deutlich – sanktioniert. Aber natürlich hatte es dennoch jahrelang schon nach Revolution gerochen, und offene Gewalt hatte es unter anderem bei einem mißglückten Putsch der Radikalen in Luzern (1844), während der Freischarenzüge von 1844 und 1845, in Lausanne im selben Jahr und natürlich vor allem im Sonderbundskrieg von 1847, von dem später noch die Rede sein wird, gegeben. Trotzdem: Während in Frankreich Minister Cavaignac die »rote Gefahr« – wie alt doch diese lieben Begriffe sind! – zusammenschießen ließ und die verschreckten Bürger die Birne von damals, Louis Napoléon, zum schützenden Papa wählten; während in Deutschland, trotz der schönen Reden in der Paulskirche, endlich alles schiefging, weil die Revolution nicht kaiserlich bewilligt wurde; während den Italienern (»L'Italia farà da se!«) der General Radetzky den Marsch blies; während die Aufstände in Wien und Ungarn nur dazu führten, daß ein Kaiser (Ferdinand I.) durch einen andern (Franz Joseph I.) ersetzt wurde; während also überall Versuche, dem Volk mehr oder überhaupt erst Rechte zu geben, scheiterten – Tote, Tote –, fanden in der Schweiz seit den Zwanzigerjahren Konzepte, die auf einen demokratischen Bundesstaat zielten, immer mehr Zustimmung, und dies nicht nur bei Revoluzzern oder Kommunisten (»Diese Kommunisten sind wie besessen«, schrieb der erschrockene Gottfried Keller 1843 in sein Tagebuch; 1848 notierte er dann aber: »Nein, es darf keine Privatleute mehr geben!«), sondern auch innerhalb des Regierungs-Establishments einzelner Kantone.

Denn so verschnarcht, wie das die Legende will, waren auch die ersten Jahre nach 1815 nicht. Gewiß hatte, durch Napoleons Katastrophen-Politik, der politische »Fortschritt«, wie ihn die Französische Revolution – auch schon mit viel Blut – definiert hatte, bis auf weiteres abgewirtschaftet. Mit ihm auch manch anderer Fortschritt, der ökonomische zum Beispiel. Nun sah man in den feineren Häusern von Basel, Bern, Zürich und auch Schwyz wieder Perücken, und ihre Träger drehten das Rad der Zeit zuweilen geradezu hysterisch zurück. Die alten Macht-Familien etablierten sich wieder auf ihren noch sitzwarmen Regierungsstühlen, auch wenn sie nun, teils mehr, teils weniger, an Marionettenfäden hingen, an denen Fürst Metternich zuweilen zupfte. Wieder waren es jene wenigen »ratsfähigen« Familien, die die (oberen) Stellen in Staat, Kirche und Militär besetzten. Das alte Recht – in jedem Kanton ein anderes – wurde erneut eingeführt, und einzelne Kantone wie Fribourg folterten ihre Nichtgeständigen auch wieder, wie in den alten Tagen.

Aber die Zeit lief nur scheinbar plötzlich in der Gegenrichtung. Sie stand nicht einmal still. Denn just in jenen Jahren, da sie die neuen alten Machthaber förmlich einzufrieren versuchten, begann sich die europäische Welt, und mit ihr die Schweiz, explosionsartig zu entwickeln. Die Bevölkerung nahm zu, und mehr noch all das, was diese Bevölkerung trieb. 1798 hatte die Schweiz noch 1,5 Millionen Einwohner; um 1840 waren es immerhin 2,25 Millionen.

1829 zum Beispiel verließen – man muß die Zahlen zitieren, die man findet – 2000 Reisende die Stadt Basel mit der Postkutsche: 1835 waren es schon 13 000, und 1845 28 000. Im selben Basel wurde 1821 die Einfuhr von 262 000 Zentnern Waren registriert. 1845 waren es bereits 901 000. Die sich gemächlich verändernde Kultur – noch starb der Mensch schneller als seine Umwelt – begann »heiß« zu werden, und allein das Tragen von Perücken und das Beschwören alter Werte konnte sie nicht daran hindern.

In die Jahre sturster politischer Restauration fällt der Beginn der modernen Industrialisierung der Schweiz. Es war gleichzeitig eine Art Neubeginn überhaupt. Denn die Wirtschaft des Ancien régime – schließlich war da auch schon produziert und gehandelt worden, wenn auch noch handwerkshafter – war durch Napoleons Blockade-Politik, die auf England zielte und den Ruin anderer Staaten in Kauf nahm, so ziemlich auf Null gebracht worden. Um 1815 befand sich die Schweiz in einem eigentlichen Erschöpfungszustand, der durch katastrophale Ernten 1816 und 1817 auch nicht verbessert wurde. Dazu kam, daß nun England, kaum gab es keine Handelssperren mehr, Europa und die Schweiz mit Industrieprodukten überschwemmte. Es gab Konkurse jede Menge; gerade die altehrwürdigen Häuser kamen oft nicht mehr mit. Und gleichzeitig begann der Versuch, es diesen Engländern gleichzutun und auch industriell zu arbeiten. Die ersten mechanisierten Betriebe entstanden, fast alle außerhalb der Städte. Sie standen am Beginn einer Entwicklung, die bald boomartige Formen annahm. 1842 gab es rings um Zürich herum – Uster, Rüti, Wald etc. – 680 Textilfabriken mit 12 000 Webstühlen, während in der Stadt selber ganze 21 Betriebe über 142 Stühle verfügten.

In dieser neuen Wirtschaft – in der alten, soweit es sie noch gab, sowieso – steckte natürlich wiederum das Geld der Reichen, und diese waren klarerweise oft die, die gerade eben wieder an die Macht gekommen waren und aus tiefstem Herzen an den altvertrauten politischen Strukturen festhalten wollten: Privilegien für sie, und nur für sie. Aber diese Strukturen behinderten sie nun auch, zuweilen auf geradezu groteske Weise. Die Behörden – sie selbst –, die eigentlich alles für die Belebung von Handel und Industrie hätten tun müssen und dies auch tun wollten, sahen sich nur allzuoft in ihren eigenen Netzen verheddert. Zum Beispiel bezogen alle Kantone – souveräne Gebilde eben – einen bedeutenden Teil ihrer Einkünfte aus Hoheitsrechten, namentlich aus Zollgebühren und Weggeldern. Da und dort stellten diese sogar die einzige Einnahmequelle dar. Es herrschte erneut – unter durchaus veränderten Bedingungen jedoch – ein unübersehbares Wirrwarr aus mittelalterlichen Taxen (Tor-, Brücken- und Marktzöllen) und neuen Gebühren (Weggeldern, Transitpatenten). Auf Schritt und Tritt mußte ab- und umgeladen werden, gewogen, gemessen – und bezahlt. Die Schweiz kannte elf verschiedene Fuß-Maße, sechzig Ellen, eine Unmenge unterschiedlicher Maße für Getreide, Flüssigkeiten und Gewichte. Es gab über vierhundert kantonale, kommunale, ja selbst private Zollposten. Allein im Kanton Tessin kam der wackere Handelsmann, der die Gotthardstraße benutzte, an dreizehn Zöllen vorbei – und dann war er im Kanton Uri, und alles ging von vorn los. Die Kantonsregierungen, wiewohl Handel und Industrie aufs Innigste verbandelt, zeigten sich machtlos: Denn im souveränen Nachbarkanton saßen ihresgleichen, gleichermaßen stur und einsichtslos auf *ihren* Vorteil bedacht, und keine Verhandlungen brachten eine Besserung, auch wenn, wie das 1817 auf dem Höhepunkt der ökonomischen Krise geschah, die Kantonsvertreter eine Reihe grundsätzlicher Erklärungen, die sie zur brüderlichen Zusammenarbeit verpflichten sollten, feierlich unterzeichneten. Es war wie heutzutage.

Kein Wunder, daß ausländische Kaufleute bald einen Bogen um die Schweiz machten. Aber auch die Einheimischen begannen Konsequenzen aus dem Kuddelmuddel zu ziehen. Ein Zürcher Händler, der seinen Tuchballen nach Genf schicken wollte, tat das sinnvollerweise via Schaffhausen und dann um die Schweiz herum. Denn auch die vierzehn verschiedenen Postanstalten mit ihren jeweils gänzlich verschiedenen Tarifen machten Transporte nicht einfacher. Ein Brief quer durch die Schweiz kostete soviel wie einer von Istanbul nach Zürich! Dazu fehlte ein einheitliches Währungssystem: Es gab nur kantonale Währungen. Geschäfte wurden deshalb – so wie heute in unzähligen Drittweltländern, die den Dollar als Handelswährung benützen bzw. benützen müssen – zunehmend in ausländischem Geld abgeschlossen. Ja, selbst kantonale Banknoten lauteten zuweilen auf eine fremde Währung! Auch mehr als die Hälfte der umlaufenden Münzen, alltägliches Zahlungsmittel für Brot und Kartoffeln, kam aus dem Ausland. Es war für alle ein Wirrwarr, und eins von böser Ironie erst noch: Als hätten sich die Handelsherren selbst gefesselt, von tausend selbstgesponnenen Fäden zur Unbeweglichkeit verurteilte Gullivers, von schuldlosen Liliputanern bestaunt. Natürlich *liebten* sie den Gedanken an eine vereinigte Schweiz nicht, aber manche begannen ihn, still vorerst noch, hie und da zu denken. Ähnlich der EU, die auch kein Mensch von Herzen mag und die auch niemand verhindern kann. Und wie sollte unter diesen Umständen ein Eisenbahnnetz, dessen Notwendigkeit zunehmend deutlich wurde, gebaut werden? Umsteigen hinter jedem Hühnerhof, dreizehn verschiedene Spurweiten, Fahrpläne von Dorf zu Dorf?

Fünfzehn Jahre lang, bis 1830, wurden diese – und andere – Widersprüche immer größer, und dennoch schienen die konservativen Regierungen fest in ihren Sätteln zu sitzen. Ihre Vertreter, schon 1815 nicht mehr die jüngsten, alterten still vor sich hin. Da sie trotz allem das Land, verglichen mit dem schrecklichen Elend bei ihrem Amtsantritt, ein bißchen in Schwung gebracht hatten – der Linthkanal wurde gebaut, neue Straßen über die Alpen und den Jura eröffnet –, erwartete niemand, und sie am allerwenigsten, daß sie jäh die Macht verlieren würden, beinah überall im Land. Aber so geschah es. Wie dann achtzehn Jahre später erneut, gelang schon dieser Umsturz ohne eine Revolution, oder genauer gesagt, schon dieses Mal übernahmen andere, die Franzosen nämlich, die Mühen und Schmerzen, die mit Revolutionen verbunden sind. (Das erinnert mich an jenen alten Witz aus der in Würden versteinerten guten Gesellschaft von Basel: Merian und Bernoulli sitzen im Spital, wo beider Gattinnen einem freudigen Ereignis entgegensehen. Kommt die Krankenschwester und übergibt Merian einen strammen, prachtvollen Sohn. Ein Trumm. Bernoulli blickt voller Neid und fragt: »Sagen Sie, Merian, wo lassen *Sie* vögeln?«)

Die Revolution von 1830, die der Restauration in Frankreich den Garaus machte oder machen sollte, überraschte in der Schweiz so ungefähr jedermann. Auch die radikalen unter den oppositionellen Demokraten hatten sie nicht erwartet. Aber der Sturz Karls x. nahm den Konservativen allen Wind aus den Segeln und verlieh umgekehrt den Argumenten der Opposition eine Kraft, der sich niemand so leicht entzog, weil aus ihnen die Zeit selber zu sprechen schien. Viele der Kantonsregierungen, die gerade eben noch für die Ewigkeit eingerichtet zu sein schienen, wankten auf einmal. Innerhalb eines einzigen Jahres (1830/31) gaben sich elf Kantone, und zwar die bevölkerungsreichsten, neue Verfassungen: der Tessin, der Thurgau, der Aargau, Luzern, Zürich, St. Gallen, Fribourg, die Waadt, Solothurn, Bern und Schaffhausen.

Die neuen Verfassungen, wenngleich unterschiedlich, erklärten alle ausdrücklich die Souveränität des Volks und waren Modelle repräsentativer Demokratien: In allgemeinen Wahlen, von denen nun – fast – niemand mehr ausgeschlossen war – eigentlich nur noch jene Hälfte der Bevölkerung, die man Frauen nennt –, wurden die Parlamente gewählt, und die wiederum wählten die Regierenden und die Richter. Erließen die Gesetze. Nun wurde, nach der Helvetischen Republik zum zweiten Mal, die politische Gleichheit – fast – aller Bürger festgeschrieben, die Gewaltentrennung, das Petitionsrecht, die Pressefreiheit, Handels- und Gewerbefreiheit. Als hätte Rousseau den Verfassungsvätern die Federn geführt, oder eher noch Benjamin Constant. Die Souveränität der einzelnen Kantone blieb allerdings unangetastet: Dennoch waren es riesige Fortschritte. Die alten Privilegien wurden abgeschafft und verschwanden in der schwarzen Grube der Geschichte, so wie mehr und mehr auch ihre letzten Verteidiger. (Nicht überall übrigens gelangen diese sanften Revolutionen: In Genf und Graubünden lehnten die Landesgemeinden jede Veränderung ab. In Neuchâtel, das ein Schweizer Kanton *und* Privatbesitz des Königs von Preußen war – eine fürwahr bizarre Konstruktion –, kam es zu zwei Revolten, die beide mißlangen. In Basel, immer schon ein konservativer Ort, beharrten die Stadtbewohner auf ihren Vorteilen dem Land gegenüber, und ein regelrechter Bürgerkrieg mit Schießereien und Toten führte endlich zur Trennung von Stadt und Land in zwei Halbkantone, die lange Zeit – Spuren davon kann man heute noch entdecken – böse verfeindet blieben.)

Wenn in jenen Jahren nur die Ökonomie im Streit mit altväterischen politischen Strukturen gestanden hätte: Diese Widersprüche wären vielleicht zu lösen gewesen. Aber die Menschen – die »einfachen« sowieso, aber auch die, die sich als Macher sahen – wurden viel heftiger als vom Wirtschaftsalltag, dessen Verworrenheit ihnen ja auch zur vertrauten Natur geworden war, von den Auseinandersetzungen um die Kirchen gefangengenommen. Gott und Teufel, und wie weit ihre Vertreter auf Erden Einfluß in die Geschicke der einzelnen Menschen nehmen durften, das erregte jeden. Denn klarerweise hatten nach dem Sturz der antiklerikalen Franzosen auch die altehrwürdigen Kirchen wieder Oberwasser bekommen, und nicht selten waren nun gerade die schwärzesten Kirchenmänner die wirkungsvollsten. Im Wallis tauchten die Jesuiten, damals die verkörperte konservative Effizienz, schon 1814 wieder auf und wurden, als es bald darum ging, sie in allen katholischen Kantonen neu zu etablieren, *das* Ziel aller Wut und allen Eifers. Auch die Protestanten regten sich wieder, und da gerade in den von ihnen beherrschten Kantonen – den liberaleren alles in allem – das Christentum oft zu einer fast weltlichen Sittenlehre geworden war, versuchten auch sie, die Schrauben wieder vermehrt anzuziehen. Denn noch garantierten die Verfassungen keine konfessionellen Freiheiten: Wer in Zürich lebte, mußte protestantisch sein, und katholisch, wer in Luzern oder Schwyz. Es gab jetzt keine Extrawürste mehr. In der Westschweiz etwa wurden Sekten allein schon aus diesem Grund mit neuer Heftigkeit verfolgt.

Aber vor allem nach 1830 wurden die Spannungen zwischen den neuen Anforderungen, die der werdende Industriestaat stellte, und den traditionellen Geboten der Kirchen schier unerträglich. Viele, wenn nicht alle Menschen fühlten sie in sich selber, in ihrem Alltag, der aus harter Arbeit *und* dem vertrauten Kirchgang und Tischgebet bestand. Natürlich gab es vor allem in und mit jenen Kantonen Konflikte, die sich gerade eben neue Verfassungen gegeben hatten. Besonders die katholische Kirche war über die Siege des Liberalismus tief beunruhigt. Demokratie, Gedankenfreiheit, die Abschaffung aller Sonderrechte, öffentliche und ihrer Kontrolle entzogene Schulen: All das stand in tiefstem Widerspruch zu ihrer hierarchischen

Struktur. Zudem war der radikale Flügel der liberalen Partei, die nun unbestritten alle fortschrittlichen Menschen um sich sammelte, offen antiklerikal; und mit ihm waren es zuweilen ganze Regierungen, wie etwa die des Kantons Aargau, die 1841 kurzerhand alle Klöster aufhob (und drei von ihnen, unter erheblichem Druck von außen, wieder einrichten mußte). Dabei versammelte diese liberale Partei – auch der »Freisinn« genannt – die verschiedensten Menschen, auch gläubige natürlich. Aber die Radikalen – in der Partei eine durchaus kleine Minderheit und genau darum »radikal« genannt – hatten ausformulierte Konzepte und verliehen ihr die wichtigsten Impulse. Den Kern bildeten arme Intellektuelle vom Land oder aus dem städtischen Kleinbürgertum. Auch bei ihnen vermischten sich – sie waren Menschen, keine Engel – materielle Interessen mit glühend vertretenen politischen Idealen. Sie traten für die Rechtsgleichheit aller nicht nur ein, weil sie so wunderbar edel waren – einige von ihnen waren das vielleicht tatsächlich –, sondern auch weil sie sonst gar keine Chancen gehabt hätten: kaum die, sich ihr Brot zu verdienen. Aus demselben Grund waren sie allesamt auch Zentralisten: Nur ein Bundesstaat mit einheitlichen demokratischen Verfassungsartikeln stützte ihre Hoffnungen auf einer genügend breiten Basis ab.

Die Kirchen jedenfalls – noch nicht zu den halbwegs gezähmten Glaubensvereinen von heute geworden – taten alles, um ihren beträchtlichen politischen Einfluß zu retten. Sie predigten, sie drohten, und sie wandten Gewalt an, wo es ihnen möglich und sinnvoll erschien. Es kam zu offenen Machtkämpfen, und sie gingen keineswegs immer zugunsten der neuen Demokraten aus. Auch die Kirchen wußten bald mit den Vorteilen der neuen Demokratien umzugehen – diese hatten viel Macht aus der Stadt aufs Land hinaus verlagert, wo alte Gläubigkeit und die Angst vor der Strafe Gottes stärker verwurzelt war –, und sie vermochten hie und da das Ruder sogar in Kantonen, die bereits liberal geworden waren, nochmals herumzuwerfen.

Der »Züriputsch« von 1839 zum Beispiel zeigte jäh, wie labil die Sehnsucht nach der Demokratie in Wirklichkeit war und wie leicht sich die gleichen Menschen, die neun Jahre zuvor eine Verfassungsänderung überhaupt erst möglich gemacht hatten, vor einen Karren spannen ließen, der in die Gegenrichtung fuhr. (Das Wort »Putsch«, dies nebenbei, gelangte aus genau diesem Anlaß aus dem *Züritüütschen* in die deutsche Hochsprache.) Weil die Zürcher Regierung, voller Euphorie gerade auch in Bildungsfragen, den jungen David Friedrich Strauss auf den neutestamentlichen Lehrstuhl der eben gegründeten Universität berufen hatte – in seinem *Leben Jesu* hatte er, *horribile dictu,* den Quellenwert der Evangelien bestritten –, zogen die Bauern vom Umland, von einem wildgewordenen Pfarrer namens Hirzel angeführt, mit »Gewehren, Piken und Keulen« in die Stadt, psalmensingend auf dem Weg, tobsüchtig um sich schlagend in der Stadt. Ihre Wut war ernst zu nehmen, und sie schlugen denn auch einen prominenten Gegner auf der Straße tot. Die Zürcher Miliz ihrer-seits schoß fünfzehn Aufständische nieder. Den gerade zwanzigjährigen Gottfried Keller, einen glühenden Straussianer natürlich, hätte es auch erwischen können: Er war an jenem Herbstmorgen in Glattfelden draußen und half seinen bäuerlichen Verwandten beim Heuen. Als er die Kirchenglocken hörte und den Grund ihres panischen Bimmelns erfuhr, rannte er in die Stadt zurück, seiner Regierung zu helfen, jenen Weg, für den er im *Grünen Heinrich* in umgekehrter Richtung einen geschlagenen Tag gebraucht hatte. Aber obwohl er nun viel schneller war, kam er dennoch zu spät. Die liberale Regierung war – vielleicht an ihm vorbei – Hals über Kopf davongerannt. Strauss trat sein Lehramt nie an; nahm dafür eine schöne Sopranistin vom Zürcher Theater mit nach Hause. Und für kurze Zeit waren noch einmal die Konservativen dran.

Aber solche Rückschläge, wenn auch für die Beteiligten ungeheuer erregend, blieben doch Episoden. Die Kirchen waren – unter Drohgesten und in den katholischen Kantonen mit durchaus furchterregenden Kraftreserven – auf dem Rückzug. Natürlich hatte auch längst jeder begriffen, daß es in all den Streitereien, in der Jesuitenfrage zuallererst, weniger um den rechten Glauben als um Macht ging. Der Luzerner Schultheiß Siegwart-Müller, ein katholischer Konservativer, wollte es 1843 schließlich wissen. Er erklärte die Jesuiten in seinem Kanton für zugelassen, in einem Alleingang, der sich über Abmachungen der Tagsatzung – ihre Funktion wurde auf Seite 187 beschrieben – hinwegsetzte, und provozierte damit absichtsvoll seine liberalen Rivalen. Er *wollte*, daß sie möglichst heftig reagierten – vielleicht sogar mit Gewalt –, um endlich den lendenlahmen Metternich und den zögerlichen Louis-Philippe zu zwingen, Farbe zu bekennen, schwarze natürlich. Denn eine radikaldemokratische Schweiz konnten diese, so spekulierte er, nicht dulden. Wenn es zu innerschweizerischen Konflikten kam, *mußten* die Großmächte öffentlich und deutlich und wohl sogar mit eigenen Truppen jene Kantone unterstützen, die am Bundesvertrag von 1815, jenen paar kümmerlichen Paragraphen, festhielten. Wenn die Monarchien ringsum nur ein bißchen mehr Dampf machten, konnte ein demokratischer Bundesstaat keine Chance haben.

Aber der Plan ging nicht auf. Weder Österreich noch Frankreich – und auch nicht Preußen und Rußland – griffen ein, und sie taten es nicht einmal, als in den folgenden zwei Jahren ihre konservativen Freunde tatsächlich von durchaus illegalen radikalen Haufen bedrängt wurden. Sie taten so lange nichts – sahen sich gegenseitig auf die Finger –, bis ihnen die Ereignisse von 1848 in ihren eigenen Ländern über den Kopf wuchsen und die Bewohner der Schweiz ihre Angelegenheiten ohne die Großmächte regeln konnten.

Alles ging nun schnell, und es ging zunehmend schneller. Die Köpfe aller Beteiligten – es gab kaum mehr Unbeteiligte – glühten immer heißer, und immer mehr Menschen spürten, daß »etwas« geschah. 1844 wurde ein vor Erregung brodelndes Jahr, in dem die Zeitungen – wären Wörter tatsächlich Zündstoff – ihren Lesern Nummer für Nummer in den Händen hätten verbrennen müssen. Vom Schützenfest in Basel wollten viele gleich nach Luzern ziehen: Die Gewehre hatten sie ja schon in den Händen, und in der Krone hatten sie wohl auch schon einen. So absurd war der spontane Einfall nicht: Andere privat organisierte Waffenverbände marschierten 1844 tatsächlich auf die Alpen zu. Gottfried Keller, nun schon fünfundzwanzig, war auf einem der ersten dieser sogenannten Freischarenzüge dabei. Seine Gruppe, abenteuerlich bewaffnet und mit dem Feuer der radikalen Begeisterung als einziger Strategie, wurde allerdings bereits in Albisrieden von den Behörden zur Umkehr gezwungen, peinlich nah an Zürich und sehr weit vom Ziel, ähnlich jenen berühmten Ameisen, die nach Amerika wollten und nach den ersten Schritten weise auf den Rest der Reise verzichteten; sie allerdings aus freien Stücken.

Das hinderte Keller nicht daran, bei scheinbar besserer Gelegenheit wieder aufzubrechen, im März 1845 diesmal, und nun kam er bis Maschwanden, immerhin etwa halbwegs auf der Straße nach Luzern. Dort traf aber die erwartete Verstärkung nicht ein, und schließlich fuhren alle durch die dunkle Nacht auf Leiterwagen nach Zürich zurück. Der junge Jakob Dubs, der siebzehn Jahre später Bundesrat wurde, ritt – wohl nicht ganz zufällig – auch in jener lieblichen Gegend herum und traf seinen Freund mit dem Gewehr in der Hand. Er sah, daß Kellers Gewehrschloß statt eines Feuersteins nur ein Stückchen Holz hatte und lachte ihn dafür aus. Keller hatte sich die Flinte just bei jenem Schneidermeister ausgeliehen, der dann das Modell für den wackeren Hediger im *Fähnlein* abgab! Seine Schüsse wären weder hinten noch vorne hinaus gegangen!

Aber andere drangen wirklich bis in die Innerschweiz vor, etwa 3000 Männer. Sie hatten ihre Waffen aus den Zeughäusern geholt, die wie durch ein Wunder offen waren. Keine Miliz weit und breit, dafür mancher prominente Radikale, mitreitend. Aber obwohl alle, den Österreichern von Morgarten ähnlich, vom Gelingen ihres Handstreiches überzeugt schienen, scheiterte dieser schrecklich. Die Luzerner schossen die Freischärler zusammen. Es gab über 100 Tote, und 1800 Gefangene blieben in Luzern. Das sei ein »Sieg von weltbürgerlicher Bedeutung«, sagte Metternich, und trotz seiner verwirrten Wortwahl war auch damals klar, daß er sich freute, seine eigenen Truppen in ihren Kasernen lassen zu können.

Den Krieg, der nun immer unvermeidbarer schien und endlich auch nicht vermieden werden konnte, kann man nur zögernd einen Bürgerkrieg nennen. Immerhin beharrten alle Beteiligten darauf, souveräne Staatsgebilde zu vertreten. Die katholischen Kantone der Innerschweiz, denen bei früheren Kungeleien noch das protestantisch-konservative Basel-Stadt beigestanden hatte, hatten schon vor den Freischarenzügen eine Allianz gegen den Rest der Schweiz geschlossen, den »Sonderbund«: Luzern, Uri, Schwyz, Unterwalden, Zug, Fribourg und das Wallis gehörten ihm an, heute noch die katholischen Bastionen des Landes, und die konservativen. Zwar gelang ihnen mehrere Monate lang, das – auch nach dem bestehenden Bundesvertrag unmögliche – Bündnis geheimzuhalten, aber im Sommer 1846 kam doch alles raus. Pulverlieferungen aus dem österreichischen Norditalien waren abgefangen worden, und ähnliches. Die radikalen Kantone zeigten sich fest entschlossen, diesen Bund im Bund nicht zu dulden. Inzwischen konnten sie sicher sein, die Mehrheit des Volks hinter sich zu haben, und auch in der Tagsatzung, dem einzigen Instrument der gesamten Eidgenossenschaft, fehlten ihnen ganze zwei Stimmen zu einer Mehrheit. Vorläufig erklärte eine Schwund-Tagsatzung den Sonderbund für aufgelöst. Nur Appenzell-Innerrhoden wollte ihn tolerieren, und Basel-Stadt, der alte Freund, beließ es bei einer Rüge. Neuchâtel enthielt sich der Stimme.

Natürlich löste sich der Sonderbund nicht auf. Er wollte ja die Konfrontation. Am 21. November 1847 marschierten 100 000 Soldaten der liberalen Kantone in der Innerschweiz ein, nachdem kleinere Verbände Fribourg und das Wallis von ihren Verbündeten abgeschnitten hatten. Es kam auf den Hügeln vor Luzern zu Kämpfen, in denen die Innerschweizer bald die Übersicht verloren. General Dufour, nach dem die dankbare Schweiz bald darauf ihren höchsten Berg benannte, erwies sich als der bessere Stratege. In der Nacht vom 23. November ruderten konservative Armeeführer und Regierungsräte in Booten über den See und verschwanden im Dickicht der Dörfer des Urnerlands.

In Fribourg, Luzern und im Wallis übernahmen die Radikalen die Regierung. Damit hatten sie auch in der Tagsatzung eine Mehrheit und konnten daran gehen, eine neue Bundesverfassung zu entwerfen und einzuführen. Das dauerte ein paar Monate, und so fand »1848« nicht mehr 1847, sondern 1848 statt. Die neue Verfassung kam so maßvoll heraus, daß sie zum Beispiel den inzwischen kompromißlos radikal gewordenen Bernern nicht zentralistisch genug war: Nur mit Mühe konnten sie dazu bewegt werden, überhaupt für sie zu stimmen. Und manchen Konservativen schien umgekehrt das Neue plötzlich gar nicht mehr so gefährlich zu sein, und sie bejahten es. So oder so war die Zustimmung des Volkes – die Verfassungsarbeit sollte durch die Bürger der Kantone sanktioniert werden; die Bürgerinnen wurden natürlich wieder nicht befragt – dann deutlich.

Die erste Demokratie Europas war entstanden, die erste, die mit dem – in der Theorie schon längst und weitherum anerkannten – Prinzip der Gleichheit aller Menschen auf Dauer politisch Ernst zu machen vermochte. Die Verfassung von 1848 gilt – nach Revisionen 1866 und 1874, die den Bund und manche Elemente einer direkten Demokratie stärkten – heute noch. Und inzwischen gehören auch die Frauen dazu, und die Juden, deren Gleichberechtigung bis 1866 Anlaß zu heftigen Auseinandersetzungen gab.

Die lange, verworrene Geschichte ist erzählt. Jetzt, wo wir sie kennen, können wir viel kürzer sagen, wieso sie, anders als überall sonst, glücklich verlief. Sechs gute Gründe sehe ich.

1. Die Schweiz war nie eine Monarchie gewesen, und schon die alte, ständisch regierte Eidgenossenschaft kannte demokratieähnliche Entscheidungsprozesse, etwa in den Landsgemeinden. Es gab vor allem keine geliebte oder verhaßte Symbolfigur – keinen Louis Philippe oder Friedrich Wilhelm oder Ferdinand –, die durch eine Revolution hätte gestürzt werden müssen.

2. Der Bundesstaat wurde aus ökonomischen Gründen eine Notwendigkeit für *alle*.

3. Gerade in den bevölkerungsreichsten Kantonen hatten sich demokratische Verfassungen seit achtzehn Jahren bewährt.

4. Der Kampf gegen die Machtansprüche der Kirchen konnte gewonnen werden, weil die Landbevölkerung, ob-

wohl traditionell religiös, mit den ökonomischen Mißständen ständig und hautnah konfrontiert war und sich, da die Kirchen keine eigenen Lösungen anboten, mehr und mehr auf die Seite der Liberalen schlug.

5. Die Großmächte mischten sich, tatsächlich wider Erwarten, nicht ein, hauptsächlich wohl, um die unter ihnen herrschenden, mühsam ausgeglichenen Spannungen nicht wieder aufbrechen zu lassen. Und dann, 1848, hatten sie mit sich selber genug zu tun.

6. Die radikal-liberalen Vordenker der neuen Verfassung waren nicht allein. Überall in Europa wurde, unter anderen Voraussetzungen und mit anderen Strategien, Ähnliches angestrebt, und der Kontakt zu den aus Deutschland geflohenen Demokraten war eng. Kein Wunder, daß die Schweizer am Ende recht verblüfft waren, daß ihnen das Werk gelungen war, und nur ihnen.

Der Boom: Zürich nach 1848

Als Gottfried Keller – nach sieben Jahren, so wie später sein Martin Salander – 1855 aus Berlin zurückkam, fand er ein verändertes Zürich vor. Zwar war es auch in den Jahren vor seiner Abreise nicht mehr ganz das selbstgenügsame Städtchen gewesen, das sich, über Jahrhunderte nahezu unverändert, in seinen mittelalterlichen Mauern wohl gefühlt hatte. Immerhin aber waren diese Befestigungen 1833 noch keineswegs geschleift worden, weil die Stadt aus ihren Nähten platzte, sondern weil die neue liberale Regierung der skeptischen Landbevölkerung demonstrieren wollte, daß sie mit allen Herrschaftsansprüchen Schluß machte. Und als Fluchtburg wurde die Stadt auch nicht mehr benötigt.

Jetzt aber stolperte Keller über eine Baustelle nach der andern. Die Stadt expandierte plötzlich atemberaubend schnell, vor allem zum sonnigen Zürichberg hin, einer Anhöhe voller Obstgärten und Rebberge. Aus den 10 000 Einwohnern, die Zürich um die Jahrhundertwende gehabt hatte, waren etwa 35 000 geworden. Und von nun an wuchs die Stadt so schnell, daß man ihr dabei zusehen konnte. Als Keller starb, wohnten – Dörfer wie Hottingen oder Fluntern, in die sie hineingewachsen war, mitgerechnet – etwas 100 000 Menschen in ihr.

In dieses Hottingen, an den neuen Stadtrand, waren auch Kellers Mutter und Schwester hinausgeschwemmt worden, und Gottfried, der den Traum gehegt hatte, als gemachter Mann zurückzukommen und doch nichts als einen Haufen Schulden heimbrachte – ja, und den fertigen *Grünen Heinrich* –, mußte bei den beiden Frauen Quartier beziehen. Dort, an der Gemeindegasse, die heute Gemeindestraße heißt und immer noch ein paar Häuser aus jenen Jahren beherbergt, konnte er in den folgenden Jahren zusehen, was ein Bauboom ist. Am nahen Zeltweg vor allem, durch den auch ein Teil des Fernverkehrs Richtung Südosten ging, entstand Haus um Haus, bis weit über das »Chrüz«, den heutigen Kreuzplatz, hinaus. Vorerst allerdings hatte Keller es noch recht idyllisch. Die rechte Seite der Gemeindegasse, zürichbergwärts gehend, war noch unbebaut. »Wir wohnen zu ebener Erde im Garten vor der Stadt« – das Haus stand am Ort der heutigen Nr. 27, artgleich dem Haus Nr. 17, das überlebt hat – »Reben am Fenster und soeben blühende Birn- und Apfelbäumchen davor, die man mit der Hand erlangen kann. Später soll alles voll Rosen sein, den vielen Stöcken nach zu schließen, und weiterhin gibts nichts als Wiesen und am Rande Gehölz, hinter welchem man in der Stube den Mond aufgehen sieht und am Morgen die Sonne.«

Zuerst fand Keller an der neuen Dynamik durchaus Gefallen. Denn der Ungeist des neuen Geldes wurde vom Geist jener vielen Demokraten aus Deutschland überstrahlt, die ihr Land hatten verlassen müssen und aus dem eben noch provinziellen Zürich ein kulturelles und politisches Zentrum machten, in dem so häufig hochdeutsch gesprochen wurde, daß manche sich in einer deutschen Stadt wähnten. »Hier in Zürich geht es bis dato gut«, meldete denn auch ein entzückter Keller ins eben verlassene Berlin zurück. »Ich habe die beste Gesellschaft und sehe vielerlei Leute, wie sie in Berlin nicht so hübsch beisammen sind. Auch eine rheinische Familie Wesendonck ist hier, ursprünglich aus Düsseldorf, die aber eine Zeitlang in Neuyork waren. Sie ist eine sehr hübsche Frau namens Mathilde Luckemeier, und machen diese Leute ein elegantes Haus, bauen auch eine prächtige Villa in der Nähe der Stadt, diese haben mich freundlich aufgenommen. Dann gibt es bei einem eleganten Regierungsrat feine Soupers, wo Richard Wagner, Semper, der das Dresdner Theater und Museum baute, der Tübinger Vischer und einige Züricher zusammengekommen und wo man morgens um 2 Uhr nach genugsamem Schwelgen eine Tasse heißen Tee und eine Havannazigarre bekommt. Wagner selbst verabreicht zuweilen einen soliden Mittagstisch, wo tapfer pokuliert wird, so daß ich, der ich glaubte aus dem Berliner Materialismus heraus zu sein, vom Regen in die Traufe gekommen bin. An diversen zürcherischen Zweckessen bin ich auch schon gewesen; man kocht sehr gut hier, und an Raffiniertheiten ist durchaus kein Mangel, so daß es hohe Zeit war, daß ich heimkehrte, um meinen Landsleuten Moral und Mäßigung zu predigen, zu welchem Zweck ich aber erst alles aufmerksam durchkosten muß, um den Gegenstand recht kennen zu lernen, den ich befehden will.«

Allerdings verwandelten sich die Wiesen und Gehölze am Zürichberg, auf die Keller so traulich blickte, eher schnell als allmählich aus altererbtem Grund und Boden in Spekulationsland. Die Bauern verkauften – unter dem Druck steigender Preise – ihr Land, und manche wurden durchaus unfreiwillig Landwirte mit Geld, aber ohne Boden. Nicht nur die Bodenpreise schnellten in die Höhe, auch die Lebenskosten taten es, so daß um 1860 alles doppelt so teuer war als zu der Zeit, da Keller die Stadt verlassen hatte. Überall wurden neue Fabriken gebaut. Straßen entstanden. Während das erste Dampfschiff den Zürichsee 1833 noch auf dem Landweg erreicht hatte – es kam, von England her, den Rhein hoch, wurde in Kaiserstuhl in seine Einzelteile zerlegt, auf Pferdekarren nach Zürich gefahren und dort wieder zusammengesetzt –, baute um 1860 die Maschinenfabrik Escher-Wyss schon Dampfer in Serie, Webmaschinen und Lokomotiven. Die neuen Eisenbahnen brachten die sichtbarsten Veränderungen, erregten die Menschen am meisten und kosteten so viel wie nichts bisher. 1860 führte bereits eine Linie nach Winterthur, Schaffhausen und Romanshorn, eine zweite nach St. Gallen, und eine nach Süden, über Rüti und Rapperswil, nach Sargans und Chur. (Nur die allererste Strecke, die nach Basel, blieb weiterhin in Baden stecken.) Neben den Eisenbahnen und dem Maschinenbau boomte vor allem die altvertraute Textilindustrie: nun aber mit modernen Maschinen und in entsprechend verbesserter Qualität. Nun wurden die Schweizer Stoffe, ehemals eher Ramsch, wegen ihres Raffinements berühmt. Neue Branchen faßten in Zürich Fuß: Papier, Geschirr, Öfen und sogar Zigarren.

Das alles brachte nicht nur, es schrie auch nach Geld. Die hohen Investitionen mußten finanziert werden, und die altväterische Art des Geldausleihens in den kleinen Bankhäusern aus der Zeit des Ancien régime genügte dem Finanzvolumen bei weitem nicht mehr. Vor allem der Eisenbahnbau verschlang märchenhafte Summen. Der rührige Alfred Escher wollte Zürich zum schweizerischen Eisenbahnzentrum machen und hatte damit auch halbwegs Erfolg: Allerdings führte just die Gotthard-Linie, sein Herzenskind, schließlich an der Stadt vorbei. (Der Tunnel, für den er heftig gekämpft hatte, wurde ein Jahr nach seinem frühen Tod – 1883 – begonnen.) Neue Finanzierungsmodelle wurden eingeführt: Nun konnte sich das »große Publikum« an den profitversprechenden Projekten beteiligen und tat dies auch eifrig. Zürich wurde so eisenbahnverrückt, daß 1856, während des traditionellen *Sächsilüüte*-Fests, überdimensionale Papp- und Holz-Lokomotiven in den Bundesfarben durch die Stadt gezogen wurden, auf denen kostümierte Figuren saßen, die zeigten, wie weit diese Maschinen von Zürich aus einst fahren sollten: Lappen sah man da, oder Tataren. Um diese Projekte nicht weiterhin ausländischen Großbanken wie der Rothschildschen in Frankfurt zu überlassen – diese hatte die Linie nach Winterthur und Romanshorn finanziert –, gründete Escher 1856 die Schweizerische Kreditanstalt. Sie wurde *die* Eisenbahnbank und investierte bald auch im Maschinenbau und in der Textilindustrie, streckte sogar dem Kanton Geld vor und lieh später, als 1870 der deutsch-französische Krieg ausbrach, dem Bund die Mittel, die ihm für die Mobilisation seiner Streitkräfte fehlten. Zürich, das bis dahin als Finanzplatz keine bedeutende Rolle gespielt hatte – im Ancien régime standen die bedeutenden Schweizer Bankhäuser in Genf –, wurde nun auch zu einem Bankenzentrum.

Jenes Elend, das ein erhitzter Kapitalismus denen ohne Geld bringt, kam damit natürlich auch in die Stadt. Da sie nun unversehens – Basel, Genf, Bern überflügelnd – zum ökonomischen Zentrum des Landes geworden war, hatte sie auch alle sozialen Konflikte auszutragen. Oft sogar tat sie das stellvertretend für die ganze Schweiz, alleine. (Das ist bis heute so geblieben: Noch die Jugendunruhen von 1968 und 1980 fanden außerhalb Zürichs nur vereinzeltes Echo.) Auch im zürcherischen Frühkapitalismus waren die Löhne schlecht und die Arbeitsbedingungen mörderisch. Im Maschinenbau brach man sich alle Knochen, und wenn man Stoffe färbte, vergiftete man sich. Und wie überall wehrten sich die Unternehmer, die neuerrungenen Freiheiten sofort in *ihre* Freiheiten uminterpretierend, gegen jede Regelung, die die Arbeiter schützen mochte. Trotzdem wurde schon 1833 eine erste Kommission eingesetzt, die die Arbeitsbedingungen in den neuen Industrien untersuchen sollte, und diese schaffte es bis 1837 tatsächlich, daß die Regierung einige Bestimmungen erließ, die der Ausbeutungsgier der Industrieherren erste Grenzen setzen sollten. Kontrollen gab es allerdings erst nach 1850.

1859 trat endlich ein erstes Fabrikgesetz in Kraft. Nun durften die Frauen und Kinder nur noch dreizehn Stunden lang arbeiten! Und Kinder unter zwölf Jahren überhaupt nicht mehr! *Wie* entsetzlich die Zustände waren, mag ein Bericht über die Kinderarbeit zeigen, den der Bundesrat für die gesamte Schweiz – nicht nur für Zürich – in jenen Jahren ausarbeiten ließ. »Außer den Kantonen Obwalden, Solothurn, Appenzell-Innerrhoden, Wallis, Genf, in welchen keine Kinder beschäftigt werden«, heißt es da, »gibt es in den zwanzig übrigen Kantonen 664 Fabriken mannigfacher Art, in welchen im ganzen 9540 Kinder arbeiten, worunter nur 52 unter zehn Jahren, 436 von zehn bis elf Jahren und die übrigen 9017 von zwölf bis sechzehn Jahren.« 35 Kinder sind dem Gutachter abhanden gekommen, aber dennoch: »Es hat sich herausgestellt, daß die reine Arbeitszeit, ohne Essens- und Erholungsstunden, in Fabriken mehrerer Kantone bis zu vierzehn Stunden täglich sich erhebt, daß im Kanton Zürich in der Mehrzahl der Fabriken bis zehn oder elf Stunden auch nachts gearbeitet wird. Der Unterricht wird häufig noch an denselben Tagen abgehalten, an welchen die Kinder zuweilen zehn bis elf Stunden gearbeitet haben.«

So entwickelte sich, beschützt von den Freiheiten der neuerrungenen Demokratie, sehr rasch und nahezu ungehemmt ein wucherndes Privatunternehmertum, ohne daß vorerst jemand die immer schärfer hervortretenden Widersprüche wirksam formuliert hätte. Auch Gottfried Keller, dessen Verherrlichung des Handwerksstands im *Fähnlein* mit dieser Entwicklung natürlich etwas zu tun hatte, brummte vorerst nur vor sich hin. Er fühlte sich zwar zunehmend unwohl, sagte aber nicht, warum, und wußte es wohl auch noch nicht genau. Das heißt, er polemisierte gegen dies oder jenes in Zeitungsartikeln, just 1861 – kurz vor seiner Wahl als Staatsschreiber – auch gegen Alfred Escher, der in einer Rede ausgeführt hatte, der einzelne wie auch der Staat könne nur geehrt und geachtet werden, wenn er sich eines geordneten Finanzstands erfreue. »Es gibt in der Schweiz arme Kantone, die dennoch sehr ehrwürdig sind«, antwortete Keller, der sich zu Recht angegriffen fühlte, »und es gab zum Beispiel auch ein einzelnes Individuum namens Pestalozzi, welches sein Leben lang in Geldnöten war, sich auf den Erwerb gar nicht verstand, und dennoch viel wirkte in der Welt, und bei dem der Ausdruck, er verdiene keine Achtung, nicht ganz richtig gewählt gewesen wäre.« Aber noch formulierte er seine zunehmende Wut auf das System nicht, das Escher mit aller Kraft beförderte. Doch allmählich verwandelte sich ihm das lichte Vorbild in einen gefährlichen Feind.

Im *Martin Salander* beschrieb der alte Gottfried Keller seine Rückkehr ins verwandelte Zürich endlich ohne seine Hoffnungsträume von einst. Der Gewinn seines illusionslos gewordenen Blicks war eine gnadenlose diagnostische Genauigkeit: Aber jene sehnsüchtige Trauer, die den *Grünen Heinrich* durchtränkte, war dahin, und auch die Freude des *Fähnlein*, jenes Gemisch aus Glück wider besseren Wissens und pädagogischer Neigung, dem realen Volk sein ideales entgegenzusetzen. »Es ist nicht schön«, schrieb der verzweifelte Keller, als das Buch fertig war. »Es ist nicht schön. Es ist zu wenig Poesie drin.« In der Tat. Andrerseits nahm er nun nicht mehr *alles* auf sich. Wußte nun, daß ihm das nicht nur das Alter angetan hatte, sondern vor allem das zu viele Geld ringsum. »Dennoch mußte er« – nämlich der zurückkehrende Martin Salander – »bald anhalten, sich besser umzusehen, da diese Straßenanlagen schon nicht mehr die früheren neuen Straßen waren, die er einst gegangen; und als er jetzt rückwärts schaute, bemerkte er, daß er auch nicht aus dem Bahnhofe herausgekommen, von welchem er vor Jahren abgefahren, vielmehr am alten Ort ein weit größeres Gebäude stand.« Das tobsüchtig gewordene Geld hatte damit begonnen, die Menschen zu Fremden in ihrer eigenen Stadt zu machen.

So hatten sich die Liberalen – für die Zeitgenossen deshalb so schwer erkennbar, weil viele von denen, die den demokratischen Bundesstaat mit revolutionärem Brio durchgesetzt hatten, immer noch das politische Leben bestimmten – in Wirtschaftsführer mit politischem Mandat verwandelt, die die Freiheit aller mehr und mehr in die Freiheiten der Unternehmer uminterpretierten. Und noch schneller als mancher Liberale seine neuen Ufer fand, wandten sich viele der Fabrikherren, eben noch allem Neuen aufgeschlossen, den Konservativen zu, mit denen sie nun plötzlich das Interesse teilten, die Bundesgewalt nicht über jene Grenzen hinausreifen zu lassen, die ihr durch die eben verabschiedete Verfassung gezogen worden waren. Die neuen Kapitalisten und die ehemaligen Führer der Gegenrevolution bzw. deren politische Erben waren von ganz verschiedenen Orten aufgebrochen und trafen sich nun, im neuen Zürich, an der Bahnhofstraße, deren Bau nun auch in vollem Gange war.

Die Schützenfeste und das Grüne

Im *Fähnlein* besuchen die sieben Aufrechten – und auch die beiden jungen Verliebten, die eigentlich lieber nicht so aufrecht wären – das eidgenössische Schützenfest von 1849 in Aarau. Dieses ist keine Erfindung Kellers. Es fand tatsächlich statt und war, als erstes im neuen Bundesstaat, die triumphale Feier eines Siegs, für den manche jahrzehntelang gekämpft hatten. All die Mühe hatte sich gelohnt. Die Konservativen waren – scheinbar – endgültig besiegt, und das Licht einer taufrischen Demokratie glänzte über dem frisch geputzten Schweizerland.

Allerdings nahm Keller an dem Fest nicht teil und mußte sich seinen Ablauf später also aus den Fingern saugen. Eine der vielen Ironien in seiner Lebensgeschichte ist ja, daß er – kaum war das Ziel erreicht, für das er sogar mit dem Gewehr in der Hand losgezogen war – die neue ideale Schweiz verließ und sich, nach einem Aufenthalt in Heidelberg, just in jenem Berlin niederließ, das sich als ein Zentrum brutaler monarchistischer Machtausübung in all den Wirren hatte behaupten können. Demokraten waren jedenfalls keine mehr da: Die waren tot, oder nach Amerika geflohen, oder eben nach jenem Zürich, von dem er nun sehnsuchtsvoll schrieb, vom Glanz des erwachenden und endlich erwachten Vaterlands, und natürlich von Heinrich, der seine Mutter und sich in den Tod treibt.

Mehrere andere Schützenfeste hat Keller aber wirklich besucht. Das erste 1834 als Fünfzehnjähriger – es fand in Zürich statt und beeindruckte ihn tief –, dann etwa das Winterthurer Schießen von 1846 – wo er einen konservativen Politiker namens Ammann ohrfeigte –, und später, in den Fünfzigerjahren, als er wieder in seiner Heimatstadt wohnte und ein bekannter Dichter geworden war, wurden ihm immer wieder poetische Festbeiträge aller Art abverlangt. So schrieb er für das – schließlich fürchterlich verregnete – Ostschweizer Kadettenfest ein »Marschlied« und ein »Tischlied« und feierte, zuerst außen, dann zunehmend auch innen naß, tüchtig mit, die eigenen Lieder brummend. Er fand offenkundig Geschmack am Feiern und schien zwischen Schützen, Sängern, Kadetten und Friedrich Schiller keinen großen Unterschied zu machen, zu dessen hundertstem Geburtstag (1859) er gleich enthusiastisch wie etwa für die schweizerische Militärgesellschaft dichtete. Bezeichnenderweise wurde sein »Heißt ein Haus zum Schweizerdegen« zu einer Art Nationalhymne aller wehrwilligen Demokraten, während seine Worte für Schiller (nämlich die Utopie, daß die Völker dereinst »dichtrisch handelnd ihr Geschick vollbringen«) ungehörter verhallten. Aber er reiste auch zum Urnersee und feierte an der Enthüllung eines Schiller-Gedenksteins mit. Und als sich 1862 den Teilnehmern des großen Frankfurter Bundesschießens, zu dem die Schweizer Schützen eingeladen worden waren, auch der Inhaber eines Zürcher Bordells anschließen wollte, regte sich Keller, die Ehre der Fahne beschwörend, sogar öffentlich im *Zürcher Intelligenzblatt* darüber auf. Der unmoralische Mensch blieb zu Haus, und Gottfried Keller auch.

Das Schützenfest des *Fähnlein* erscheint uns heute als eine klug gewählte Kulisse, die die patriotischen Absichten des Autors nicht ohne Erfolg stützt. Sonst ist es für uns von allenfalls folkloristischem Interesse, wenn überhaupt. Wer ginge heute noch zu Schützenfesten. Die Schützenfeste des 19. Jahrhunderts jedoch – vor allem die vor 1848 – waren Orte, die nahezu einzigen zudem, an denen die Theorie, die in den Zeitungen und Ratsstuben und Wirtshäusern verhandelt wurde, zu einer gemeinsam erlebten politischen Praxis wurde. Hier traf »das Volk« auf die radikalen Vordenker der neuen Demokratie – Usteri, Ochsenbein, Stämpfli –, und bald besuchte man sie eher wegen der Reden als um des Schießens willen. In den Vierzigerjahren – im Strom der Geschichte schwimmend, wußte ja keiner, wann und wo das, was wir nun »1848« nennen, stattfinden würde – wurden die Schützenfeste Kultorte voller brodelnder Erregung. Immer mehr Menschen gingen hin, und sie wurden immer aufwendiger organisiert. Professionelle Architekten entwickelten eine eigentliche Schützenfest-Architektur. Es gab immer größere Festhütten, Gabentempel, die Fahnenburg. Maibäume, die alten heidnischen Symbole, die schon in der französischen Revolution ihre bedeutende Rolle gespielt hatten, wurden erneut aufgerichtet. Alle wollten nicht nur schießen, sondern auch essen und trinken: Keller spricht anläßlich des Schützenfests von Basel (1844) von hunderttausend Besuchern, die neunzigtausend Flaschen Wein tranken. In jenen Jahren waren die Schützenfeste wirklich die Feste der Radikalen geworden. Längst ergriffen, wie dies in früheren Jahren geschehen war, konservative Redner nicht mehr das Wort. Sie waren ausgepfiffen worden, und sie hatten das nicht gemocht. Sowieso hatten nur die Lungenstärksten eine Chance – es gab keine Mikrophone und keine Verstärkeranlagen –, und auch sie wurden nur von denen verstanden, die nahe genug waren. Die andern badeten in den Wonnen der Gemeinsamkeit und schrien Hurra, wenn die vorne es auch taten. Sonst hielten sie eben ihre politischen Reden selbst – jeder Tisch voller Redner –, und die neunzigtausend Flaschen halfen ihnen gewiß dabei.

Aber es waren weiterhin *Schützenfeste*, und also wurde geschossen. Wettschießen hatten Tradition, und auch die Preise, die man bekam. Seit eh und je wurde in der Schweiz mit der Armbrust geschossen, und diese Wettbewerbe waren stets ein wichtiger Teil der Wehrbereitschaft gewesen, weil die alten Eidgenossen keine eigentlichen Militärübungen kannten. In den Jahren nach der Französischen Revolution dann verschwanden die Schützenfeste: und als sie 1815 wiedererstanden, bekamen sie zunehmend eine neue Qualität. Sie wurden mit einer immer ausufernderen Inbrunst begangen, und ihr Symbol war nun nicht mehr so sehr die Waffe, sondern die Fahne geworden.

Nicht grundlos heißt Kellers Novelle so, wie sie heißt. Keller selber hatte mehrere andere Titel vorgeschlagen – der endgültige stammt nicht von ihm, sondern vom ebenfalls dichtenden Herausgeber des *Volks-Kalender* Berthold Auerbach –, in denen aber immer die Fahne vorkam:

»Die Fahne der Freundschaft«, »Die Fahne der sieben Freunde«, »Das Freundschaftsfähnlein«. Ohne Schießen war so ein Fest notfalls denkbar, ohne Fahne nicht. Im Zentrum des Festplatzes stand stets die Fahnenburg, die durchaus einem Tempel gleichen sollte. Hier pflanzten die ankommenden Vereine unter würdigem Zeremoniell ihre Fahne auf – einen Verein ohne Fahne gab es nicht –, und die vereinigten Banner wurden, zum Beispiel, von der Statue eines alten Kriegers, bewacht. Auch der Fahnenkult war natürlich älter als die neuen Schützenfeste, aber auch er hatte nie so hysterische und, aus unsrer heutigen Sicht, unfreiwillig komische Formen angenommen wie im 19. Jahrhundert. Gewiß war auch in den Tagen der alten Eidgenossenschaft – wie anderswo – das Banner (fast) soviel gewesen wie das, was es repräsentierte. Sein Verlust war so ziemlich das Schlimmste, was passieren konnte. Wer in einer Schlacht das Banner rettete, war ein von allen umjubelter Held, auch wenn die Schlacht verloren worden war.

Folgerichtig wurde, als 1824 – auch schon in Aarau – der Schweizerische Schützenverein gegründet wurde, das Banner zu einem zentralen Traktandenpunkt. Es zeigte das weiße Kreuz im roten Feld, an das wir uns inzwischen gewöhnt haben. Damals aber wurde es noch längst nicht so allgemein verwendet. Es *bedeutete* noch etwas, in diesem Fall neben einem religiösen Unterton, daß der neue Verein auf einen einheitlichen demokratischen Bundesstaat zielte. Gleich der erste Artikel der neuen Statuten formulierte ausdrücklich dieses Ziel. Die Fahne wurde zu dessen Sinnbild und hieß die »Mutterfahne« – so wie der reale Bundesstaat dann von einer gestaltgewordenen Mutter, der

»Helvetia«, verkörpert wurde. Der Mutterfahne – sie wurde auch die »heilige Standarte« oder die »Geliebte des Volks« genannt – ordneten sich die Kantonsfahnen und die der einzelnen Gesellschaften unter: begrüßten sie etwa durch eine Verbeugung und standen im Fahnentempel tiefer als sie. Jedenfalls wurde ihr schon in den Zwanzigerjahren – danach um so mehr – mit Feierlichkeit und Hingabe gehuldigt, wo immer sie sich zeigte. Auf dem Festplatz des Eidgenössischen Schützenfests in Lausanne (1836) etwa stand ein Altar, auf dem ein hölzerner Wilhelm Tell mit seinem hölzernen Knaben die Fahnen schützte. Ein leibhaftiger Tell trug die Mutterfahne, wenn sie sich zu bewegen wünschte, derselbe Tell, den die Franzosen vor noch nicht allzu langer Zeit den Schweizern als Einigungssymbol der Helvetischen Republik hatten nahebringen wollen, ohne das geringste Echo. Dabei schien alles so gut zu passen. Tell war der eidgenössische Nationalheld, ein Revolutionär, der es auch in Frankreich, eben weil er ein Tyrannenmörder war, zu einer hohen Stellung gebracht hatte. In jenen Jahren trieben die Franzosen einen regelrechten Tellkult. Aber die Eidgenossen wollten keinen von den Siegern verordneten Tell. Er glich zu sehr Gesslers Hut, bzw. dem Napoleons.

Vor jedem Fest machte die Mutterfahne weite Reisen, ein bißchen so, wie das heute das olympische Feuer tut, wenn es von seinen heiligen Ursprüngen nach Seoul oder Calgary getragen wird. An allen größeren Ortschaften, an denen sie vorbeikam, wurde sie mit Triumphbögen, von Ehrendamen in jungfräulichem Weiß, von Turnern und von Schützen begrüßt. Kantons- und Gemeindebehörden sandten Abordnungen an die Kantonsgrenzen. In einigen Kantonen wurde Kavallerie aufgeboten, die dem Banner das Ehrengeleit durch das Kantonsgebiet gab. Helle Begeisterung und großzügige Gastfreundschaft verzögerten oft den Einzug im Festort, wo die Fahne mit dem Geläut aller Kirchenglocken, mit Kanonendonner und Ansprachen empfangen wurde. Der Sinn fürs Theatralische war außerordentlich entwickelt, aber niemand fand das komisch. Im Gegenteil. Es waren erhabene Augenblicke. Auch Gottfried Keller, dessen Sinn für falsches Pathos weiß Gott gut entwickelt war, sah in diesen Inszenierungen nie etwas Lächerliches. (Den vergötterten Richard Wagner, den er in den Fünfzigerjahren oft sah – sie wohnten ein paar Meter voneinander entfernt –, nannte er dagegen, bei manchem Respekt für sein Werk, einen »Faiseur und Scharlatan«.) Zu deutlich spürten alle den Vorgriff auf eine Zukunft, in der das jetzt noch symbolisch Gesagte Wirklichkeit werden sollte.

Naturgemäß gefiel das nicht allen, und natürlich vor allem den Konservativen nicht. Sie waren ja nicht plötzlich ausgestorben, sie waren politisch in der Defensive. Einer von ihnen, Andreas Heusler aus Basel, schrieb zum Beispiel: »Es gibt viele, die durch diesen Fahnenkult verletzt werden; wir gehören zu denen, die den großen und kleinen Kindern ihr Spielzeug lassen. Besser immerhin, sie spielen mit einem Fetzen Tuch als mit den Fetzen des durch ihre Leidenschaft zerrissenen Vaterlands.« Seine verquälte, weil durchaus unfreiwillige Toleranz kam nicht gut an. Eine erzürnte Menge versammelte sich in seiner Heimatstadt, und besonnene Liberale mußten sie beruhigen. Heusler selber kam nicht darum herum, öffentlich zu erklären, eine Beschimpfung der Fahne und der Schützen habe ihm ferngelegen. Dennoch wurden in der radikal-liberalen Presse der übrigen Schweiz heftige Maßnahmen erwogen. Aber auch andern ging der radikale Enthusiasmus zu weit. Die Schützengesellschaft Zürich etwa beschloß im gleichen Jahr, nicht am Schützenfest teilzunehmen und auch die Fahne nicht zu empfangen, weil das eidgenössische Schießen ein radikales Parteifest geworden sei. Jacob Burckhardt, so wenig ein Freund radikaler Ideen, daß er 1846 vor ihrer Verwirklichung nach Italien floh, sprach vom »Brüllradikalismus« dieser Feste. Es war wohl eine Frage der Optik. Gottfried Keller, der Schweiger, liebte dieses Gebrüll.

Nicht zufällig also spielte ein Schützenfest die Rolle des Katalysators in Kellers realistisch drapiertem Traum von den erfüllten Wünschen, und nicht zufällig ist die Fahne, die in ihm eine so bedeutende Rolle spielt, grün. Natürlich nicht: Denn eines hat jeder, der Gottfried Keller liest *und* liebt, bald einmal heraus: daß er jedesmal, wenn er von etwas Grünem redet, nahe am Herzen seiner Finsternis ist. Seiner glühenden Sehnsüchte und seiner ewigwährenden Trauer. Bekanntlich ist schon Heinrich grün, sein poetisches Spiegelbild in jenem Buch, das seine Jugend wie eine genaue Chronik einer erlebten Wirklichkeit beschreibt und dennoch durch und durch Poesie ist. »Unter einer offenen Halle dieses Waldes« – so wird Heinrich dem Leser vorgestellt, oben am Zürichberg im Wald wandelnd – »ging am frühesten Ostermorgen ein junger Mensch; er trug ein grünes Röcklein mit übergeschlagenem schneeweißem Hemde, braunes dichtwallendes Haar und darauf eine schwarze Samtmütze, in deren Falten ein feines weiß und blaues Federchen von einem Nußhäher steckte.« Eine auch in jenen Jahren seltsame Bekleidung für einen jungen Mann, der in die Ferne ziehen will, sein Glück zu suchen. Natürlich signalisiert sie Heinrichs Sehnsucht, ein Künstler zu werden. Aber sie erinnert uns auch daran, daß der kleine Gottfried ganz wirklich aus grünem Uniformstoff geschneiderte Kleider trug: ein Erbe. Ein eher schwarzes Schicksal hatte ihn auch in seiner Wirklichkeit grün gemacht.

1839 beschloß das Zentralkomitee des Schweizerischen Schützenvereins, die Schützen bei den Festen einheitlich zu kleiden: mit einem grünen Rock mit Metallknöpfen, grünem Schützenhut, schwarzer Halsbinde, Waidtasche und Stutzer. Als sei Keller, der damals zwanzig Jahre alt war, Mitglied des Vereins gewesen und habe Regie geführt: und jenen Schützenanzug als verbindlich erklärt, der ihm aufs tiefste vertraut war. Denn ein anderer *war* Mitglied eines auch schon grün gekleideten Schützenvereins gewesen, dessen von Zürich: und er wäre gewiß eins des Schweizerischen geworden, wenn er nicht just im Jahr seiner Gründung gestorben wäre: Gottfried Kellers Vater. Denn Rudolf Keller schon, nicht erst sein ungebärdiger Sohn, vertrat liberale – um nicht zu sagen: radikale – Ideen. Das heißt, er sehnte sich nach einem vereinigten demokratisch regierten Bundesstaat und schrieb sogar einmal, obwohl er ein Handwerker und kein Intellektueller war, einen Zeitungsartikel, in dem er die Nachteile analysierte, die der Schweiz aus einer uneingeschränkten kantonalen Souveränität erwuchsen. Er hatte die Wichtigkeit der Volksbildung erkannt und sah, wie ungenügend die Schulen waren (in denen später sein Sohn so schrecklich leiden sollte). Er sympathisierte mit dem Freiheitskampf der Griechen und arbeitete in Lesezirkeln mit, die die Bildung der Arbeiter fördern sollten. Und so erinnert sich Keller, der im Jahr seines Tods fünf Jahre alt war, an seinen Papa: Gottfried sitzt, etwa vierjährig, auf seinem Arm, und der Vater zeigt ihm eine Kartoffelstaude, jenes noch neue Gemüse, das wenige Jahre zuvor Unzählige vor dem Hungertod gerettet hatte. »Ich sehe noch jetzt das grüne Kleid und die schimmernden Metallknöpfe zunächst meinen Wangen und seine glänzenden Augen, in welche ich verwundert sah von der Staude weg, die er hoch in die Luft hielt. Meine Mutter rühmte mir nachher oft, wie sehr sie und die begleitenden Mägde erbaut gewesen seien von seinen schönen Reden. Aus noch früheren Tagen ist mir seine Erscheinung ebenfalls geblieben durch die befremdliche Überraschung des vollen Waffenschmucks, in welchem er eines Morgens Abschied nahm, um mehrtägigen Übungen beizuwohnen; da er ein Schütze war, so ist auch dieses Bild mit der lieben grünen Farbe und mit heiterem Metallglanze für mich ein und dasselbe geworden.« Es sind dies seine einzigen Erinnerungen an seinen Vater – die einzigen, die er mitgeteilt hat: beide grün, weil der Vater beide Male eine Schützenuniform trug. Man kann sagen, ohne sehr zu übertreiben, daß Gottfried Keller dann ein Leben lang versuchte, den Zielen seines Vaters gerecht zu werden: grün zu werden wie er.

Tatsächlich verwirklichte er endlich, was dem Vater ferne Utopie bleiben mußte. Er stand lebenslang auf seinen Schultern, durchaus klein und kläglich zu Beginn, dann mit zunehmender Autonomie. Zwar wurde er nicht Drechsler, aber als Schriftsteller sah er sich als einen guten Handwerker. Daß er schrieb, und wie er schrieb, beides hätte seinem Vater gewiß so gefallen, wie es seiner Mutter mißfiel. Er hatte die Bücher geliebt. Manchmal sterben im Leben eines Menschen die Falschen, und es bleiben die Falschen am Leben, und man darf es weder aussprechen noch denken. Gewiß opferte sich diese Mutter für ihren Sohn auf und erntete dafür den zweifelhaften Lohn seiner tonnenschweren Schuldgefühle. Natürlich flickte sie ihm die Socken. Aber vom Glück und von der Trauer seiner Bücher spürte sie nichts, und von seinem politischen Feuer, dem poetischen durchaus verwandt, wohl auch nicht viel. Hatte sie vergessen oder nie verstanden, wen sie einst geheiratet hatte? Ihr Mann hatte schließlich auch schon ähnlich gedacht und gehandelt. Aber sie war ja nur ein paar wenige Jahre mit dem grünen Rudolf verheiratet gewesen, und die junge Liebe hatte sie wohl so blind gemacht, daß sie später dem aufwachsenden Gottfried den Vater als einen ganz anderen vorhalten konnte.

So kollidieren im *Fähnlein* wieder einmal, wie so oft bei Dichtern, die privatesten Schmerzkerne mit einem ganz anderen, durchaus glanzvollen Öffentlichen, und im Fest der Schützen mischt sich beides so heftig, daß es das gleiche wird. Alles kommt so sehr aus Kellers wundem, sich nach Heilung sehnendem Herzen, daß auch die banalsten Augenblicke – all der schützenfestliche Krimskrams – im vergoldeten Licht einer absurden Hoffnung stehen. In der Aarauer Feier von 1849 träumt Keller, verkleidet in eine durchaus banale Handlung von einem jungen Mann, der es

– wie einst das tapfere Schneiderlein – gleich sieben altersgrauen Kerlen zeigt, den allerunerhörtesten – oder, wenn ich's recht bedenke, allergewöhnlichsten – Traum: daß jetzt, im Augenblick des Siegs, sein Vater wieder lebte. Daß er all das sähe, ganz konkret und nicht metaphorisch. Nun wären seine Utopien keine mehr, sondern handfeste politische Realitäten. Und der kleine groß gewordene Gottfried hätte daran mitgewirkt. Wie müßte der Vater da staunen, und wie begeistert schlösse er ihn in die Arme.

Kein Wunder, daß Keller, der lebenslang eher schwermütig war, diese Erzählung zu einer wahren Orgie der Euphorie werden läßt: so wie ihm ja auch die realen Jahre um 1848 etwas vom Triumph erfüllter Kinderwünsche brachten. Es ist ein Traum, der einen zu Tränen rühren kann. Der Sohn hat ganz wirklich vollbracht, was der Vater immer tun wollte, und die grünen Väter des Schützenfestes – Tausende! – jubeln ihm zu. Vergessen ist für die Dauer einer schönen Geschichte, daß manches in der Wirklichkeit ja dann doch anders war. Zum Beispiel war der *Vater* ein guter Redner gewesen, während Gottfried eher dem alten Hediger glich und zudem Probleme mit dem S hatte: »Sch« sagte, oder so was, »Dasch Fähnlein der schieben Aufrechten« vielleicht. Er redete sehr ungern öffentlich, einmal an seinem fünfzigsten Geburtstag, einmal bei der Schillerfeier, sonst kaum je.

Ein anderes Schützenfest spielt in Kellers Werk eine ebenso gewichtige Rolle wie das von Aarau: jenes von Basel, 1844, das Heinrich auf seinem Heimweg von München, keine Umwege scheuend, besucht. Drei geschlagene Tage bleibt er im Festgebrodel sitzen, obwohl er weiß, daß die

Mutter sich zu Tode grämt. Weil natürlich, nicht obwohl. Als er endlich zu Hause ankommt, ist die Mutter tot. Das Warten hatte sich gelohnt. Aber wir sind wieder in Zürich, und hier straft Gott sofort, auch einen mit Feuerbach aufgewachsenen Atheisten, und wenige Seiten später liegt auch der arme Heinrich unter der Erde.

Und natürlich ist auch der letzte Satz des Buchs grün: »Und es ist auf seinem Grabe ein recht frisches und grünes Gras gewachsen.« Im wirklichen Leben war Gottfried, als er 1842 dem Haus seiner Mutter zustrebte, bei Freunden in Frauenfeld geblieben, ebenfalls drei Tage lang, ein paar Fußstunden von Zürich. Als er endlich ankam, lebte die Mutter wie eh und je, und als sie zweiundzwanzig Jahre später starb, war Keller nicht mehr grün, sondern grau.

Als das Wünschen noch zu helfen schien

Ich will, weil das *Fähnlein der sieben Aufrechten* demonstrativ – fast trotzig – eine Geschichte ist, die von Männern handelt, mit Gottfried Kellers Frauen beginnen. Bewunderer der alten Schule sagen ihm nach, besonders herrliche Frauengestalten geschaffen zu haben, und sie meinen damit Judith oder Anna oder die gealterten Geliebten, die der Obrist Salomon Landolt in sein Schlößchen am Greifensee einlädt und denen er – erste Warnung, die herrlichen Frauenbilder betreffend – mit Vorliebe männliche Übernamen gibt: *der* Distelfink, *der* Hanswurstel, *der* Kapitän. Natürlich verbirgt sich hinter diesem Lob der puritanische Gedanke, jeder Verzicht werde belohnt, und ein großer besonders. So mußte Keller, versteht sich, besonders wunderbare Frauen schöpfen: Denn er hat, aus welchen Gründen auch immer, im wirklichen Leben sehr wohl Frauen geliebt, ist aber nie von einer geliebt worden. Gänzlich unfreiwillig verbrachte er, der zum Mönch kein Talent hatte, ein Leben in Keuschheit. Seine gelebten Liebesgeschichten waren alle von einem schrecklichen Unstern verfolgt. Luise Scheidegger, mit der er regelrecht verlobt war, ertränkte sich. Johanna Kapp wurde verrückt, und die andern, die vergötterte Betty Tendering allen voran, scherten sich nicht um ihn, der sich ihnen stets auch schon so vorgeführt hatte, daß sie kaum etwas anderes tun konnten. Welche Frau, die ihre sieben Sinne beisammen hat, liebte denn einen, der stets nur stumm ist, und grob, und der, wenn er dann zum Geständnis seiner Leidenschaft kommt, gleichzeitig beteuert, er sei für die Liebe nicht geschaffen?

Tatsächlich ist Kellers Bild von den Frauen ohne Trost und schmerzerregend: Lesend ahnen wir den hilflosen Jammer, den dieser Mann, so starker Gefühle fähig, empfunden haben muß und gegen den ihm auch sein Humor – den seine puritanischen Liebhaber gern »golden« nennen – nichts half. Im Gegenteil. Weil sein Humor so eng mit seinem Schmerz, und am engsten mit den Schmerzen um die Frauen, verkoppelt ist, tut er auch jedesmal bis ins Innerste weh: als stoße Keller sich mit jedem Witzwort das Messer tiefer ins Herz. Sein Humor klingt allzuoft, als lache da einer unter einem Mühlstein hervor. Seine Frauen sind selten etwas anderes als gesetzstiftende Mütter oder verklärte Marien. Meist sind sie beides. Niemals jedenfalls sind sie von jener Sinnlichkeit, die es im wirklichen Leben ja tatsächlich hie und da gibt: autonom und schuldlos. Ihre Sinnlichkeit lebend. Niemals sind sie gleichwertig: stets entweder abgewertet oder – viel häufiger – verherrlichte und in ihrer Herrlichkeit durchaus bedrohliche Wesen. Es ist nicht bewußtes dichterisches Wollen, daß jeder Dialog zwischen einem Mann und einer Frau nach kürzester Zeit ins Belehrende umschlägt. Daß der Mann immer fleht, und die Frau gewährt, als ob ihre Sinne und ihr Verstand aus einem Eis seien, das erst dann schmilzt, wann sie es will. Wie oft werden auch die zartesten Frauen zu Müttern, die wie die Gesetzestafeln Mose sprechen, auch wenn sie den Anschein der Heiterkeit zu behaupten versuchen. Man lese nur den Schluß unsrer Erzählung! Obwohl sich die keusche Hermine, kaum ist die Verbindung zu Karl öffentlich sanktioniert, in einer rasanten Volte in eine tüchtige Weibsperson verwandelt, die ihren ebenso rasch demütigen Anverlobten »unter dem Pantoffel« zu halten verspricht, wird für Keller die Intimität der beiden, kaum hat er sie hergestellt, gleich auch wieder unerträglich. Immerhin sind sie im Dunkeln und allein. Also drängt sich seiner Einbildungskraft – und den beiden Verliebten, möchte man eigentlich annehmen – sofort ein *deus ex machina* auf, ein Soldat, und obwohl Karl diesen kaum kennt, und Hermine gar nicht, jagen sie ihn keineswegs zum Teufel, sondern: »Sie setzten sich auf die Stufen zu seinen Füßen und erzählten sich was mit ihm wohl eine halbe Stunde, ehe sie zur Gesellschaft zurückkehrten.«

Der siebenundzwanzigjährige Gottfried Keller hat einige seiner Träume in einem »Traumbuch« aufgezeichnet, und einer von ihnen geht so: Er steht in einer Menschenmenge und sieht eine Kindsmörderin, die – das tote Kind liegt auf ihren Knien – zur Hinrichtung gefahren wird. »Ich wünschte ihr nach, daß das genossene Liebesglück kein gemeines und so groß gewesen sein möge als das gegenwärtige Leid, dann sei es schon gut. Es war jetzt ganz Nacht geworden. Eine weiche, weiche Hand faßte die meine, ein ganz unbekanntes fünfzehnjähriges Mädchen, dessen Augen ich in der Dunkelheit funkeln sah, flüsterte mir ins Ohr: Gottfried Keller, komm, wir wollen zu mir heim gehen!« Das tun die zwei denn auch, das heißt, unterwegs verdoppelt sich das Mädchen und hat plötzlich eine gleichartige Schwester, auch die »unsäglich buselig und lieblich«. In ihrer Kammer unterm Dach trinken die drei Wein. »Als eines der guten Kinder aufstand, das Bettuch abnahm und sehr sorgfältig zusammenlegte und dabei sagte: Wenn wir schläfrig werden, so können wir uns nun gleich aufs Bett legen und rechtschaffen schlafen: da durchfuhr mich ein ganz seliges Gefühl, aber nicht eigentlich sinnlich.« Trotz dieser Beteuerung folgt die Strafe auf dem Fuße. »Sie setzte sich wieder ans Tischchen und bot mir ihre Schultern zum Liebkosen, da fuhr sie plötzlich zusammen und sagte: Herr Jesus, die Weiber kommen! Halbtot vor Schrecken duckten sich beide fast in mich hinein, und ich umfing sie, indem wir alle atem- und lautlos aufhorchten. Wirklich hörte ich deutlich, wie jemand über das Dach hin schlarpte, an einem benachbarten Dachfenster anklopfte, wie dort ebenfalls jemand herausstieg auf das Dach, dann sahen wir verschiedene Schatten vor unserm Fenster vorbeihuschen; es war offenbar, die alten Weiber weckten und versammelten sich; die Ziegel rasselten unter ihren schlurfenden Füßen, es kam immer näher über unsern Köpfen, es flüsterte: ›Langt nur ’nein, sie haben gewiß einen bei sich!‹, ein Ziegel wurde aufgehoben, eine lange, magere Hand langte herein, tappte herum und erwischte meine Haare, welche gen Berg standen, das Blut schien in meinen Adern zu gerinnen, als ich aufwachte und tief aufatmete.«

Ich erzähle diesen Traum nicht, um ihn zu deuten. Ganz ist er, wie jeder Traum eines andern, nicht zu verstehen, und jener Teil, der verstehbar ist, ist es so offenkundig, daß wir Kellers Türen, die er hier für einmal weit offen hält, nicht einzurennen brauchen. Ich erzähle diesen Traum – von dem, was er uns mitteilt, einmal abgesehen – vor allem auch, weil es so bezeichnend ist, wie Keller, seinen Alb nun wach kommentierend, fortfährt: »Dieser Traum hatte mich erquickt für viele Tage«, schreibt er nämlich, »wie wenn ich das artige Abenteuer wirklich erlebt hätte.« Erquickt! Artig!

Wir wollen uns in der Folge immerhin daran erinnern, daß die alten Weiber Keller sein ganzes Leben lang begleiteten. Keine Tarnung nützte ihm etwas. Sie waren da und griffen nach ihm, er mochte sich noch so klein machen, oder brav. Auch die Männerwelt des *Fähnlein* ist eine Tarnung, und halbwegs funktioniert sie diesmal sogar. Die bösen Frauen – die, die morden und strafen – scheinen draußen zu bleiben: Aber sogar hier glüht einmal »etwas Herbes und Tyrannisches mitten aus der Süßigkeit« von Hermines Blick. »Zwei Geister sprachen beredt aus seinem Glanze: der befehlende Wille, aber mit ihm verschmolzen die Verheißung des Lohnes.« Ja eben. Der

Preis, den Keller und wir mit ihm dafür zahlen, daß der befehlende Wille der Frauen gebändigt bleibt, ist der Verzicht auf den verheißenen Lohn. Keller konnte sein Problem mit den Frauen – unterwerfende Gewalt und Sinnlichkeit blieben ein untrennbares Durcheinander – nur »lösen«, indem er es vermied. Wo er es nicht tat, in seinen Werken, liefen ihm seine Geschöpfe leicht aus dem Ruder. Er, der sonst wie im Traum das herzanrührende Wort zu finden vermochte, war sich dann seiner Erfindungen nicht sicher, und später schämte er sich. »Bei der Lektüre seiner eigenen Sachen ist er schreckhaft gewesen«, so sagt es Walter Benjamin in seinem Aufsatz von 1927. In der Tat. Die Scham, nicht künstlerisches Wollen, gebot ihm im Alter, soviel sinnliches Glänzen aus seinem *Grünen Heinrich* zu streichen. Die nackte Judith mußte verschwinden, dafür tauchte die entsagende auf. Wenn Keller von Frauen schrieb, wurden Panik und Scham in ihm so übermächtig, daß er das Innigste durch das Konventionellste zu ersetzen imstande war. »Herrliche Frauenbilder«! Männern gegenüber war er freier, im Leben und in den Büchern.

Tatsächlich versucht das *Fähnlein*, eine freie Welt zu schildern, eine glückliche, und es tut das, indem es – ironisch beginnend, dann zunehmend entschlossener – alles Schmerzliche meidet und alle Wünsche in Erfüllung gehen läßt. Als Keller das *Fähnlein* schrieb – 1860; es erschien im darauffolgenden Jahr, um die Kuß-Szene zwischen Hermine und Karl verkürzt, in *Auerbachs Volkskalender*; in Buchform erst, einigermaßen gewaltsam den *Züricher Novellen* zugeschlagen, 1876 –, fühlte er seine Armut schmerzvoll deutlich. Er fand es zusehends unerträglicher, als eine Art arbeitsscheuer Taugenichts von seiner Mutter abhängig zu sein; diese hatte, um den immer mehr verschuldeten Sohn in Berlin zu unterstützen, 1852 ihr Haus am Rindermarkt verkauft und phantasierte sich nun, nicht ganz unbegründet, dem Armenhaus entgegen. So rettete er sich immer häufiger in Gasthäuser und kam aus ihnen immer öfters angedudelt nach Hause. Er war unglücklich und schlecht dran – noch ahnte er nichts von dem hohen Staatsamt, das ihm kurz darauf angeboten wurde und ihm natürlich nicht die Erfüllung seiner geheimsten Wünsche bedeutete, ihn dennoch aber recht eigentlich rettete. So gleicht das *Fähnlein* einer Beschwörung, indem es in einer Zeit zunehmenden Unglücks das Glück herbeiredet, mit dem Brecheisen sozusagen. Es spricht nicht von ein bißchen Glück, nein, es will, wenn schon, denn schon, eine ganz und gar lichte Welt ohne einen Makel.

1848 war das Jahr Null des 19. Jahrhunderts gewesen, in der Schweiz zum mindesten, in dem alle politischen Wünsche in Erfüllung gegangen waren und alle Hoffnungen für eine prachtvolle Zukunft berechtigt schienen, ganz wirklich. Auch Keller war ja damals mit Herz und Seele dabeigewesen, ein militanter Radikaler: Aber dann setzte er sich keineswegs hin und schrieb so etwas wie das *Fähnlein*, ein Zeugnis des schönen Siegs, nein, er verschwand nach Berlin und quälte sich mit dem befreienden Jammer seines *Grünen Heinrich*!

Erst als die wirkliche Schweiz sich von den Idealen von 1848 entfernt hatte – sie in ihr Gegenteil zu verkehren im Begriff war –, wurde das *Fähnlein* möglich und notwendig: Jetzt brauchte er den verklärenden Goldglanz über dem

Vergangenen und seine Ironie, um das düster gewordene Jetzt auszuhalten. Noch einmal dachte er sich, im Laufe des Erzählens zunehmend bewegt, in jene leuchtenden Zeiten zurück, und er fügte den damals wirklich erfüllten Träumen gleich einen ganzen Katalog eigener Wünsche bei. Teils tat er das ganz offen, übermütig beinahe, teils – wo die Wünsche groß wurden, und schambesetzt – sorgsam hinter der aufwendigen Inszenierung seines helvetischen Festspektakels verborgen.

Wohl gerade weil das Wünschen 1860 unübersehbar schon nicht mehr half, wurde diese Geschichte, während Keller an ihr schrieb, zu einer wahren Orgie der Wunscherfüllung. Sie hat, in ihrem Bedürfnis, *alles* gut ausgehen zu lassen, etwas Gieriges. Am deutlichsten – das ist ja schließlich der bewußte Plan – erfüllen sich alle politischen Wünsche, oder genauer: das, was die Menschen aus ihrem politischen Erfolg machen. Nur Gutes nämlich. Jetzt sind die Handwerker die Sieger, die einfachen Leute: und nicht die mit dem meisten Geld. Noch einmal gehört die geglückte Revolution denen, die sie gemacht haben. Noch einmal lebt der alte Freisinn, den es in Kellers Gegenwart schon fast nicht mehr gab. Noch einmal feiert ein unschuldiges Volk. Aber es ist so unschuldig und dermaßen gut, daß die Erzählung selbst den Verdacht weckt, hier solle durch Wörterzauber das reale 1860 ins ideale 1848 zurückverwandelt werden. »Dagegen halte ich es für Pflicht eines Poeten«, so erklärt Keller Berthold Auerbach seine Strategie, »nicht nur das Vergangene zu verklären, sondern das Gegenwärtige, die Keime der Zukunft so weit zu verstärken und zu verschönern, daß die Leute noch glauben können, ja, so seien sie, und so gehe es zu!« Keller, der Realist, war in der Tat ein Magier. In ihm lebte jene wundersame Kraft, die alle Kinder ganz selbstverständlich kennen, nämlich, man sagt etwas, und es geschieht. »Es werde Licht!« Sein Realismus war dann, daß er schmerzlich genau wußte, daß seine Wörter nicht wirklich zauberten. Daß er weder Kind war noch Gott, auch wenn Nietzsche ihm noch nicht hatte sagen können, daß der tot war. »Mein Gott war längst nur eine Art von Präsident oder erstem Konsul«, schrieb er schon 1849, »ich *mußte* ihn absetzen.« Feuerbach half ihm dabei. Die Leser jedenfalls waren immun. Dennoch zauberte er immer wieder einmal, aus Trotz und für sich selber.

Seine andern Wünsche erfüllte sich Keller heimlicher. Er wußte schon auch, warum er die Hauptmelodie seiner Hymne so laut spielte. Dann sind wir Leser nämlich zufrieden mit der ganzen Hurra-Show und bedenken weniger, was es für *ihn* bedeutet hätte, eine Frau zu erringen, so wie sein Karl das schafft. Wie gern *er* einmal so geredet hätte, kraftvoll und herzlich und plötzlich ohne jede Ironie, aus der Mitte der Gemeinschaft heraus. Wie gern *er*, der ohne Zündhütchen gegen die Schwarzen losgezogen war, mit fünfundzwanzig Schüssen ebenso viele Treffer gehabt hätte! Mit welcher Freude *er*, der Zwerg, einen Pfundskerl beim Fingerhakeln über den Tisch gezogen hätte! Und schließlich und zuallererst – wir haben im letzten Abschnitt davon gesprochen –, mit welch unbeschreiblicher Heftigkeit er sich nach seinem Vater sehnte. Wie ihm das wohlgetan hätte, im hellsten Licht dazustehen, erfolgreich und kraftvoll, und sein alt gewordener

Vater lebte wieder und sähe ihn und freute sich aus vollstem Herzen.

Natürlich trägt so viel erfülltes Glück seinen Stachel schon in sich. Kellers C-dur-Blechmusik kann das Moll der leiseren Instrumente nicht überall übertönen, und zuweilen droht im Gegenteil der Kontrapunkt unversehens das frohe Ganze zu verdüstern. Schon die handfeste Ironie, die vor allem zu Beginn der Erzählung regiert, macht darauf aufmerksam, daß es mit dem erreichten Glück so weit nicht her sein kann. Ja, Keller steigt wie ein Alt-48er in seine Geschichte ein, dem der lange Marsch durch die folgenden Lebensjahre gründlich mißlungen ist und der deshalb jene hoffnungsfrohen Tage nur noch gebrochen wahrnehmen kann. Wenn es im *Fähnlein* einen Katalog erfüllter Wünsche gibt, so melden sich die unerfüllten der Wirklichkeit ungefragt auch zu Wort. Gleich zu Beginn wird klargemacht, daß die alten Zeiten vorbei sind: Hediger ist zwar der rechtschaffenste aller Schneider, aber von seinen vier Söhnen will keiner mehr Handwerker werden. Alle ergreifen einen »modernen« Beruf, sie arbeiten bei der Post und bei den neuen Eisenbahnen (von denen es 1849, um genau zu sein, nur jene Rumpellinie nach Baden gab), und Karl, unser Held, wird gar Beamter! Die neue Zeit ist längst da, und es ist einzig Kellers besonderem Blick zu verdanken, daß sie einigermaßen im Dunkel des Nichtgesagten bleibt. »Der industriöse Schnickschnack, das Kleinliche und Unruhige der Bauart hingegen verschwand in der Dunkelheit«: So verwandelt sich dem auf dem See rudernden Karl das Ufer nochmals in jenes einer früheren Zeit, und so wie ihm hier die Nacht hilft, die Gegenwart nicht zu sehen, leuchtet in der übrigen Erzählung ein fast überhelles Licht nur das an, was von uns gesehen werden soll. Es blendet uns absichtsvoll, so daß der unschöne Rest im Schatten verschwindet. Aber *alle* Lebensschmerzen sind nicht zu bändigen: Sie schleichen nur so verkleidet ins Helle, daß wir sie für harmlose Schnurren halten müssen. »Die Brüder verschoßen und verjubelten Haus und Hof«, erzählt etwa Karls Mutter mit einer beiläufigen Heiterkeit, als komme so etwas immer mal wieder vor: Aber hatte nicht Keller selbst genau das mit dem Haus der Mutter getan? Wenn Hermine wie nebenbei sagt, sie sei ihrem Vater Dank und Liebe schuldig, weil er ihretwegen nicht mehr geheiratet habe, so ist auch das eine Botschaft an die Mutter. Genau das hatte sie eben nicht getan. Sie hatte gleich einen der Gesellen ihres toten Mannes geheiratet – hieß also Frau Wild –, den der kleine Gottfried dann so haßte, daß ihn sogar der groß gewordene aus seiner Lebensgeschichte weghalluzinierte, als habe es ihn nie gegeben. Noch der scherzhafte Bericht Bürgis, wie die beiden Brautleute kurz vor der Hochzeit »auseinanderfuhren wie Hund und Katz, kein Mensch wußte warum«, ist ein Echo des eigenen Schmerzes. Kein Mensch, und Keller am allerwenigsten, wußte, warum ihm armem Hund die Katzen immer davonliefen. Ach, und wenn der von seinen miesen Spekulationen lebende Ruckstuhl durch den Kakao gezogen wird, verrät die Heftigkeit der Wunscherfülllung, daß die wirklichen Ruckstuhls längst nicht mehr so vorgeführt werden konnten. Der Herr Leutnant, der die Miete im Ruckstuhlschen Haus noch nicht bezahlt hat, hätte ihn, wäre das eine wahre Geschichte, wohl nicht ganz so mannhaft der militärischen Gerechtigkeit zugeführt. Sogar die sieben Mannli haben, weil zu Hause die Frauen herrschen und in der weiten Welt die Ruckstuhls, etwas leise Lächerliches. Etwas durchaus Tragisches. Sie wirken wie sieben helvetische Zwerge, die ihren Schneewittchen für ein paar Stunden entronnen sind.

Den Krückstock der Ironie, auf den sich Keller so gern stützt, legt er jäh ganz zur Seite, als Frymann – der ja immerhin seine Tochter gegen einen Sack Geld verschachern will – durchaus unvermittelt vom Sterben all dessen redet, was eben erst errungen worden ist. »Wie es dem Manne geziemt«, sagt er in einem durch die Dynamik der Story nicht unbedingt motivierten melancholischen Anfall, »so mag er auch in beschaulicher Stunde das sichere Ende seines Vaterlandes ins Auge fassen, damit er die Gegenwart desselben um so inbrünstiger liebe; denn alles ist vergänglich und dem Wechsel unterworfen auf dieser Erde. Oder sind nicht viel größere Nationen untergegangen, als wir sind? Oder wollt ihr einst ein Dasein dahinschleppen wie der ewige Jude, der nicht sterben kann...« Der Ernst, der so unvermittelt aus Frymann spricht, ist wohl eher der Kellers. Ein gutes Dutzend Jahre später schrieb er dann tatsächlich die Geschichte vom Tod der einst erträumten Nation, den *Martin Salander*.

Fast zeitgleich mit seiner Jubelgeschichte voller Molltöne notierte er übrigens ein seltsames Gedicht, das eine ähnliche Geschichte wie das *Fähnlein* erzählt, aber wie vom andern Ende her, verzweifelt und böse. Es ist ein »schlechtes« Gedicht, wie es einem ein verstörtes Gefühl eingeben mag, und es liest sich wie das, was das *Fähnlein* verschweigt. Es heißt »Schütz im Stichfeuer« und beginnt so:

Geh, gewinn mir Geld ins Haus!
Sprach das böse Weib zum Schütz;
Er gewann, in Saus und Braus
Bracht ers durch, der gute Schütz;
Denn er dacht': noch mancher Schuß
Bleibt mir für das böse Weib,
Bleibt mir für den Hausverdruß –
Jetzo gilts dem Zeitvertreib!

Er versäuft alles, was er gewonnen hat, und erst, als das Fest zu Ende geht, kommt ihm sein Versprechen, Geld heimzubringen, wieder in den Sinn. Er hat noch *einen* Schuß, und noch zehn Minuten Zeit! Aber immer wenn er nun das Gewehr anlegt und auf die Scheibe zielt, narrt ihn ein schreckliches Gespinst:

Und er starret bleich und fremd,
Starret sprachlos nach der Scheib –
Denn im roten Zeigerhemd
Sah er gaukeln dort sein Weib.

Auch er hat Freunde, die ihn begleiten, sieben natürlich, und alle geben ihm gute Ratschläge. Einer untersucht das Gewehrschloß, ein anderer dreht an einer Schraube, und der siebte hält sogar »den Hut vor den Sonnenuntergang«. Vergebens.

Endlich doch ermannt er sich
Zielt in Wut, der gute Schütz,
Und die Freunde, feierlich,
Sie umstehn den kühnen Schütz.
Und er sieht das böse Weib,
Schließt die Augen – seis, weils muß!
Und er drückt – fort ist das Weib
Und zum Teufel ist der Schuß!

Wie auch immer – ob nicht doch eher das Weib zum Teufel ist und der Schuß nur »fort« –, eine solche Hölle wäre wohl zu sehen, träten wir mit kräftigen Tritten durch den dünnen Glanzboden des *Fähnlein*. Unter dem harmonischen Fest brodeln die Flammen, so dicht unter unsern Füßen, daß sie uns die Sohlen rösten. Denn die bösen Weiber des Traums, und vermeintlich auch die der Wirklichkeit, *wollen* stets auch etwas, wenn sie mit ihren hageren Fingern nach den Dichtern greifen. Bei Keller ist es Geld. Bei kaum einem andern Schriftsteller – die sich doch alle, von Goethe bis Kafka, schmerzlich mit ihr auskennen – ist die Schuld, jenes diffuse Gefühl, das uns antreibt *und* zerstört, so eng mit den Schulden verknüpft, die es abzuzahlen gilt. Jetzt beginnen wir zu ahnen, warum Keller mit dem *Fähnlein* nicht nur eine Geschichte schrieb, die ganz den Männern gehört, sondern auch eine, in der das Geld sich den lebendigen Sinnen unterwirft. Für einmal gibt es keine Schuld mehr, weil alle Schulden getilgt sind.

Das *Fähnlein* ist eine jener seltenen »positiven« Geschichten, die nicht zu einer harmlosen Idylle verkommen. Daß sie nicht *ganz* gelingt, zeigt die Schwierigkeit des Unterfangens, wenn nicht seine Unmöglichkeit. Denn es ist ja nicht so, daß die Dichter – frühere und heutige – freiwillig einsame, hochfahrende, ichverliebte und rebellische Menschen sind. Ein jeder schriebe noch so gerne mit der Stimme des Volkes namenlos aus dessen Mitte heraus. Wenigstens Keller wollte das ganz gewiß. Aber wie soll das gehen, bei so einem Volk? Es ist unmöglich, herzlich den Gesang aller Menschen zu singen, anonym und mit ihrer Stimme, wenn diese Menschen lügen und morden und betrügen und sich nicht drum scheren – solange sie nicht selbst dran sind –, wie viele Menschen anderswo verrecken, und wieso. So erst wird der Dichter »eigen«, kriegt eine »eigene« Sprache – die utopische Abweichung vom mörderischen Sprechen der Vielen –, und erst so kriegt er einen »Namen«: heißt Gottfried Keller, zum Beispiel, und wird vielleicht sogar berühmt und, wer weiß, geehrt: weil er, als Stellvertreter, das auf sich nimmt, was jene andern ein Leben lang heiter und ohne das Gefühl einer Schuld unterlassen. Das ist ihnen dann zuweilen einen kleinen Ablaß wert, einen Ehrendoktor, einen Lorbeer, einen Scheck. Darüber wird vergessen, zuweilen auch vom Dichter selbst, was die eigentliche Utopie war. Keller träumte seinen Harmonietraum – ein Teil des Volks zu sein, mit diesem einig – lange Jahre sehr heftig, und äußerst vergeblich. Immer wieder nahm er einen neuen Anlauf. Das *Fähnlein* ist einer seiner entschlossensten, und wir haben nicht den geringsten Anlaß, die utopische Wucht einer solchen Sehnsucht zu belächeln.

Gottfried Kellers Altersleiden, so beschrieb es Adolf Frey, einer der frühen Biographen, »schritt langsam, doch stetig voran und raunte ihm und andern immer deutlicher zu, daß er bald gezwungen sein werde, die irdischen Gezelte abzubrechen«. Keller war jetzt siebzig Jahre alt und konnte kaum mehr gehen. Tastete sich den Wänden entlang. Im November 1889 verließ er zum letzten Mal sein Haus am Zeltweg, dann nie mehr bis zu seinem Tod ein halbes Jahr später. »Ich werde nicht mehr lange vermeiden können«, schrieb er im Februar 1890 in seinem letzten Brief, »von einem bestellten Fuhrwerk Gebrauch zu machen.« Er blieb im Bett, und bald ertrug er auch kein Tageslicht mehr, so daß die Vorhänge immer gezogen blieben. Seine Freunde besuchten ihn einer nach dem andern, von Böcklin zusammengerufen, der immer bei ihm war. »Ach, entschuldigen Sie«, sagte er einmal, als er für ein paar Minuten weggedämmert war: er meinte, daß er starb. Am 15. Juli 1890 war er tot, einundsiebzig Jahre alt. Ist es ein Trost, daß, in grellem Kontrast zu dem kargen Leben, das er stets geführt hatte, sein Begräbnis geradezu prunkvoll wurde? Der Bundesrat sandte einen Delegierten, alle Zürcher Regierungsräte waren da, und das Fraumünster war überfüllt. Die *Neue Zürcher Zeitung* erschien am Tag seines Todes mit einem Trauerrand und füllte die ganze erste Seite mit einem ehrenden Nachruf. Und doch paßte es auch zu Kellers konfliktreicher Lebensgeschichte, daß seinem Tod ein unschöner Prozeß um sein Testament folgte, weil ein Cousin – er gehörte zu den Tüchtigen im Lande und war Mitglied des eidgenössischen Parlaments – das Testament anfocht. Keller hatte nämlich sterbend erklärt, er habe keine Verwandten, und seine Habe anderen vermacht, einen beachtlichen Teil etwa seiner Haushälterin Pauline, über die er zu Lebzeiten eher geschimpft hatte. Der Vetter aus Glattfelden verlor den Prozeß, obwohl er ihn durch drei Instanzen schleifte.

Am Ende seines Lebens hielt Keller den alten Freisinn für tot, und mit ihm – sagen wir: halbwegs – jene radikale Demokratie, die er in seinen jungen Jahren, optimistisch genug, verwirklicht sah. Was hätte er gesagt, sähe er den Freisinn von heute, und die heutige Schweiz, in der die Freisinnig-demokratische Partei (FDP) immer noch eine wichtige politische Gruppierung ist. Sie ist nun noch viel ausschließlicher als zu seinen Zeiten die Partei der Wirtschaft und hat viele ihrer traditionellen Elemente verloren, die den Hoffnungen von 1848 verbunden waren. Gottfried Keller wäre gewiß nicht ihr Mitglied. Sich ihn als einen Sozialdemokraten von heute vorzustellen, bereitet allerdings auch einige Mühe.

Le poète travaille

Der Schlaf sei der kleine Bruder des Todes, sagt eine Volksweisheit. Aber viel eher ist er der Hüter des Lebens: Ohne ihn stürben wir. Just weil er für unser Leben so wichtig ist, hat auch er einen Hüter: den Traum. Mögen wir noch so ungestüm träumen, so wild, so beklemmend: Wir schlafen immerhin. Und so achten wir den Schlaf: Gehen leise, wenn auf einer Parkbank ein Clochard liegt, und kümmern uns um unsern eigenen Schlafort mit mehr Sorgfalt als um Tisch und Stuhl. Ein Drittel unseres Lebens verbringen wir schlafend. Andere Kulturen achten sogar den Schlaf der Dinge: Afrikanische Eingeborene wecken ihre Boote vor der Ausfahrt mit Gesängen und Trommelwirbeln und singen sie nach der Heimkehr wieder in den Schlaf. Schlafen die Tulpen, wenn sie nachts ihre Kelche schließen? Immerhin gibt es Gärtner, die nach Einbruch der Dämmerung auf den Zehenspitzen gehen. Nur der Schlaflose ist in niemandes Hut. Unbehütet geht der Ewige Jude seinen Weg, verzweifelt und müde und doch unfähig, unter einem Olivenbaum zu ruhen. Der Fluch seines Volkes hält ihn wach. Die Schlafenden wurden abgeholt, um fünf Uhr früh. Die Wachen, vielleicht, konnten sich im letzten Augenblick über die Dächer retten. Die schrecklichen Bilder der letzten zweitausend Jahre wollen dem Schlaflosen Juden nicht aus dem Sinn – er hat ja schon, damals Täter und nicht Opfer, den sein Kreuz schleppenden Christus gesehen –, und wenn er heute durch Galiläa wandert, geht er ein bißchen schneller als anderswo und schaut nicht zu genau hin. Die alten Schatten, und manche neue. Rasten, das bißchen, was ihm zusteht, das tut er in Patagonien, im Sturm unter schräggewehten Bäumen.

»Le poète travaille«, schrieb André Breton, der Papst aller Surrealisten, an die Tür seines Schlafzimmers, wenn er sich in sein Bett zurückzog. Offenbar konnte *er* schlafen und ahnte nicht einmal, daß andere Dichter nicht der Schlaf beschäftigt, sondern die Schlaflosigkeit. Sie ist eine Berufskrankheit, obwohl es natürlich auch schlaflose Lokomotivführer gibt. Aber Päpste können immer schlafen, und André Breton sah zudem auch wach von der Welt nur das, was er sehen wollte. Den Rest, geschätzt achtzig Prozent, halluzinierte er weg. Päpste schauen lieber über weite Mengen hinweg; verachten das Kleine. Hätte Breton seine Nadja einmal so gesehen, wie sie war – schrecklich arm dran –, hätte er aufwachen müssen. Wach sein tut zuweilen weh.

Obwohl jeder schläft, und obwohl jeder und jede zweite das Gespenst der Schlaflosigkeit kennt, liest oder hört man mindestens vom Schlaf wenig. Im Schlagwortkatalog der Zentralbibliothek Zürich verhält sich der Schlaf zur Schlaflosigkeit wie die Maus zum Elefanten: Aber auch die elefantöse Schlaflosigkeit handelt dann ausschließlich vom Krankheitsbild der *insomnia*. Lauter Ärzte am Werk, und viel Chemie. Kaum jemand aber spricht davon, was Schlaf und Schlaflosigkeit für die Künstler beziehungsweise, um mich auf diese zu beschränken, die Schreiber bedeuten.

Die Schriftsteller, die Dichterinnen. Das ist auch verständlich. Schlafen ist Bewußtlosigkeit: Was soll man von der schon sagen. Offenkundig hängt das Schlafen-Können ja mit jenem wonnigen, tiefen Vertrauen zusammen, mit dem wir uns als kleine Kinder, wissend, daß eine Mama uns vor *allem* beschützt, in jene andere Welt fallen lassen. Was für ein wunderbarer Rückzug: Nur im Schlaf kann die Wirklichkeit ganz aufgehoben werden. Es gibt, genau darum, ja auch Schlaf-Süchtige. Wir Erwachsene erzählen unsern Kindern Gute-Nacht-Geschichten, nicht ohne einen leisen Neid, selber nicht mehr so sanft aus der wachen Welt in die schlafende geführt zu werden. Denn nicht nur die Kinder, auch wir reparieren oft die Enttäuschungen des Tages in den Phantasien der Nacht. Das In-den-Schlaf-Fallen, so ist mir gesagt worden, sei eine bleibende Erinnerung an die Verschmelzung mit der Brust der Mutter beim Stillen. Deren nahes Weiß vielleicht sogar so etwas wie die Leinwand in uns drin, auf der uns dann die Traumfarbfilme vorgespielt werden. Abgesehen davon, daß nicht jeder und jede gestillt worden ist und doch schläft: Mit dem Vertrauen uralter Tage hat das Schlafen wohl tatsächlich zu tun. Im übrigen sind wir vielleicht nie *ganz* wach, und möglicherweise schlafen wir nie *ganz*. Tiere springen ja auch aus dem vermeintlichen Tiefschlaf auf und galoppieren, scheinbar hellwach, vor dem Löwen davon. »Wach« und »schlafend« ist etwas Relatives. Teile von uns schlafen, wenn wir wach sind, und andere sind ganz schön aktiv, wenn wir mit geschlossenen Augen daliegen.

Wenn wir einmal jenes Vertrauen nicht mehr finden – oder es, tödlicher Gedanke, nie kennengelernt haben –, schlafen wir auch nicht. Lauern im Gegenteil nächtelang auf die eingebildete oder reale (einst reale) Gefahr, mit angespannten Muskeln, als müßten wir in jeder Sekunde, jenem Tier gleich, mit gewaltigen Sätzen fliehen können. Das Nicht-Schlafen-Können ist deshalb ein Problem von vielen, und es ist offenkundig ein peinlicherer Makel als, sagen wir, ein gebrochener Arm. Auch die Dichter verschweigen ihn lieber. Viel Scham bei denen, die sonst keinem Leiden ausweichen, dem eigenen schon gar nicht. Dabei ist jeder Schlaflose (schlaf*los* ist in Wahrheit niemand) in bester Gesellschaft. Goethe, der alles konnte, also auch schlafen, lag dennoch periodisch immer wieder nächtelang wach. »Mit mir nimmts kein gutes Ende«, schrieb er verzweifelt in diesem Zusammenhang, weil er sich – zur Zeit des *Werther* – immer erneut bis zum Morgengrauen überlegte, wie er sich umbringen solle. Nicht ob, sondern ob mit Strick oder Revolver. (Der *Nicht*schlaf ist der Bruder des Todes.) Schiller schlief monatelang nicht. Kafka nannte sich »ein lebendig gewordenes Gedächtnis« und folgerte: »Daher die Schlaflosigkeit.« Proust! Vladimir Nabokov war hochfahrend und stolz, aber nachts half ihm das auch nicht weiter. Beckett. Wolfgang Hildesheimer schrieb *Tynset* und das *Nachtstück*, zwei kennerische Studien chronischer Insomnia, und Ernst Jandl, zweifellos ein zeitgenössischer Experte ersten Ranges, ein ebenso aufschlußreiches wie tragikomisches Gedicht mit dem Titel »Von Schlafkunst«, in dem man auch Einblicke in die sich überlagernden Wirkungen verschiedenster Schlafmittel erhält. Von mir will ich nicht reden. Die Schlaflosigkeit ist banal. Sie ist die Kehrseite des Schlafs, der etwas Selbstverständliches ist, und also fehlt auch ihr das Pathos anderer Leiden. Kein heroisches Gefühl stellt sich ein, das uns für eine durchkämpfte Nacht entschädigen würde. Dabei ist ein Tag, der auf so eine Nacht folgt, für jedermann schlimm: Für einen, der schreibt, auch, weil das Dichten einen wachen Kopf erfordert. Dichtung entsteht, obwohl es anderslautende Gerüchte gibt, hellwach. Die Ausnahmen bestätigen die Regel. Goethe schreckte in seinem Gartenhaus aus tiefem Schlafe auf, notierte im Licht des Mondes »Warte nur balde« und schlief gleich weiter. Er war eben Goethe. Sonst wollen und müssen wir so wach sein, daß uns schon die Erkenntnis, es eigentlich nicht zu sein, existentiell bedroht. Wie sollen wir, gähnend, herrliche Werke schaffen? Kein Wunder, daß wir *nie* von der Schlaflosigkeit reden. Nur Cioran sprach ununterbrochen von ihr, mit Lust geradezu, so daß ich ihn zuweilen im Verdacht hatte, er habe sein Leiden längst in seine Bücher verbannt und seit Jahren wie ein Murmeltier geschlafen.

Der Schlaf ist nur produktiv, weil er uns wieder wach macht. Sonst ist er nichts, nichts Erfahrbares. Im *Dornröschen* schlafen alle hundert Jahre lang und machen dann weiter, als sei nichts gewesen. Der Koch haut im Jahr 1800 dem Gehilfen die Ohrfeige, zu der er 1700 angesetzt hatte. Niemandem fällt etwas auf. Ja, auch der Traum, der doch wie die kreative Leistung des Schlafs aussieht und sie natürlich auch ist, wirkt auf uns, sind wir nur einmal wach, seltsam abgekapselt von unserer Welt. Bleibt unfaßbar und hat, auch wenn wir mit allen Wassern Freuds gewaschen sind, wenig mit unserm wachen Bewußtsein zu tun. Kinder allerdings unterscheiden längst nicht so streng wie wir zwischen Schlaf und Wachen und nehmen Elemente des Traumlebens »als seien sie wahr« in ihr wahres Tagesleben hinüber.

Die Surrealisten, neben und nach den Romantikern *die* Spezialisten für Traum und Schlaf, stellten sich mit ihrer absoluten Liebe für den Traum eine Falle, in die sie selber als erste hineintappten. Das Dichten im Schlaf – im Wachen nur noch das Protokollieren der Traumleistung – war eine ebenso große Illusion wie die *écriture automatique*, jenes zensurlose Sich-Treiben-Lassen – dem freien Assoziieren der Psychoanalyse sehr ähnlich –, das zu den verschütteten Quellen des Ich führen sollte. Das tat es ja auch so halbwegs, aber es ging dennoch nicht ohne eine wache Verarbeitung des Gefundenen. Diese – wie man den privaten Schutt in eine Form bringt, die so allgemein ist, daß sie mit anderen zu sprechen vermag – ist ja erst die künstlerische Leistung. Aber genau dieser wache Anteil war den strengsten unter den Surrealisten ein Tabu, und so gerieten sie in heftige Widersprüche mit sich und den andern, wenn sie so taten, als habe die reine unbewußte Natur ihnen die herrlichen Wörter diktiert, die sie doch, wie denn anders?, bewußt und nach allen Kräften ihres Talents redigiert hatten. In Wirklichkeit schlief Eluard natürlich nicht, als er »Après moi le sommeil« schrieb, und auch Raymond Queneaus *Loin de Rueil* (»Die Haut der Träume«) entstand wach.

»Erzähl ihn nicht!« schreit Vladimir, als Estragon ihm seinen neusten Alb erzählen will. Natürlich erzählt ihn Estragon trotzdem. Wir alle hätten das getan, tun es immer wieder, obwohl auch wir wissen, daß niemand gern die Träume eines andern hört. Nicht, weil sie uns zu intim wären. Nein, die Träume der andern sind langweilig. Sie sind notwendig langweilig, weil die wirren Gespinste unserer Nächte – ohne Zeit, ohne Ort, ohne Logik – viel zu fließend für unsere Wörter sind und von einem so vielfältigen Wurzelgeflecht genährt werden, daß niemand, auch wir selber nicht, sie verstehen. Nur unser Gefühl tut es, ohne Worte. Wir sind erregt, und wie, wenn in unserm Traum die Geliebte in den Schuhen der Mama und mit der Nase des Papa auftritt. Für alle andern ist so was zum Gähnen. Sie haben auch eine Geliebte, und eine Mama, und eine Nase, genau wie wir, nur ganz anders. So ist auch die Literatur arm an glaubhaft echten Träumen. Die meisten, die besten, sind erfundene – auch der, den Vladimir sich anhören muß. Die Romantiker, die das Träumen neu entdeckten, taten dies dennoch wach. Sie schrieben Literatur-Träume. Der private Traum kann seine Erregung nicht vermitteln, weil er nichts enthält, was für uns alle verbindlich wäre. Wer ist nicht schon nachts aufgeschreckt, aufgewühlt, weil er die Lösung aller Probleme geträumt hatte. Die Weltformel, in völliger Evidenz. Fiebrig tasteten wir nach einem Papier und notierten die kostbare Erkenntnis. Und am nächsten Morgen lasen wir dann »Papa liebt Mama«, bestenfalls. Oft auch nur »Heizöl bestellen«. Gut, Goethe in seinem Gartenhaus, und Niels Bohr soll – nachdem seine wachen Lösungen monatelang nicht aufgegangen waren – sein Atommodell schließlich geträumt haben. Es kommt gewiß auch darauf an, wer da schläft und träumt.

Dabei waren die ersten Dichter durchaus so etwas wie

Schläfer: Nüchtern Wache jedenfalls gewiß nicht. Natürlich wissen wir nicht viel Genaues über jene Zeiten, da die Natur die noch sehr vereinzelten Menschen so übermächtig terrorisierte, daß diese sie nur in einer Mischung aus permanentem Todeskampf und fabulöser Verleugnung aushielten. Die erste Dichtung war gewiß Zauberdichtung, der durchaus verzweifelte Versuch, mit magischem Singen der schrecklichen Natur Herr zu werden. »Bên zi bêna, bluot zi bluoda!« Die Dichter waren Zauberer, oder die Zauberer waren Dichter, wie man will, jedenfalls sprachen sie Verse, die etwas bewirken sollten, was außerhalb jeder »normalen« Macht lag. Den Tod bannen, zumeist. Die Schamanen, die Zauberdichter, traten singend und heulend weite Reisen an, in sich immer steigernder Ekstase, in denen bisweilen auch Drogen eine Rolle spielten, und gelangten bis ins Reich der Toten, während ihr Körper leblos – schlafend? in Trance? – am Boden lag. – Man kann die Ekstase, dieses von der Wirklichkeit abgespaltene Hochgefühl, als eine Art Schlaf-Ersatz sehen. – Jedenfalls nutzten die magischen Dichter der alten Tage in ihrem Tranceschlummer jene pathetische Seite des Schlafs, die uns in unserem Alltag so bedeutungslos vorkommt, daß wir nie an sie denken: Daß Raum und Zeit aufgehoben sind, alle Regeln des wachen Lebens. Im Schlaf können wir, auch ohne jedes Schamanentum, als ein anderer überall sein, jederzeit. Orpheus ging ins Totenreich, während zu Hause alle bebend bei seinem leblosen Körper warteten. Bange Minuten, Stunden?, während denen die Natur den Atem anhielt. Dann kehrte er in seinen Leib zurück und berichtete. Daß er die schon fast gerettete Euridice zurücklassen mußte, und wie. Ja, es ist gewiß sein Scheitern, das ihn so anrührend macht. So menschlich. Er zeigte seinen Zeitgenossen und zeigt uns noch immer, daß man sich mit dem Bestehenden nicht abfinden muß, auch wenn das, was man dagegen unternimmt, mißlingt. Der Versuch war schon herrlich genug. Er bewies, daß man auch etwas anderes tun konnte als in der alltäglichen Panik am Lagerfeuer zu verharren, den Tiger erwartend, der jetzt oder in einer Stunde aus der schwarzen Nacht hervortobte und alle – Frau, Kinder – zerriß.

Heute gibt es niemanden mehr, der seinen Körper verläßt, während dieser schläft. Wozu auch? Heute ist die Natur nicht nur domestiziert, sondern totgeschlagen. Sie fürchtet sich vor uns, nicht mehr andersrum. Habt ihr die Bäume gesehen, wie sie ächzen, wenn wir einen Wald betreten? Die Gräser? Schamanen können nur unter der Bedingung tödlicher Bedrohung auftreten, in einer Stimmung allgemeinster Panik, die nach Erlösung lechzt. Wahrscheinlich gibt es Schamanen unter den Feldhasen. Den Forellen. Literatur, die die Ekstase sucht, beziehungsweise das Verschwinden in der Bewußtlosigkeit, ist eine Literatur der Opfer, nicht der Täter.

Aber stellt sich andrerseits nicht jene kollektive Bedrohung, Vorbedingung aller Zauberliteratur, eben wieder ein? Es ist nun nicht mehr der Überfluß an Natur, der uns tötet, sondern ihr völliges Verschwinden, inklusive das trinkbare Wasser und die atembare Luft. Wir haben, während uns unsere kollektive Dummheit umbringt, wohl wieder einige Schamanen nötig, und also werden sie sich auch wieder einstellen. Magische Dichter. Sie wären dann die letzten, so wie ihre Zauberahnen einst die ersten waren. Der Kreis, den wir Menschen auf dieser Erde gingen, wäre geschlossen.

Der Schlaf, dieser einst heilige Zustand, hat heute, wenn wir ihn überhaupt wahrnehmen, etwas wahrhaft Anachronistisches. Da fliegen wir zum Mond und mailen nach Montevideo und schneiden das Brot mit Laserstrahlen – und legen uns alle sechzehn Stunden gähnend irgendwohin und sind weg. Alle! Was hat der Schlaf in unserer beherrschbar gewordenen und gleichzeitig aus den Fugen gehenden Welt verloren? Dieser Kontrollverlust, während dem wir dem Mafiaboss sein Portemonnaie und der Frau des Nachbarn einen Kuß rauben können? Auch der Kaiser muß schlafen, sagte meine Mami, als ich klein war. Alle brauchen wir unsern Schlaf. Ein Wunder doch eigentlich, daß es kaum Versuche gibt, diese Kränkung des Menschengeschlechts abzuschaffen. Pillen, Spritzen, Genmanipulationen. Aber im Gegenteil, die Schlafmittelindustrie boomt. Schlafen wir etwa gern? Von allen Geschichten Napoleons ist die noch die sympathischste: Daß er, wenn die von ihm angezettelte Schlacht am heftigsten tobte, so schrecklich müde wurde, daß er auf der Stelle einschlief. Ach, das Schlafen. Mit einer Frau schlafen: Ist der etwas lächerliche, weil erkennbar euphemistische Ausdruck nicht auch wunderbar, wenn man ihn beim Wort nimmt? Im übrigen klopft das Alter an die Tür des noch jungen Mannes, wenn er, mit einer schönen Dame sitzend und von dieser mehr und mehr mit innigen Blicken bedacht, zum ersten Mal verstohlen den Gedanken denkt, daß eine Nacht schlafend allein möglicherweise noch schöner als eine wach zu zweit wäre. Kann sein, daß das auch für die Dame gilt. Schläft Gott? Ich will meinen Aufsatz nicht aufhören, ohne die wesentlichen Fragen zu beantworten. Nein, Gott schläft nicht. Gott ist in ewiger Wachheit, aber, da er der Stellvertreter des Papstes im Himmel ist, ähnlich diesem mehr am allgemeinen Überblick interessiert. Der einzelne geht ihm nicht so nahe. Auch hat er ja noch andere Erden. Die griechischen Götter allerdings – nach ihnen sehne ich mich zuweilen – schliefen durchaus. Die Buschgeister gar können Jahrtausende in einem Gebüsch schlummern, bevor sie jäh lostoben. – Im übrigen weiß ich von niemandem, der sorgsam und genau den Schlaf beschrieben hätte, so, wie wir ihn erleben. Dieses Wegdämmern, diese Bilder, die in tiefen Fernen verschwinden, dieses Sichauflösen des Nichts. Ich kann es auch nicht. Vielleicht kann es nur ein Schamane, den zu sehen ich nicht in Eile bin, weil ich weiß, was das bedeutet. Den Weg zum großen Bruder des Schlafs, dem Tod, finden wir auch allein, dann, wenn's soweit ist.

IV

Der Kuhschweizer als Sauschwabe

Wer von jenem Haß auf die spricht, die eine andere Hautfarbe, eine andere Sprache, andere Gebetsrituale und andere Geschichten haben, gerät unausweichlich in Gefahr, die offenen Türen seiner Zuhörerinnen und Zuhörer einzurennen. Guter Wille und eine redliche Moral genügen nicht mehr. Wir wissen »es« inzwischen alle und müssen »es« uns nicht immer nochmals sagen. Wir haben, jede und jeder auf seine und ihre Weise, über das Eigene im Fremden, über das Fremde in unserm Eigenen nachgedacht und sind uns bewußt, wie heftig wir unsere Ängste, Abneigungen, Sehnsüchte und Begierden in die andern zu projizieren imstande sind. »Du schwarz – ich weiß!« Wir wissen, wie erleichternd so ein Abspaltungsprozeß sein kann, und wie fragwürdig er ist. »Wir« sind nicht die, die die Feuer legen. Wir sehen auch nicht mit stiller Billigung aus der Ferne zu. Die, die das tun, lesen keine Bücher; jedenfalls keine wie dieses. Was wir *ihnen* sagen würden, liegt auf der Hand, und es entbehrte der zarten Differenzierung. Vielleicht würden wir sogar nicht nur etwas *sagen*. Was aber ist mit »uns«, die wir doch auch vom Tempo überrumpelt worden sind, mit dem »das Fremde« in unsere Nähe gerückt ist? Wie machen »wir« aus dem multikulturellen Durcheinander, das nur allzuoft ein monokulturelles Nebeneinander bleibt, eine bereichernde Erfahrung? Immer haben wir gesagt, natürlich, klar, eine Kultur, auch unsere, kann sich überhaupt nur durch die Reibung am Fremden entwickeln: Aber heute, wo genau das stattfindet, schwimmen auch wir im Meer unserer Ängste und versuchen recht hilflos, nicht in ihm zu ertrinken.

Ich war einst, als es das noch gab, ein begeisterter Anhänger des harmlosen Vorurteils. Es tat so gut, ungerecht zu sein, blöd und voll daneben. Es tat niemandem weh. »Die Eskimos, wenn sie Haarausfall haben, brunzen sich auf die Schädel.« Damit ist es vorbei. Heute, wenn ich in der Straßenbahn arglos »Eskimo« vor mich hin murmle, baut sich sofort ein Inuit vor mir auf und haut mir eine runter. Noch mein Vater, der bereits keinen Lendenschurz mehr trug und, so halbwegs wenigstens, lesen und schreiben konnte, sah seinen ersten Schwarzen, den er Neger nannte, als Erwachsener. Noch als *ich* ein Kind war, gab es in Basel, das auch damals schon eine Industriestadt war, auch wenn es sich noch mehr als heute als eine der Wiegen des europäischen Humanismus mißverstand, *einen* Schwarzen. Den Neger Fenster. Neger war er, und Fenster hieß er. Chinesen kannte ich überhaupt keine, ich wußte nur, daß sie recht gern köpften und daß ihre Frauen Glockenklänge erzeugten, wenn sie liebten. O jene wohligen Schauer des harmlosen Vorurteils! Wie schnell ist die Erde, gerade eben noch unermeßlich groß und reich, zu einer hypertrophen Fußgängerzone mit ein bißchen Meer dazwischen geworden. Wenn heute einer in Zürich die Ellbogen anwinkelt, fällt in Somalia einer um. Jedes Vorurteil muß nun der Prüfung des sorgfältig bedachten Urteils standhalten. Es gibt keine »Neger« mehr, sowieso nicht.

Es gibt nicht einmal mehr Ostfriesen, über die man Witze reißen könnte, weil sofort eine Selbsthilfegruppe echt Betroffener aus Westerholt oder Dornum den Witzeerzähler in Stücke fetzt. Raucher werden von Nichtrauchern erschlagen, Musikalische von Unmusikalischen, Unsichere von Sicheren. Es gibt keinen Raum mehr für das Falsche. Alles muß richtig sein, immer, gnadenlos.

Soweit das Auge reicht: fundamentalistisch denkende Gerechte und Gute. Das Leben ist aber weder gut noch schlecht. Es ist ein Kuddelmuddel, und unter anderem leben wir just das genetische Kuddelmuddel aus, das unsere Ahnen in uns angerichtet haben. Sie stammten nur selten alle zusammen aus dem gleichen Dorf seit 1291. Mein Vater etwa kam aus der Deutschschweiz, meine Mutter aus Italien, meine Frau, *une jurassienne*, hat Vorfahren aus Frankreich, und mein Kind ist in Brasilien geboren. Jedem geht es so, nur anders. Also müssen wir unserer kollektiven Ambivalenz Rechnung tragen: versuchen, keine Säue zu sein, und jene Regungen, die aus dem Schweinekoben in uns zu stammen scheinen, dennoch nicht zu überhören. Wer hat denn nicht schon gedacht, ja, ja, schon, die Schwarzen, aber wenn wir sie lassen, wenn wir sie alle zu uns lassen, werden sie uns nicht in Stücke reißen in ihrer Wut? Diese Gelben, diese identitätslosen Japaner, machen die nicht den hinterletzten Unfug, wenn ihre Gruppenmoral ihn ihnen abfordert? Joseph Conrads Roman *Herz der Finsternis* wäre keine so glaubhafte Anklage gegen die Greueltaten des jungen Kolonialismus (man wußte damals noch nicht, wozu »wir« fähig sind), gäbe es in ihm nicht jenen Satz, der den düsteren Nebenton seiner Entrüstung formuliert: »Schlagt sie tot, die Bestien!« Das dachte Conrad, dem die mordenden Weißen ein Greuel waren, auch. Und so sind wir, neunzig Jahre später, immer noch. Heute, wo es nicht mehr genügt, am Sonntag fünf Mark in den Nick-Neger der Afrika-Mission zu tun, machen uns die Fremden in unserer Nähe erneut darauf aufmerksam.

Dabei reiben wir uns schon an Unterschieden, die von bloßem Auge nicht mehr wahrzunehmen sind. Gerade an ihnen. Denn die kleinen Unterschiede sind die ergiebigsten, wenn wir uns, zu unserm eigenen psychischen Segen, abgrenzen wollen. Es gibt keine größeren Deppen als die aus dem Nachbardorf. Ihnen fehlt just das, was die fremden Fremden zwar furchterregend, aber auch verführerisch interessant macht. Das *Fremde.* Der aus dem nächsten Dorf ist weder verführerisch noch interessant, er ist der gleiche Idiot wie wir, mit dem einzigen Unterschied, daß er eben nicht wir ist und nicht in unser Beziehungsgeflecht gehört. O wie herrlich läßt sich über ihn schimpfen. Jeder neu formulierte Unterschied, der nichts anderes als das seitenverkehrt gespiegelte Eigene ist, erhöht das Wohlbehagen.

Irgendwann einmal war es das nächste Dorf, seit langem ist es das Nachbarland, bald wird es der andere Kontinent sein. So schimpfen wir Schweizer (wir Deutschschweizer, um genau zu sein) die Deutschen (und zwar alle zwischen Lörrach und Kiel) seit Urzeiten »Schwaben«. *»Dr Klaus isch e Schwoob, aber er isch eigetlig ganz nätt.«* Wir meinen es abwertend, aber nicht sehr. Erst der »Sauschwabe« ist ein Ausdruck wirklicher Abneigung, und er ist entsprechend seltener. Dabei sind wir Schweizer auch Schwaben.

Was sonst. Das Alemannische von heute (unser Alltagsidiom) ist stehengebliebenes Schwäbisch, oder anders herum, die Schwaben haben sich weiter entwickelt, und wir nicht. Wir waren schon vor fünfhundert Jahren mit uns zufrieden. (Zwingli, der uns reformierte, predigte nicht ohne politischen Hintersinn schwyzerdütsch. Er machte es so dem expandierenden Schwäbisch schwer, über unsere Landesgrenzen zurückzuschwappen.) Aber natürlich spielt nicht die *Sprach*geschichte die entscheidende Rolle, sondern jene andere, die »große«. Unsere so deutliche Abgrenzung gegen die aus dem nahen Norden ist, in ihrer heutigen Form, dennoch ziemlich neu. Die Urzeiten, seit denen wir »Sauschwaben« sagen, sind überschaubar. Denn noch im letzten Jahrhundert sprach das gebildete Bürgertum in Basel oder Zürich gern und bevorzugt Hochdeutsch. Der Bundesstaat von 1848 entstand in einem deutsch geprägten Klima, bestimmt vom Denken der Emigranten. Es gab zwar auch schon ein paar kritische Stimmen, aber alles in allem mochte man sie. Erst der Erste Weltkrieg brachte den Umschwung. Sahen wir seinen Ausbruch, wie die Deutschen selber, noch mit Begeisterung, so erlebten wir, wie die Deutschen selber, sein Ende mit Schrecken und kannten von nun an, anders als manche Deutsche, den Schuldigen. Er war jener Oberdepp aus dem Dorf Deutschland, jener Wilhelm, der nun in Holland Holz hacken mußte. Schon damals waren wir nicht gern bei den Verlierern, und er hatte den Krieg verloren. Der aufkommende Faschismus und die Nazizeit vertieften dann den Graben, und wir begannen unser Hochdeutsch zu verlernen. Ich kannte einige – aus der Generation meines Vaters, meine ich –, die sich zeitlebens weigerten, auch nur ein einziges Wort Hochdeutsch zu sprechen. Die Deutschschweizer, mich ausgenommen, fürchten sich vor den Deutschen, ihrer Tüchtigkeit, ihrer Sprachmacht, ihrer Potenz, ihrer Humorlosigkeit, ihrer Gefühlskälte, ihrer Effizienz, ihrer Geschwindigkeit, ihrer großen Anzahl, ihrem Geld, ihrer Intelligenz. Jetzt, wo sie sogar aus Leipzig kommen, noch mehr. Natürlich ist das Unfug. Aber es ist ein tiefsitzender Unfug, und »die Deutschen« haben seit 1870 ja auch viel dazu getan, nicht liebenswert zu erscheinen. Inzwischen geben sie sich zwar zuweilen regelrecht Mühe, aber das übersehen wir diskret. Wenn allerdings Asylantenhäuser brennen, zeigen wir triumphierend auf diesen Hort des Bösen und sehen nicht im geringsten, daß wir wiederum in unsern Spiegel schauen. Das Bild ist ja seitenverkehrt. So denken wir, daß das etwas ganz anderes sei, wenn bei uns Feuer gelegt und gemordet wird. Sonst würden wir ja zugeben, daß wir die gleichen Idioten sind, und so blöd sind wir nicht, wir Schweizer.

Sauschwaben, Kuhschweizer. Natürlich sind das Begriffe für Dorfdeppen, die sich nach einer Wirtshausschlägerei sehnen. Nur, in der Wirklichkeit von heute – Fernsehen, Mobilität – funktionieren diese einfachen Spiele der Abgrenzung längst nicht mehr so recht. Die so simpel in unserm Blut und Boden verlegten Röhren kommunizieren nicht mehr. Leider, hätte ich beinah gesagt. Wir sind längst wieder dazu verurteilt, nett miteinander zu sein, so lange, bis erneut eine kollektive Sicherung durchbrennt. Dann allerdings könnte es sein, daß wir die Kunst der Wirtshausschlägerei (Aggression auf niederem Niveau) verlernt haben und nur noch den großräumigen Mord und Totschlag kennen, wie alle andern. Wir Schweizer kaufen ja inzwischen auch immer mehr Selbstschutzsprays, Schreckschußpistolen und Ballermänner, um uns vor nächtlichen Überfällen und Einbrechern zu schützen. Aber »Sauschwoob« sagen wir nicht mehr. »Neger«. »Eskimo«. Das ist der Fortschritt.

Bibliographische Nachweise

I

»Das Geld, die Arbeit, die Angst, das Glück«: Rede, gehalten im Schauspielhaus Zürich am 17. 12. 2000. Zuerst veröffentlicht in *Theater heute*, Berlin, Februar 2001

II

Alle Kolumnen sind im *Magazin* des *Tages-Anzeiger*, Zürich, zwischen Januar 2001 und April 2002 erschienen.

III

»Ernst, unterhaltend, langweilig?«: Zuerst veröffentlicht in *Daniel Keel und Ruedi Bettschart zum 70. Geburtstag am 10. Oktober 2000*. Diogenes, Zürich 2000

»Über das Arschlochtum einiger Helden Vladimir Nabokovs«: Zuerst veröffentlicht in *Schreibheft* 34, Essen, November 1989

»Über Joseph Conrads *Herz der Finsternis*«: Zuerst veröffentlicht in Joseph Conrad, *Herz der Finsternis und die Kongo-Tagebücher*, übersetzt von Urs Widmer. Haffmanns, Zürich, 1989

»Über Gottfried Kellers *Fähnlein der sieben Aufrechten*«: Zuerst veröffentlicht in: *Gottfried Keller.* Wagenbachs Taschenbücherei Band 141, Berlin 1989

»Le poète travaille«: Zuerst veröffentlicht in *Du* 12, Zürich, Dezember 1990

IV

»Der Kuhschweizer als Sauschwabe«. Zuerst veröffentlicht in *Freibeuter* 55, Berlin 1993

Urs Widmer im Diogenes Verlag

»Wer kann heute noch glitzernde, glücksüberstrahlte Idyllen erzählen? Wer eine Geschichte über den Golfkrieg und die A-Bombe? Wer ein Märchen für Erwachsene von – sagen wir: fünfzehn an? Und wer eine Liebesgeschichte über Lebende und Tote, die uns traurigfroh ans Herz geht? Die Antwort: Urs Widmer. Er kann all dies aufs Mal und all das ist, eine Rarität in der deutschen Literatur, tiefsinnig und extrem unterhaltend zugleich.«
Andreas Isenschmid/Die Zeit, Hamburg

Vom Fenster meines Hauses aus
Prosa

Schweizer Geschichten

Shakespeare's Geschichten
Alle Stücke von William Shakespeare, nacherzählt von Walter E. Richartz und Urs Widmer. In zwei Bänden

Das enge Land
Roman

Liebesnacht
Eine Erzählung

Die gestohlene Schöpfung
Ein Märchen

Indianersommer
Erzählung

Der Kongreß der Paläolepidopterologen
Roman

Das Paradies des Vergessens
Erzählung

Der blaue Siphon
Erzählung

Liebesbrief für Mary
Erzählung

Die sechste Puppe im Bauch der fünften Puppe im Bauch der vierten
und andere Überlegungen zur Literatur. Grazer Vorlesungen 1991

Im Kongo
Roman

Vor uns die Sintflut
Geschichten

Der Geliebte der Mutter
Roman

Das Geld, die Arbeit, die Angst, das Glück.

Das Buch des Vaters
Roman